LOCUS

LOCUS

LOCUS

LOCUS

from

vision

from 125

修復未來

反制大數據壟斷、演算法統治、科技性失業、民粹主義、贏者全拿，
保存人類價值的5大行動指引

How to Fix the Future

作者：安德魯・基恩（Andrew Keen）
譯者：劉復苓
責任編輯：吳瑞淑
封面設計：林育鋒
校對：呂佳真
出版者：大塊文化出版股份有限公司
台北市 10550 南京東路四段 25 號 11 樓
www.locuspublishing.com
電子信箱：locus@locuspublishing.com
讀者服務專線：0800-006689
TEL：(02) 87123898　　FAX：(02) 87123897
郵撥帳號：18955675　　戶名：大塊文化出版股份有限公司
法律顧問：董安丹律師、顧慕堯律師

總經銷：大和書報圖書股份有限公司
地址：新北市新莊區五工五路 2 號
TEL：(02) 89902588 (代表號)　　FAX：(02) 22901658
初版一刷：2018 年 8 月

定價：新台幣 380 元
Printed in Taiwan

How to Fix the Future

修復未來

反制大數據壟斷、演算法統治、科技性失業、民粹主義、贏者全拿，保存人類價值的 5 大行動指引

安德魯・基恩（Andrew Keen） 著
劉復苓 譯

各界好評

「多年來，人們被科技奇蹟沖昏頭，如今有了新的體認：未來已破碎不堪。安德魯．基恩率先看出這一點。數位革命、全球超連結、再加上經濟失調，導致民粹主義強勢重回主流、公民對話也遭到破壞。基恩寫了這本令人振奮的佳作，提供導正社會的工具、和指引我們進入未來的原則。」

——**華特．艾薩克森（Walter Isaacson），《紐約時報》暢銷書《賈伯斯傳》（*Steve Jobs*）和《李奧納多．達文西》（*Leonardo da Vinci*）作者**

「在這本引人入勝、啟發人心的傑作中，基恩提出五大策略——立法規範、競爭性創新、消費者選擇、公民責任和教育——在綜合運用之下，能夠建立一個開放、分權的數位未來……內含如何在數位世界保存人性的珍貴見解。」

——**柯克斯書評（Kirkus Reviews）星級評論**

「基恩在職涯中一直警告世人網路的危險，這一次卻以正面的態度看待這個複雜但可理解的研究。他將目前的情況與工業革命相比較，強調人類成為科技中心的重要性。」

——**《書單》（*Booklist*）雜誌**

「科技評論老手安德魯．基恩所著的《修復未來》並未一味譴責批判，而是具體提出一套漸進式計畫，來因應幾年前還大受歡迎、如今卻適應不良的新興科技。本書舉出持續進行的實驗範例，特別是在媒體、政府和教育方面，讓我們一窺如何發展出有社會良知的科技並融入日常生活。基恩真心相信，是的，我們的確能修復未來。」

——**賴瑞．唐恩斯（Larry Downes），《華盛頓郵報》（*Washington Post*）**

「基恩在這本新書中，收起他一貫的尖酸刻薄，變得務實樂觀……他差堪比擬邱吉爾首相，提出的方法多半是血、淚和汗；但至少他有個需要完成的計畫……基恩以長遠觀點來看待眼前難題，確實不無道理。」

——約翰．諾頓（John Naughton），《衛報》（*Guardian*）

「在〈基恩的〉這份以人為本的解決方案全球調查中，他分別檢視了消費者選擇、教育、創新、規範和社會責任方面的最佳做法……兼具原則和遠見、令人精神為之一振。」

——《自然》（*Nature*）雜誌

「雄心勃勃……《修復未來》是一本真正重要的著作、同時也是新興文獻中最有意義的作品，其中最聰明的科技思想家正敲響網路國度的警鐘，並為如何解決它所面對的困境奠定基礎。」

——《財星》（*Fortune*）雜誌

「基恩這次避開充斥於《紐約時報》、《衛報》和其他主流媒體的過度反科技論調，為廣泛的科技困境提出實用的解決方案。」

——TechCrunch

「基恩這次改採較仁慈柔和的做法，但廣大粉絲們不用失望。這位英裔美籍創業家兼作家展現全新的樂觀態度，絲毫未犧牲他一貫兇猛的批判攻勢……本書與他的其他作品一樣犀利，他駁斥這些問題只靠科技大廠自己就能修復……反之，他召喚文化與政治覺醒，尤其是在沉迷於科技的美國，應該由主管機關帶頭打破大權集於科技大公司的現象，而不是加以包庇。」

——查爾斯．透納（Charles Turner），《維基論壇報》（*WikiTribune*）

致我們的下一代

「上議院向來規定不在議題提出當天進行辯論，要等到隔天上午，以免提議者當下衝動發言、全力捍衛他的意見，而不為大局著想。他們知道有些人會有這種任性荒謬的羞恥感，寧願危害大眾福祉，也要保住面子，不願承認自己短視。他們一開始就應該知道要謹慎發言、不發誑語。」

——湯瑪斯・莫爾（Thomas More），《烏托邦》（*Utopia*）①

目錄

*編注：莫爾定律是出自湯瑪斯・莫爾；摩爾定律是出自高登・摩爾。

自序
人聯網

自從我開始撰文批判數位革命這十多年來，人們給我起各種綽號，從盧德派（Luddite）*、倔老頭，到「矽谷反動分子」（Antichrist of Silicon Valley）。起初，我們這些對於網路有利於社會的傳統智慧持反對意見的作者只是少數，但過去這幾年來，時代思潮對於科技未來從樂觀轉為悲觀，越來越多專家加入我們的行列。如今，似乎人人都在文字論戰，批評監控資本主義、大數據壟斷者、網路群眾的無知、矽谷少年億萬富翁、假新聞、反社會的社交網絡、科技失業潮、數位成癮和智慧演算法的存在危機，全世界都已明白我的論點，現在不再有人說我是反動分子了。

---

*編、譯注：所謂的盧德派、盧德分子，指的是十九世紀英國民間對抗工業革命、反對紡織工業化的社會運動者，他們是一群害怕與仇視機器和新技術的工人，擔憂自己被機器取代。

時間點決定一切——我這個總是在最差時機創業的連續創業者最了解這一點。我曾寫過三本書揭露數位革命的黑暗面，我認為現在該是時候做點正面的事情了。因此，本書不再如以往對當代科技毒舌說教，而希望能對數位未來無數的問題提供有建設性的答案。套句矽谷流行語，這是我寫作生涯的「軸轉」（pivot），你翻開的是一本解決方案專書，未來顯然需要修復，問題是要如何修復它。

這也是一本關於人的書，我嘗試寫出人類敘事，這個故事講述全世界的人——從愛沙尼亞、新加坡到印度，西歐、美國到其他地區——是如何努力解決數位時代的重大挑戰。十八世紀的德國哲學家康德（Immanuel Kant）說：「人性本如曲木，豈能造出筆直之物？」但本書描述的人們卻展露出一個正直真理，也許沒有任一解決方案或特效藥能建立出理想的網路社會，但這些人皆展現無比決心——我稱之為「主動權」（agency，或譯「能動性」）——在面對那些往往無法控制又無法信賴的科技力量時，要塑造自己的命運。

「物聯網」，這種矽谷最新出現的智慧物件網路，如今炒得沸沸揚揚，這當中不無道理，然而，本書的重點並非物聯網，而是人聯網。我會說明主導這一切的並非智慧科技，而是智慧人類，他們正一如以往地以各種身分——身為創新者、監管者、教育者、消費者，以及，最重要的是盡責公民的這個角色——努力修復二十一世紀。此時此刻，我們對「人性」的傳統觀念正受到人工智慧（AI）和其他智慧科技的威脅，這個古老之最——人本主義的真理，正是本書所欲傳達的中心信息。

不過，任何事都有可能發生，全球人聯網要成功修復未來，我們面臨的問題既迫切又複雜。時間能成就許多事情，但它卻不是取之不竭，至少對人類是如此。數位時鐘腳步匆匆，速度似乎比之前模擬的又加快了不少。我們現在若不行動，就更可能淪為科技龍頭的新產品和平台的無能附屬品。在這個被偷偷茁壯（又可怕）的科技決定論所侵蝕的文化當中，本書無異是宣戰令，它提醒我們，若想建造一個宜人的數位未來，則我們自己的人類主體動力（human agency）——「自己的社會自己造」此一亙古不變的責任——是絕對必要。

和智慧汽車不一樣的是，未來絕不會自動駕駛。沒有一個人，包括矽谷反動分子在內，有這種超能力。但透過一起努力，就像人類自古以來一直成就的，我們能夠為我們的子女建造一個更美好的社會，本書獻給他們，他們是未來之所以重要的原因。

安德魯・基恩 加州柏克萊市 二〇一七年七月

前言
歷史重演

未來似乎已經支離破碎了。我們被困在兩個迥異文明的操作系統當中。二十世紀的舊系統不能再用了，取而代之的原本應該是二十一世紀升級版，但它也無法正常運作。這種窘境隨處可見端倪：工業經濟萎靡、貧富不均加劇、失業率居高不下、世紀末文化失調、後冷戰國際聯盟成局、主流媒體衰退、傳統政治意識型態餘毒、對於什麼才是「真相、事實」的認識危機，以及反對體制的憤怒民粹。儘管我們對這些崩解心知肚明，但似乎依舊不知道該如何讓它們再度順利運作。

是什麼造成如此大規模的崩解呢？有人說是因為全球化太過頭，也有人說還不夠。有人歸咎於華爾街和他們所謂自由市場金融資本主義的「新自由主義」（neoliberalism）貪婪尋求利潤。有人看出我們這個震盪的國際系統中的問題——例如俄羅斯個人崇拜的獨裁主義，說它正不斷用假新聞彈幕撼動歐美國家。還有唐納・川普（Donald Trump）的排外真人實境秀民粹主義，以及英國脫歐公投的成功——雖然有時很難分辨這些事件是我們處於窘境的原因還是結果。不過，確定的是，二十世紀的菁英分子已經與二十一世紀的民意脫鉤。這些菁英所面臨的危機，不僅說明了困擾著先進民主國家的缺乏信任問題，也揭露左右兩派反抗傳統統治階級的民粹憤怒情緒。不過，和我們漸行漸遠的好像不只是二十世紀的體制，而是還有更重要的東西。也許是和我們自己漸行漸遠，人類在巨變失控的年代越來越難自處。

讓我像史蒂夫．賈伯斯（Steve Jobs）在發表蘋果公司的神奇新產品之前開觀眾的玩笑般，我「還有一件事」要講，而且這是當代世紀最重大的事，那就是數位革命，也就是以網際網路所驅動的全球超連結，它是一切崩解的根源。

二〇一六年，我赴紐約參加為期兩天的世界經濟論壇（World Economic Forum, WEF），主題是全球「數位轉型」，探討重點是所有這些新網路科技的所謂「組合效應」——包括行動、雲端、人工智慧、傳感技術和大數據分析，「就像十八世紀蒸汽引擎和電氣化從此徹底改革所有經濟產業，」該研討會做出結論，「現在科技也開始大幅改變今日產業。」① 這次的重大轉型帶來的經濟效應令人目眩，WEF估計，如果數位革命朝正向發展，則到二〇二五年可望有一百兆美元的獲利。

不光是產業正因這些數位科技而大幅改變，當初工業革命改造了社會、文化、政治和個體意識，同樣的，數位革命也在改變二十一世紀的生活。此處攸關得失的不僅是一百兆美元，如今發生於這個焦慮時代的結構性失業、貧富不均、社會失序、不信任和民粹主義的憤怒，可以說全都是這個日益狂熱的改變所造成的。網路技術——是賈伯斯創造出最偉大發明iPhone的部分原因——結合其他數位科技和設備，正嚴重破壞我們的政治、經濟和社會生活。所有產業——教育、運輸、媒體、金融、健保和醫療——都被數位革命完全顛覆。我們視為理所當然的工業文明——工作性質、個人權益、政客的合法性，甚至身為人類的意義——在這個新的崩解時代全都備受質疑。另一方面，矽谷搖身一變為西岸的華爾街，億萬創業家紛紛成為宇宙新霸主。以二〇一六年為例，科技公司發放的股票酬勞遠多於華爾街發出的紅利。②所以，沒錯，新世紀正轉變成網路世紀，但至少截至今日，放眼所及的依舊盡是經濟不平等、工作欠保障、文化混亂、政治紛爭和存在恐懼。

當然，我們早遇過這種情形。就像WEF「數位轉型」研討會提醒我們的，幾百年前的工業革命也曾出現類似的破壞性技術，傾覆整個世界，徹底改造社會、文化、經濟和政治體制。在這重大轉型之下，十九世紀對於這突然變化的反應有「是」、「不是」，以及「也許」。

反動分子，尤其是盧德主義者和浪漫保守派，想要摧毀這個新技術世界，回到至少是他們認為更平靜的時代。理想主義者——也真是夠諷刺的，竟然包括不肯妥協的自由市場資本主義者和革命共產主義者——堅信這個工業技術世界如果任由它以自己的邏輯發展，終將創造出富饒無虞的烏托邦經濟。另外還有改革派和現實派——廣泛來自社會各階層，包括左右兩派有責任感的政客、商人、勞工、慈善家、公務員、工會成員和平民百姓——則全力透過人類主體動力修復這些新技術造成的種種問題。

如今我們在周遭巨變是否對我們有利的這個問題上，也看到類似的「是」、「不是」和「也許」的反應。浪漫分子和排外分子一味排斥全球化科技，認為它違反自然法則、甚至還違反「人性」法則（這是數位時代被濫用與定義不清的字詞）。矽谷科技烏托邦分子與部分新自由主義批評者堅稱，數位革命將徹底解決所有社會長久以來的問題，並創造一個富裕的後資本主義未來。他們認為這次改變不可避免——「絕對必然」，[3]某位福音派決定論者如此說道。至於那些持「也許」態度的，包括我自己——是現實派和改革派，而不是烏托邦派和反烏托邦派——則明白今日最大的挑戰是企圖修復重大轉型的問題，而又不會把科技妖魔化或捧上天。

這是一本「也許」之書，基本信念是數位革命能夠像工業革命一樣，非常成功地被馴服、被管理，並被改革，希冀這次轉型的最佳特性——包括創新、透明、創意，甚至一點健康性的破壞——能讓這世界更美好。書中提出一連串立法、經濟、監管、教育和道德改革，若能正確執行，可望修復我們共同的未來。數位革命由ＷＥＦ研討會所謂的諸多網路科技的「組合效應」所驅動，同樣的，要解決它產生的種種問題，也需要組合方法。就像我說過的，無論是數位還是其他，沒有特效藥能創造出完美的社會。因此，光靠一種壓倒性的解決方案——像是一個完全的自由市場或全面性的政府規範——是沒有用的。反之，我們需要一種結合立法、公民責任、勞工和消費者選擇、競爭性創新和教育方法的策略。這種多面向的做法曾經修復許多工業革命衍生的主要問題，如今，面臨數位革命引發的諸多社會、經濟、政治和存在性挑戰，我們也需要一個組合型的策略。

也許我們能夠拯救自己，也許我們能變得更完美，但僅止於也許。我寫本書的目的是繪製地圖，幫助我們在網路社會這個不熟悉的領域中找到可行的道路。為了研究這份地圖，我跋涉萬里——從位於北加州的自家飛到遙遠的愛沙尼亞、印度、新加坡和俄羅斯，還有西歐諸國與加州以外的許多美國城市。我在這些地方訪問了數百人——包括居民、政府官員、科技新創公司執行長、媒體龍頭的主管、頂尖的反托拉斯與勞工律師、歐盟執委、重量級創投資本家，還有當代預測最準的幾位未來學家。我的角色只是連點成線，把他們的行動和構想畫成地圖。

二〇一六年的WEF研討會中，預測最準的專家之一是馬克・克提斯（Mark Curtis），他身兼連續創業家、作者、設計大師，同時也是埃森哲（Accenture）全球顧問公司旗下的英國峽灣（Fjord）創意廣告公司共同創辦人。我後來到西倫敦牛津圓環的峽灣公司辦公室拜訪他時，他對我說：「我們需要一份樂觀的未來地圖，它必須把人類置於中心。」他並進一步解釋，這份地圖必須為所有人提供未來指南——在我們腦中定出陌生地方的重要方位，讓我們能恣意探索這個新領域。

我希望本書就是這份地圖。從柏林的舊地毯工廠，到班加羅爾的紳士殖民俱樂部、波士頓的律師辦公室，乃至於布魯塞爾的歐盟總部等地，《修復未來》提供新地理局勢，揭露監管者、創新者、教育者、消費者和公民正如何修復未來。不過，並沒有Uber或Lyft式的服務，讓我們能點指一按或伸手一滑就能直接到達未來，甚至連最聰明的科技都無法解決科技問題，只有人類可以，而這正是本書的宗旨，它娓娓道出各地的人們如何努力解決數位時代最棘手的問題，他們的事蹟可以激勵我們起而效尤。

1 莫爾定律

拿回人類命運的主動權

這間十九世紀的房間內滿是二十一世紀的東西。坐落於舊柏林工廠頂樓的這個房間本身相當老舊，磚牆掉漆、原木地板破損、撐起低矮天花板的柱子也斑駁破裂。這座四層樓高的磚造建築叫做Alte Teppichfabrik（舊地毯工廠），是柏林少數尚存的十九世紀工業遺址。可是，這座工業建築也像多處柏林舊城一樣，如今充滿了新科技新氣象。現場這群投資人、企業家和科技人士盯著前方的一座大型電子螢幕，影片中一名戴著眼鏡、蒼白、有鬍渣的年輕男子正對著攝影機，現場所有人都在看他，專心聆聽這位在網路空間大名鼎鼎的人士說話。

「我們逐漸失去在社會中的主動權，」他告訴他們。「這是我們面臨的存在威脅，無人倖免。」

這個場景——破舊的房間、如癡如醉的觀眾、閃爍在大螢幕上的粗粒子臉孔——讓我想起電視史上最具代表性的廣告，第十八屆超級盃的蘋果麥金塔電腦電視廣告。這段一九八四年一月的廣告，宣告個人電腦時代正式展開，廣告中也是在類似的舊房間，大螢幕裡有名男子正在對一群呆若木雞的人群說話。不過，在麥金塔電腦廣告中，這名男子是歐威爾（Orwell）二十世紀反烏托邦小說《一九八四》（*Nineteen Eighty-Four*）裡的獨裁「老大哥」。反之，柏林螢幕中的年輕男子則是反獨裁主義者。至少他自己覺得是受害者，而非暴政加害者。

他叫做愛德華・史諾登（Edward Snowden）。有人視他為英雄，也有人斥他為賣國駭客，他是前中情局約聘人員，因洩漏美國政府一連串的監聽計畫機密資訊，而潛逃至普丁（Vladimir Putin）統治的俄羅斯，如今多透過網路空間與外界聯繫。

柏林這群觀眾來到舊地毯工廠，是為了參加由當地創投公司藍院（BlueYard Capital）舉辦的「加密與分權」科技活動。該活動的宗旨是——像本書一樣——探討如何修復未來。「我們不僅要在文字挹注我們的價值，也要在網路程式和架構中挹注價值，」活動邀請函上寫道。它的目的是將人類道德植入數位科技，讓網路反映我們的價值。

柏林螢幕上虛擬史諾登電子化的臉孔無疑是人類反抗的代表。他直視這群德國觀眾，又把話重複了一遍。不過，這一次，他的話語不再是對於我們集體無能為力的觀察，而比較像是宣戰令。

「沒錯，我們失去的，」他重申，「是在社會中的主動權。」

也許他在網路空間倡議這些想法真是適得其所。「網路世界」一詞最早出現於科幻小說作家威廉・吉布森（William Gibson）一九八四年的小說《神經喚術士》（*Neuromancer*），用來描述蘋果麥金塔這類個人電腦創造出的新溝通領域。吉布森發明這個字，是參考麻省理工學院（MIT）數學家諾伯特・維納（Norbert Wiener）於二十世紀中發明的「模控學」（cybernetics）一詞，指的是網路溝通學。而維納為他的新連結科學取的這個名字，則來自於古希臘文kybernetes，意指舵手或飛行員。維納和他的MIT校友凡納伐爾・布希（Vannevar Bush）與J・李克立德（J.C.R Licklider）三人被譽為網際網路之父，①他用這個古希臘字根為他的新科學命名不是沒有原因的。起初維納堅信，網路科技能為我們掌舵或領航至更美好的世界。認同這種想法的不只維納、布希和李克立德，還有其他許多二十世紀有遠見的人——包括蘋果公司兩位創辦人史蒂夫・賈伯斯和史蒂夫・沃茲尼克（Steve Wozniak）——他們都堅信新科技能賦予我們改變社會的力量。「你會發現一九八四年一點都不像《一九八四年》，」第十八屆超級盃轉播中，知名的賈伯斯和沃茲尼克的新桌上型電腦廣告信誓旦旦地宣稱。

可是，愛德華・史諾登在舊地毯工廠的虛擬演講內容卻不那麼樂觀。據信史諾登人在德國首都東邊幾千英里、安全的俄羅斯家中，透過網路空間來發表演說，他警告這群德國觀眾說，網路科技——在無所不在的電腦運算時代裡窺探與控制我們所作所為的網路力量——正在摧毀我們管理自己社會的能力。網路不是舵手，反倒成了獄卒。

「個人隱私是個人的權利，它是一種力量，人人都有保護自身名譽和不受打擾的需求，」史諾登從網路空間告訴柏林的觀眾。在那間十九世紀的房子裡，他闡明了不可侵犯自我的那種典型十九世紀情感。

愛德華・史諾登從普丁的俄羅斯領土，對柏林的觀眾提出了一個他已經知道答案的問題。他問，「世人皆透明、不再有祕密，這會是什麼情況？」

史諾登的答案是，這表示我們都已經不存在，不再像威廉・華滋華斯（William Wordswroth）或亨利・詹姆斯（Henry James）那樣視隱私為人類本能。[2] 山謬・華倫（Samuel Warren）和路易斯・布蘭戴斯（Louis Brandeis）兩位美國律師也在自一八九〇年馳名至今的《哈佛法律評論》（*Harvard Law Review*）中撰文提出類似看法，篇名為「隱私權」（The Right to Privacy）。在波士頓執業的華倫和布蘭戴斯（後來當上美國最高法院大法官）針對當時極具破壞性的新照相科技撰文回應，主張「獨處和隱私對個人的重要性加劇」。他們寫道，「不受打擾」的權利是「人類免疫的一般權利……是人格權」。③

該如何讓十九世紀的價值重回二十一世紀的生活當中呢？要如何在數位時代重拾主動權呢？

一九八四年麥金塔電視廣告的最後高潮是，一位身穿紅白運動服、充滿活力的金髮美女衝進那破舊的房間，向螢幕丟出大槌，砸毀了「老大哥」的影像。她當然不是盧德派；畢竟，這短短一分鐘的超級盃廣告只是為了說服百萬觀眾掏出兩千五百美元，買一台新的個人電腦。可是，這段蘋果電腦的廣告雖然難免商業色彩，仍然提醒我們，人類主動權在變革的世界扮演重要角色，別讓任何人奪走我們的權利。

虛擬史諾登對柏林觀眾提出的議題也是本書的核心問題。我們該如何從科技手中重新奪回主動權呢？我們該如何效法廣告中那位精力充沛的金髮美女，再度成為自己的領航員呢？

摩爾定律不適用於人

愛德華．史諾登說對了。未來出了問題，裡面有破洞。過去五十年來，我們發明了變革型的新科技——包括個人電腦、網際網路、全球資訊網、人工智慧和虛擬實境——徹底改變我們的社會。然而，這個充滿數據的世界卻獨獨缺了一件事，被新操作系統硬生生刪除的一件事。

那就是我們自己。在這個二十一世紀的網路世界，我們忘了自己的地位，人類的地位，這就是破洞所在。在我們沒有把洞補好之前，未來，我們的未來，無法被修復。

除了我們以外，每件事物都不斷更新升級，問題出在摩爾定律（Moore's Law）並不適用於人類，當初英特爾（Intel）共同創辦人高登．摩爾（Gordon Moore）於一九六五年預測晶片上的電晶體每十八個月就會增加一倍數量，④這種現象被後人稱為摩爾定律，⑤半個世紀後的現在，它依舊持續驅動著普立茲獎得主湯馬斯．佛里曼（Thomas Friedman）所謂的「加速時代」，⑥所以，沒錯，你口袋裡的iPhone也許速度默默在加快，連結更廣、更強大、更聰明，遠遠超越它的前身：一度是革命性的蘋果麥金塔個人電腦，更別提六〇年代中期動輒數百萬美元的大型主機，還得有它自己的空調房間才能運作。可是，儘管「奇點」（Singularity）鼓吹者一片看好人類和電腦將合而為一——像是Google未來長雷·克茲威爾（Ray Kurzweil）依舊堅信這種結合終究會在二〇二九年以前發生——我們人類，至少現在看來，並沒有變得比一九六五年更快、更聰明，而且老實講，在自我意識上也沒什麼長進。

佛里曼為科技與人性之間婉轉地冠上「不合」的關係，他說，「它存在於今日已開發和開發中國家的諸多政治與社會動盪核心……（而且）如今全球都可能面臨極為重要的治理挑戰。」[7]MIT媒體實驗室主任伊藤穰一（Joi Ito）則警告，除了我們以外的每件事都快速移動，後果便是社會、文化與經濟的「進擊」（whiplash）。[8]

只有少數人思考到這種不對稱的發展，湯馬斯·佛里曼奉為「老師」的哲學家多夫·賽德曼（Dov Seidman）就是其中之一，他同時也是《如何做，最重要》（*How*）一書作者及LRN公司執行長，該公司專門針對企業提供道德行為、文化與領導力方面的建議。[9][10]

賽德曼提醒我們，「摩爾定律不適用於人類進步」，而且「科技不能解決道德問題」。然而，最重要的是，我從與他無數次的對談當中學到，超連結的二十一世紀世界不只已經改變，而且是徹底翻新。世界被改造的速度遠大於我們改造自己的速度，賽德曼說，如今我們必須進行「道德追趕」。

賽德曼把電腦描述成「我們的外部大腦」，是我們的「第二個大腦」。可是，他警告，從進化觀點來看，出現了他所謂「幾何級數的躍進」，這個新大腦已經超越了我們的心、我們的道德和我們的信念。他警告，我們變得一心一意對這個第二大腦斤斤計較，而忘了好好檢視自己。隨著這些設備速度越來越快，我們似乎毫無改變；它們製造出越來越多關於我們的數據，我們卻沒有變聰明；它們變得越來越厲害，我們甚至可能對自己的人生失去控制。奇點不但沒有出現，我們可能還逼近它的相反——對偶（Duality）——人類和智慧裝置，以及科技公司和人類大眾之間更深的分裂。

沒錯，多夫．賽德曼說對了。摩爾定律確實讓我們拔根漂離，正接近一個我們既不了解、也不想要的世界。隨著這種無力感與日俱增，我們對傳統機構越來越不信任。愛德曼全球信任度調查報告（Edelman Trust Barometer）是評量世界各地信任度的黃金標準，二〇一七年出爐的報告在大眾對公共機構的信任度方面出現史上最大跌幅。世界各地對媒體、政府和領導者的信任度一瀉千里，以對媒體的信任度為例，有十七個國家都出現歷史低點。愛德曼公司總裁兼執行長理查．愛德曼（Richard Edelman）指出，信任度內爆是由二〇〇八年的大蕭條，以及全球化和科技變遷所引發。[11]我到愛德曼位於紐約的辦公室拜訪他時，他告訴我，缺乏信任是「我們年代的大哉問」。

這似乎似是而非，一方面，數位革命絕對能夠豐富人們未來的生活；另一方面，它卻惡化了現今的經濟不平等、失業危機和文化亂象。全球資訊網本應將人類帶入二十世紀加拿大新媒體大師馬歇爾・麥克魯漢（Marshall McLuhan）所謂的「大同國家」（One Nation），建立起名符其實的全球村。然而，如今的對偶狀況不只發生於人類與電腦之間的分裂——也非常適合用來描述富人和窮人、科技性過勞和科技性失業，以及類比優勢和數位中心之間的差距。

地圖傳達的訊息

一如歷史上其他顛覆時刻，我們活在最烏托邦、同時又最反烏托邦的時代。科技狂熱者信心滿滿地承諾富饒的數位未來；反之，盧德派卻警告科技末日即將到來。不過，真正的問題還是存於我們自身，而非這套新操作系統。所以，修復未來的第一步是要避開把科技理想化或妖魔化的陷阱。第二步則更加弔詭，那就是要記得我們是誰。若想掌控我們的前進方向，就得記住我們從何處來。

還有一個悖論，是的，也許看起來事事都在改變，但從其他方面來看，卻沒有一件事真正改變。我們一再聽聞我們正經歷前所未見的革命——有些人說這是人類史上最重大的事件；也有人說這對萬物都是存在性威脅，這些說法不無道理，但過去我們也聽過類似的嚴重警告，例如，十九世紀的時候，包括詩人威廉・布萊克（William Blake）在內的浪漫主義者就曾提出類似警告，說人類將面臨他稱為「黑撒旦工廠」的毀滅性衝擊。在人類史上，未來的確幾經破碎又被修復，這就是人類的經歷。我們一直在破壞，又用相同方式加以修復——透過監管者、創新者、公民百姓、消費者和教育者的努力。這就是人類的故事，社會、政治與經濟危機總是一次比一次嚴重——菁英分子誇張的權力與財富、經濟壟斷、極弱或極強的政府、無管制市場的衝擊、普遍失業、個人權利受損、文化淪喪、公共空間消失、人類意義的存在性困境——如今所面臨的和之前並無不同。

歷史的確充斥這樣的時刻。例如，一五一六年十二月，今日比利時大學城、當時尚屬於「西屬尼德蘭」的魯汶出現一本小書。這本書誕生的背景，是比今日還要嚴重的經濟崩壞和存在不確定性。傳統的封建世界觀念在每一個想像得到的角度都備受挑戰：經濟不平等、大眾失業和千禧年焦慮出現在世界各地。波蘭天文學家哥白尼（Nicolaus Copernicus）才剛發現地球不是宇宙中心這個難以被人接受的事實。約翰・古騰堡（Johannes

Gutenberg）發明的大眾化印刷術撼動了數百年來天主教傳教士的權威。最讓世人無所適從的，是包括馬丁・路德（Martin Luther）在內的民粹主義鼓吹者發明了預定論（predestination）這種令人害怕的新神學，將天主教上帝塑造成擁有無限與絕對的力量，人類不再有自由意志與主動權來決定自己的命運。因此，對於十六世紀的人民來說，未來顯然徹底破碎。新宇宙學與新神學似乎讓人類變得渺小，他們想像不出自己如何在新世界當自己命運的主人。

這本小書的用意，可能是為了修復未來、重建人類對於自己力量的信心。它只不過是一本小冊子，撰寫者是異教徒先驅、天主教聖者、在世俗世界擔任律師、也是有抱負的僧者、本身是地主、但也為無土地者發聲、是中古通俗幽默家、敏銳的古典學者、文藝復興人道主義者、嚴謹的羅馬天主教徒，此人既是直言不諱的辯護者，也是十六世紀歐洲舊制度的保守批評者。

他的名字是湯瑪斯・莫爾，而這本書以拉丁文書寫，書名為《烏托邦》——翻譯成英文意指「不存在之地」或「理想國」。莫爾編造出時空之外的一座島嶼，那是一個有如美夢又似惡夢的大同國度，有高度監管的經濟、全民就業、個人隱私完全不存在、男人和女人相對平等、統治者與被統治者彼此信任。在莫爾的烏托邦裡，沒有律師、沒有昂貴華服、也沒有任何輕浮的舉止。這個不存在之地是——現在依舊是——一種挑釁、一處始終遠在天邊的地方、一項對體制的終極挑戰、一份最誘人的承諾，也是一則迫切的警告。

如今，本書出版五百週年，有人說烏托邦的想法又「捲土重來」。[12]然而，莫爾的創作其實從不曾失勢。烏托邦的宇宙觀同時立基於恆常與及時。我們從工業走向網路社會的此刻，莫爾在他這本小書中提出的議題——隱私與個人自由的密切關係、社會該如何滿足公民、良性社會中工作的中心角色、統治者與被統治者互信的重要性，以及個人貢獻與改善社會的責任等——依舊像以前一樣切題。

愛爾蘭劇作家奧斯卡・王爾德（Oscar Wilde）於一八九一年談論當時全新的工業資本主義操作系統時，一語道破這種恆常性：「不含烏托邦的世界地圖不值一瞥，因為它遺漏了人類落腳的國度，當人類抵達那裡，放眼望去，看到更美好的國度，便立刻揚帆而去。」這段話出自王爾德〈社會主義下的個人靈魂〉（The Soul of Man Under Socialism）一文。他撰寫此文是針對他認為的工業社會血汗工廠和屠宰場做出道德批判。[13]

那麼，隱晦在十六世紀、也稱得上是「莫爾定律」（More's Law）背後的核心訊息是什麼呢？

這是困擾著歷代思想家的問題。有些人認為莫爾懷念保護傳統中古社會所謂的共和體的封建共有制。像王爾德這樣的進步分子把這本小書視為對剛萌芽的資本主義的道德批判，而保守派則視它為對農業共產主義的冷酷諷刺。另外還有一群人——別忘了莫爾和荷蘭籍人道神學家、同時也是《愚人頌》（*In Praise of Folly*）作者、人稱鹿特丹的伊拉斯謨（Erasmus of Rotterdam）私交甚篤——認為這本書只不過是個過分的玩笑，機鋒地嘲笑人性愚笨。

以上這些南轅北轍的解釋都可以各自從書中模稜兩可的內容找到端倪。不過，另外還有一種很不一樣的解釋角度。一五一六到一五一八年間，《烏托邦》共再版四次，第一次在魯汶、第二次在巴黎，而第三和第四次——根據歷史學家的說法，最貼近莫爾的本意——在瑞士的巴塞爾出版。⑭第一版和最後一版最大的差別在於呈現虛構小島所在的烏托邦地圖。巴塞爾的版本附有一份精巧詳細的地圖，這是由伊拉斯謨委託，設計者很可能是文藝復興時期的藝術家小漢斯・霍爾班（Hans Holbein the Younger），他最為人所知的作品是一五三三年的《使節》（*The Ambassadors*），這張人本主義傑作以超脫現實的不和諧、巧妙捕捉了當時普遍存在的危機感。⑮霍爾班曾在一五二七年畫過湯瑪斯・莫爾的肖像——這張更為個人化的作品捕捉了莫爾的一生在凡人和神人之間的超現實衝突。

這份地圖也許就是我們在尋求的啟示。第一眼看它是個多丘陵的圓形島嶼，中央有座由城牆圍起的城鎮，港口停了兩艘船。然而，仔細一看，會發現很不一樣的地理環境。若閉上一隻眼睛、只用一隻眼盯著地圖，會看到烏托邦變成一個獰笑的人頭，這代表memento mori，這句拉丁文的意思是「別忘了你終將一死」，這在羅馬和中古世紀的歐洲是很普遍的說法。島嶼本身呈現頭顱的形狀，一艘船是脖子和一隻耳朵，另一艘則是下巴，船上的桅杆是鼻子，船身是牙齒，城鎮是額頭，山丘和河流則是雙眼。⑯

那麼，把烏托邦地圖變成頭顱形狀的目的到底是什麼呢？就像莫爾和他十六世紀的人本主義友人常會做的事情一樣，這當中有深奧的幽默元素，memento mori含有莫爾姓氏的全部字母，把島嶼化成頭顱形狀則是典型的伊拉斯謨式的玩笑。但還有另一個更勵志的訊息，它就像把頭顱形狀藏在地圖裡一樣，不會一眼就看得出來。

十六世紀早期，莫爾和伊拉斯謨等文藝復興人本主義者，和路德這類改革倡議者之間最大的爭論，是關於自由意志方面的問題。你該記得，路德提出預定論，把上帝塑造成絕對主宰，人類絲毫沒有主動權。然而，人本主義者則堅持自由意志的理念。莫爾透過理想社會的創造，證明我們有能力去設想出一個更美好的世界，他將這份願景呈現給讀者，邀請他們著手解決實際社會中的真正問題。

這樣說來，《烏托邦》是行動號召，它聲稱我們有改善世界的能力。霍爾班地圖上的獰笑頭顱其實還有另一個意涵。在古羅馬時代，人們用memento mori這種說法來提醒功成名就的將軍不要得意忘形。做奴隸的會在將軍戰勝、凱旋歸來的慶祝遊行中大叫道：「Memento mori...Respice post te. Hominem te esse memento.」奴隸提醒羅馬英雄，「沒錯，你也不免一死，但在那之前，要記得你是人。」在當時的異教羅馬帝國，頭顱既象徵生命，又象徵死亡。它提醒人民要培養公民自我，趁還有機會的時候多協助公共事務。

這種莫爾定律指的是我們有讓世界更美好的責任，和科技決定論的摩爾定律相反。在烏托邦裡也是一樣，常常提到我們對於社會應該有的「職責」。「所有法律都是為了這個目的而頒布，」莫爾寫道，「讓人人知道他的職責。」

所以，莫爾定律就是湯瑪斯．莫爾對負責的人類所下的定義。他不僅奉此定律為生活之道，最後還因它而死，他不同意亨利八世國王廢后，以致被斬首。莫爾認為，身為人類歷史的一分子，就該掌握我們自己的公民與世俗命運。

《烏托邦》出版五百年後，來到今日的超速時代，眼見不可避免的科技變化重新改造我們的社會，許多人再次感到無能為力。誠如莫爾提醒我們的，修復我們的事務——

成為社會的舵手或領航員——是我們的公民職責。它讓我們在十六世紀克盡人類厥職，也讓我們在今日不愧為人。

「Hominem te esse memento，」羅馬奴隸如此提醒打勝仗的將軍。而我們面臨勢不可擋的新超網路世界，也有能夠讓我們在這個陌生場景打出容身之地的警語。

人性正在流行

在湯馬斯．佛里曼二〇一六年的暢銷書《謝謝你遲到了：一個樂觀主義者在加速時代的繁榮指引》（*Thank You for Being Late*）裡，長達五十頁的前言大讚「摩爾定律」，幾乎要把它譽為二十一世紀初人類社會的基本真理。⑰不過，高登．摩爾對於電晶體處理能力的觀察無論對樂觀主義者還是悲觀主義者來說，都不算是能在加速時代成功的有用指南。就像多夫．賽德曼提醒我們的，它並未告訴我們身為人類的意義。

莫爾定律則有用多了，因為它說明我們應該發揮一己之力、修補未來的破洞。「人性」如今在科技界很流行，它也許不似某些未來主義者預見的那種摩尼教式的「科技與人性」⑱或「數位與人類」⑲鐵籠大對決，但數位革命付出的人性代價很快成為這個數位社會的核心議題。看起來，每個人都如夢初醒，發現橫阻在眼前的是以色列歷史學家哈拉瑞（Yuval Noah Harari）所稱的「數據主義」與「人本主義」大對決——他宣稱，透過演算法知道的和「本身就知道的」之間是零和競爭。⑳每個人似乎都有自己的一套方法，來確保新媒體大師道格拉斯．洛西可夫（Douglas Rushkoff）所稱的「人類隊」㉑一定會贏。

似乎每個人都想知道數位時代生而為人的意義。例如，在柏林舊地毯工廠的「加密與分權」活動正式展開的幾天以前，我參加當地一場午餐討論會，它有個倒胃口的名稱，叫做「打一場以人類為核心的數據革命」。在那之前，我曾在牛津談過「真人類」、在維也納談「找回人性」、在倫敦談為什麼「工作的未來是人性」。世界經濟論壇（WEF）瑞士籍創辦人克勞斯．舒瓦伯（Klaus Schwab）舉新人本主義為例，說明數位科技對職場的衝擊：「歸根結底，就是人和價值。」㉒所以我需要他所謂的「人類敘事」來修復問題。㉓

在今日的智慧機器時代，要寫出人類敘事需要先定義出生而為人的意義。「只要一開始定義『何為人類』這個問題，它就成為一種信念。」作家暨發明家傑倫．拉尼爾（Jaron Lanier）和我在紐約共進午餐時曾告誡我，當時我們正準備參加一場人工智慧對人類衝擊的辯論。拉尼爾也許是對的，但在這個我們發明的科技幾乎能與人類匹敵的世界，我們自然會想要拿自己和智慧機器做比較，以便了解我們自己和這個新科技。而且，若我們不相信我們自己，還能相信什麼？

為了解人類和電腦的區別，我請教了麻州電腦軟體公司沃爾弗蘭研究（Wolfram Research）執行長史帝芬・沃爾弗蘭（Stephen Wolfram），他是世界上非常成功的電腦科學家與科技創業家。沃爾弗蘭先後就讀於伊頓公學、牛津大學和加州理工學院，二十歲就取得理論物理學博士，並在二十二歲榮獲麥克阿瑟獎助金，成為這份獎金高達六十二萬五千美元「天才」獎最年輕得主。他的暢銷著作有個極具爭議的書名：《新科學》（*A New Kind of Science*）。他一手創造了「數學運算大師」（Mathematica）這個非常有影響力的數學軟體程式，以及WolframAlpha線上自動問答系統，後者就像一種非常聰明的Google，是提供蘋果Siri一切正確答案的引擎。不僅如此，他還發明了沃爾弗蘭語言（Wolfram Language），這是建立在「數學運算大師」和WolframAlpha上的語言，能幫助我們與電腦溝通。

我第一次見到沃爾弗蘭是在阿姆斯特丹的「下一場網路研討會」（Next Web Conference）上。不過，當時我們沒有討論抽象的未來，整晚都快樂地談論我們各自的未來——我們的子女。他是自學大王，幾個孩子都是由他和他的數學家妻子在家自己教育。他的母親西比兒（Sybil）也是老師——牛津大學哲學教授，專長是維根斯坦（Ludwig Wittgenstein）的語言哲學。

「我要怎麼做？」沃爾弗蘭慎重地重複我的話，似乎從來沒有人問過這位百萬軟體創業家、世界知名物理學家及暢銷作家如此有挑戰性的問題。

他說明他怎麼做——或至少嘗試怎麼做——那就是教導人們了解機器的語言。他要創造一套我們都能了解的ＡＩ語言。

「我想創造一套機器和人類共通的語言，」他告訴我。「傳統電腦語言只迎合機器，而人類語言又無法被機器複製。」

我問他是否也認同ＡＩ悲觀主義者的恐懼，認為科技會發展出自己的意志，然後奴役我們。

沃爾弗蘭說，電腦是由十九世紀中葉維多利亞時代的數學家艾妲·洛夫拉斯（Ada Lovelace）和她的生意夥伴查爾斯·巴巴吉（Charles Babbage）所想像出來的一種思考機器，是幾百年來的重大發明，但他認為，電腦並不具有他所謂的「目標」，不知道接下來該做什麼，我們無法為它們寫出這樣的程式，它們沒辦法為本書撰寫下一段，它們無法修復未來。

沃爾弗蘭非常崇拜艾妲．洛夫拉斯，基本上，他的論點是重申洛夫拉斯對於電腦軟體智慧受限的想法。「這座分析引擎無法創造任何事情。它可以做到我們對它下的任何指令……」洛夫拉斯於一八四三年寫下這段眾所周知的文字。「它的職責是協助我們取得我們已經了解的事情。」㉔

「就算獅子能說人話，我們也聽不懂，」沃爾弗蘭引述維根斯坦在《哲學研究》（*Philosophical Investigations*）裡意義深遠的格言。他說，即便是最聰明的思考機器也是一樣，就算這些機器能說人話，我們也無法理解，因為人和機器完全不同。如果機器懂人話，它們也無法完全了解我們，因為我們有目標，而它們就像艾妲．洛夫拉斯講的一樣，無法「創造」任何事情。

「人性」意義的真理就是沒有真理。沒有絕對真理。每一世代以它自己的當務之急和情況來定義它。例如，文藝復興時代的人本主義以發現為本，重新連上黑暗時代斷片的歷史。而對湯瑪斯．莫爾或尼可洛．馬基維利（Niccolò Machiavelli）來說，生而為人有時就是字面上的意思，要穿上古袍。五百年以後，我們的當務之急和情況已經非常不同，如今，生而為人的意義和我們與網路科技、尤其是思考機器的關係密不可分。若說有新文藝復興出現，那麼我們和智慧科技的這層關係將是新人本主義核心。

沃爾弗蘭的定義則強調人類意志，既合時宜又亙古不變。我們在二十一世紀有個獨一無二的角色，用艾妲．洛夫拉斯的話來說，那就是要能夠「創造」事物。這是我們和智慧機器的區別。不過，如今莫爾定律也有新版本，它提醒我們難免一死，要克盡讓世界更美好的公民責任。

WEF執行長舒瓦伯指出，解決未來最棘手問題的方法就是寫出關於人的故事——人類敘事。這也是本書的宗旨。在今日最重大的數位轉型當中，這段故事道出世界各地的人們面臨新網路紀元的各種挑戰所使用的解決方案。他們都在填補未來的漏洞。他們依循莫爾定律，努力為人類、而不是為機器設計出新操作系統。他們有個共通點，那就是在這個智慧網路機器的時代，我們人類必須奪回對自己命運的控制權，再度成為我們自己故事的作者。

2 修復未來的五大工具

貝塔測試地

十九世紀的環境充滿二十一世紀的東西。我和我的老友約翰·博斯威克（John Borthwick）在一起，他是貝塔（Betaworks）公司創辦人兼執行長，這家位於紐約市的創投公司專門孕育科技新創公司。我們所在的貝塔公司辦公室位於紐約肉品加工區——過去曼哈頓市區工業規模屠宰場林立的地方——如今成為該市最時尚的區域。圓石街道兩邊盡是精品店、會員專屬俱樂部和餐廳，此區最為人所知的是，它是高架公園的終點——這段舊紐約中央鐵道被成功地改建成三英里長的高架公共公園。

博斯威克的辦公室位於一棟老舊的磚房裡，原本的倉庫被改建成開放式的辦公空間，裡面排排坐的年輕電腦程式設計師——貝塔公司裡所謂的「駐點駭客」——緊盯著電腦螢幕。這也稱得上是某種文藝復興。這些駭客坐在十九世紀的工業建築裡，建造著二十一世紀的網路世界。

但這個新世界還在「測試」中——科技業用來描述還沒準備好上市的產品。我來此地就是要跟博斯威克討論這個孕育地——或可稱為「測試地」（betaland）。我倆是多年好友，他跟我一樣，在九〇年代中期網路開始竄起時是新創公司的創業家。一九九四年，他才剛從華頓商學院畢業，就創立了一個紐約市資訊網站，還將它取名為艾妲網，以紀念艾妲．洛夫拉斯。一九九七年，博斯威克把包括艾妲網在內的幾個網路所有權賣給美國線上（America Online），並成為該公司新產品研發部門主管。接著，他又到跨國媒體集團時代華納（Time Warner）管理科技，並於二〇〇八年成立貝塔公司，靠著精準投資推特（Twitter）和Airbnb等公司致富。

「我愛上了網際網路這點子，」博斯威克解釋他怎麼會成為網路創業家，他的信念和諾伯特．維納這些二十世紀中的網路先驅一樣，認為網路科技能帶領我們進入更美好的世界。這種想法就是新網路世界要比舊工業世界更好，這種想法就是網路能徹底改變社會，讓它更開放、更創新、更民主。

然而，四分之一個世紀以來，博斯威克早年對於這種想法的信念已經改變，他對數位科技的變革力量改持較懷疑的態度。我們坐在他公司的會議室裡，在周遭的駐點駭客為伴之下展望未來的網路世界。九〇年代的純真，堅持網路有無限潛力的信念——開放、創新又民主——已經被「測試地」行事不順的覺悟所取代。

從我們的談話內容中，我們發現彼此都認同今日社會不一致、政治不信任、經濟不確定和文化不安定的紊亂氛圍，其實是數位革命的後果，至少部分如此。不過，看到愛德華·史諾登勇敢宣戰，博斯威克也很務實，不對未來感到悲觀。他和其他所有人一樣，都了解數位革命的非凡成果，但他也非常清楚箇中問題。他像我一樣，屬於「也許」一族。

要如何重建未來、再現史諾登聲稱已經失去的人類主動權呢？「五個方案，約翰，」我說。「給我五個能夠重新愛上未來的要點。」

博斯威克的五大要點

頂著一頭蓬鬆黑髮、爽朗又具孩子氣的博斯威克聽到我的要求後露齒而笑。對他來說，新新事物不是個人電腦或網路，而是人工智慧——也就是網路連結的智慧機器、智慧汽車、智慧演算、智慧房屋和智慧城市背後的科技。有人害怕這種超智慧科技會摧毀人性，這也是博斯威克面對我提問時最初浮現腦海的想法。

「聽著，我的生意多半仰仗現實扭曲，」他誠實道出科技業的真相，「所以，我們真該死的不知道ＡＩ會發展成什麼樣子。」

不過，他卻清楚ＡＩ不該是什麼樣子——由贏者全拿的單一企業完全擁有並營運的獨占操作系統。所以，他提出的第一個修復方案是他所謂的「開放式ＡＩ平台」，這是科技人士的公共空間，概念就如同肉品加工區的高架公園——由當地企業家、市議員和城市活動家共同催生、蓋在紐約中央高架鐵道上的公共公園。博斯威克說，重要的是，要讓他所稱的「堆疊」（the stack）——網路操作系統形成的多層科技——開放給每一種開發商和應用程式。用柏林藍院創投公司的說法，博斯威克想要把開放的「價值」，「編碼」到網路結構，這可說是ＡＩ時代的網路中立性，而他推崇做到這一點的是全球資訊網（World Wide Web），這是提姆·伯納-李（Tim Berners-Lee）於一九八九年發明的開放式平台，並且慷慨捐贈給科技業使用，讓Skype、亞馬遜（Amazon）和博斯威克自己的艾妲網等第一代創新網路公司得以建立、興盛。博斯威克告訴我，基於這個原因，他建議Nike創辦人非營利的奈特基金會（Knight Foundation）成立「人工智慧的道德與治理基金」——二〇一七年撥款兩千七百萬美元的基金，專門用來研究符合公共利益的人工智慧。①

不過，博斯威克也承認，儘管有伯納-李和奈特基金會這樣無私的貢獻，還是一直有私人企業處心積慮想要取得科技堆疊的完全掌控，進而主導整個市場。因此我們需要反托拉斯法——這也是他提出的第二方案。博斯威克擔任過美國線上新產品主管，曾涉入二〇〇二年美國政府控告微軟違背反托拉斯法的複雜案件，他不否認大陣仗延請高價律師來爭論電腦操作系統的法律和技術細節得花下巨額的時間和金錢成本，②然而，不枉他是早期創新的發明者，非常明白他必須保護他的駐點駭客，不受Google、亞馬遜和蘋果公司這些現代利維坦巨獸的攻擊。反托拉斯法對於博斯威克這種創新發明家非常重要。他說，新創公司創業家和科技專家需要政府保護他們不受贏者全拿的跨國企業的傷害。這位創業投資家建議，為保護創新，立法監管有時是必要之惡。

他的第三個方案依舊鎖定公共領域的重要性。他是推特早期的投資人，因此非常清楚這家社群媒體公司正想盡辦法要找出一個有力的商業模式，並提升在我們的文化和新聞界的中心地位。他提到，推特的價值不只是經濟方面——特別是在這個「後真相」川普政治世界中，假新聞猖獗、煽動網路暴民。[3]所以，他說我們應該將推特這類重要媒體公司視為公共電視台或廣播公司。

「推特應該用哈佛大學或《衛報》（*Guardian*）一樣的公共原則來經營。它的社會價值無法只用財務現值來量化，」這位貝塔公司執行長堅稱。他的意思是——假新聞和其他荒謬偏頗或腐敗的資訊，對早已缺乏信任的文化造成更多衝擊——幾個像推特這樣最有影響力的新聞媒體平台更加重要，不能只當做營利事業看待。

博斯威克的下一個方案著重在人類和智慧機器越來越模糊的區別上，特別是在擴增實境（AR）的時代，要分出是真人還是網路設備益加困難。這位創投資本家坐在椅子上換了個姿勢，然後開始闡述智慧科技核心的存在困境。

「我們到什麼程度就不再是人類？」他試著問道，這個問題聽起來也像請求。他說，今日科技附帶極大的道德責任，事實上，這責任之大，我們得建立「以人為中心的設計標準，才能維持我們人類的身分」。博斯威克並未說明決定人類身分的「標準」從何而來，也許來自於今日那些破壞存在性的科技的設計者，也許來自政府新法，也許來自像史諾登這樣憂國憂民的個人，或奈特基金會這類公共利益團體，也許來自像博斯威克自己一樣的投資者。

博斯威克的最後一項方案中提到人類主觀能動性，這當然不令人意外。可當你聽到這位華頓商學院的畢業生、成功的創投資本家居然讚許地引述《共產黨宣言》（*The Communist Manifesto*），你就知道這世界出問題了。然而，這卻是博斯威克闡述他第五項方案的引言。他說，回到十九世紀中期，我們也會看到一個類似的世界，充斥著極端破壞性的新科技、天壤之別的貧富差距、極不衛生的工作環境、居高不下的失業率和獨占的資本主義企業。

博斯威克提出工業革命來相互比較很有啟發性。英德混血的工業革命歷史學家艾瑞克·霍布斯邦（Eric Hobsbawm）讓我們明白，一七八九年的世界是「農業占優勢」，對於沒有報紙、也沒有其他資訊可以了解外在世界的普羅大眾來說，這世界「不可思議的龐大」。[4]那是個地方化的農業社會，早在兩百年前身故的湯瑪斯·莫爾應該對這樣的背景很熟悉。可是，六十年後，到了一八四八年二月，馬克思（Karl Marx）和恩格斯（Friedrich Engels）在倫敦發表《共產黨宣言》後，這個農業世界隨即被蒸汽引擎、電氣化和大量機械生產劇烈改變。「十九世紀中期主要是煙與蒸汽的時代」，[5]霍布斯邦向我們描述的世界是介於一八五〇到一八七〇年間，全球煤礦產量倍增百分之兩百五十，全球鐵礦產量則增加百分之四百，全球蒸汽發電增加百分之四百五十。⑥

「堅固事物全都煙消雲散。」這是描述摩爾定律對當代社會重大衝擊的說法，而當時馬克思和恩格斯則用它來形容工業革命：「持續改革的生產方式，一直受干擾的社會條件，無止境的不確定性和騷動，以及史無前例的資產階級時代。」⑦

十九世紀工業世界的嚴重不平等和不正義由許多人詳盡記錄下來，包括馬克思和恩格斯、托馬斯・哈代（Thomas Hardy）和查爾斯・狄更斯（Charles Dickens）。《共產黨宣言》指出，當時的「剝削」是「赤裸、直接、無恥又野蠻」。⑧到了一八四八年，工業革命已經導致匈牙利經濟學家卡爾・波蘭尼（Karl Polanyi）——描述從農業轉型到工業經濟的經典之作，《鉅變：當代政治、經濟的起源》（*The Great Transformation*, 1944）的作者——所謂的「平民百姓前所未見的浩劫」。

波蘭尼說，在十九世紀中期的英國經濟，「勞工階級群集在荒涼的新場所，那些所謂的英國新城鎮；鄉下人被貶為貧民窟居民；家庭走上滅亡的道路；在『邪惡工廠』排放的殘渣與廢料堆中，鄉村迅速消失。」⑨他說，最終結果是「兩個國度」的誕生：一個是「空前富有」，另一個則是「空前貧窮」。⑩

波蘭尼將「百姓生活的災難性混亂」歸咎為十六世紀的圈地運動（enclosure movement），當時資本主義導致湯瑪斯．莫爾在《烏托邦》裡批判的農業人口普遍失業的現象。莫爾諷刺十六世紀的英國：「你那溫順、胃口小的羊群變得貪婪兇猛，吞噬了人類。」⑪波蘭尼指出，圈地運動和早期工業化的問題出在「人們對於變革的普遍態度是，無論經濟改善的社會後果是什麼，全都神奇地欣然接受」。⑫波蘭尼說，自由自我調適經濟市場的概念「暗指一個完全的烏托邦」，「若不消除人類和社會的自然實質，則就算時間再短」，也難以存在。⑬波蘭尼的批判並非反對資本主義本身，而是反對對自由市場的迷信：將任何規範或干預視為對自由的侮辱。

艾瑞克．霍布斯邦呼應波蘭尼對於十九世紀中期歐洲的悲觀看法。他說，「城市生活的基本服務」——像是街道清潔、用水供給或基本衛生——都跟不上急速的經濟和技術轉型。因此，在一八三〇年代到一八五〇年代之間，霍亂和傷寒不時在全歐洲大流行。霍布斯邦說，百姓普遍酗酒，造成歐洲的「烈酒瘟疫」。⑭他所稱的「社會與經濟動亂」不僅引起「殺嬰、賣淫、自戕和精神錯亂」頻傳，⑮更釀成一七九五年、一八一七年、一八三二年和一八四七年歐洲鄉間的大饑荒。霍布斯邦表示，就連那些完全就業的地方也窮困不堪，例如，蘭開夏郡的工業城普雷斯頓在一八五二年有百分之五十二的就業勞工生活水準比貧困線還低。霍布斯邦推斷，就算你是當時少數幸運活到老的人，你的生活也「極有可能非常悲慘」，因為完全沒有政府健保或社會安全系統來照顧老人。⑯

我從貝塔公司辦公室的窗戶望向肉品加工區的石子路，試著想像一八四八年二月馬克思和恩格斯出版《共產黨宣言》時的場景。十九世紀中期，紐約市許多屠宰場都是違法經營，髒亂的工廠生產出不安全的肉品，「雇用」貧窮勞工，又不提供工作保障，真是無法無天、一片混亂。半數的屠宰牛肉無法入口，腥臭的動物內臟最後流入河流和湖泊。⑰常見做法是把不用的部分堆疊在屠宰場外面等待運走。在街上玩耍的兒童直接踏過被宰殺動物的血泊，也難怪肺結核和白喉這類傳染病會在城裡大流行。

紐約在十九世紀進入工業時代後，情況並沒有改善。該世紀後期，根據霍布斯邦的說法，紐約的下東區「可能是西方世界中最擁擠的貧民窟，平均一畝地就擠了五百二十人」。⑱工作條件沒有比較好，尤其是紐約的成衣工廠，工人一週工作六十個小時，還要冒著被機器斷肢、削頭皮的生命危險。一九〇〇年的美國人口調查顯示，百分之六的勞工是十歲到十五歲的孩童，做的卻是大人的工作。勞工聚眾抗議這些工作條件是稀鬆平常的事，老闆也常雇用暴徒來攻擊和恐嚇這些造反的勞工。

博斯威克提醒我這段期間工業社會所經歷的巨變：「往後快轉一百年，我們已經做到以前想都不敢想的事情。《共產黨宣言》的十個目標中，已經有八個在和平中實現，」他說，他指的是馬克思和恩格斯提出的、在先進工業國家創造無階級社會的十大「手段」。這些目標包括徵收累進或分級所得稅、設立國家銀行、建立公有土地、政府控制交通和通訊、公立學校提供所有學童免費教育，以及禁止工廠雇用童工等。⑲

對於一八五〇年的人來說，他的論點遙不可及——例如，禁止工廠雇用童工或設立國家銀行，或者是免費教育和分級所得稅——如今在全球幾乎每個國家都被視為理所當然。博斯威克也承認，這些改革並非全都實行得盡善盡美，但至少在過去一百五十年來，已經慢慢發展成文明社會的重要基礎。例如，在一八八〇年代，也就是馬克思和恩格斯出版《共產黨宣言》的三十年後，德國才剛統一，宰相俾斯麥（Otto von Bismarck）推出強制性全國社會福利制度，為勞工提供健保、意外險和老人保險。然後，這些改革被其他工業國家視個別政治文化而加以發展與採用——從德國的社團主義模型，到北歐國家的社會民主傳統，以及美英等盎格魯-撒克遜國家偏重市場的社會安全系統等等。

博斯威克說，我們現在正面臨新一波的重大挑戰，可能也需要這類意想不到的解決方案。他指出，數位革命並未讓北英格蘭的「邪惡工廠」重新開張，紐約市街道也不再因屠宰動物而血流成河，歷史從不重演，至少不會一模一樣。然而，二十一世紀初期的大轉型卻一樣具挑戰性——特別是在經濟不平等和未來的就業問題上。卡爾・波蘭尼的「兩個國度」又回來了，只不過，如今的這兩個國度是肇因於數位科技，而非蒸汽或電氣化。今日，是智慧機器——而非湯瑪斯・莫爾的封閉農田或馬克思和恩格斯的機械化工廠——正在急遽摧毀就業與工作本質。例如，牛津大學二〇一三年白皮書預測未來二十年會有百分之四十七的工作被智慧科技取代，⑳而二〇一七年麥肯錫報告則預估，人類將有百分之四十九的工作時間由目前的科技自動化所代勞。㉑

因此，博斯威克提出了他的第五個、同時也是最具野心的解決方案。他告訴我，我們需要為今日的網路社會創造出全新的權益方案、教育機構和社會安全系統。他說，誠如十九世紀工業革命改變了員工、雇主和政府間的關係，如今的數位革命也需要激盪出一樣顛覆的思維。博斯威克說，早期有個例子，是所謂的「最低保障收入」——該構想是為了在科技造成的失業潮中提供經濟安全感的最低額度。他認為，「就業人口要達一定水準，才會有安定的社會。」

這就是約翰・博斯威克的宣言，他修復數位未來的五大方案如下：

・開放的科技平台

- 反托拉斯法
- 負責的以人為本設計
- 公共空間保留地
- 新社會安全系統

可是，他強調，這些方案都不是特效藥。例如，許多十九世紀末與二十世紀初的馬克思主義者認為，所有的工業資本主義問題都可以透過全球無產階級革命立即解決，相較之下，博斯威克不認為有任何單一改革能夠自動解決大規模數位轉型的問題。他不曾提到黑格爾（G. W. F. Hegel）的正反合，沒有歷史終結，也不會有烏托邦島。

博斯威克對未來的展望，用康德的說法，是曲木（crooked Timber）。他用堆疊——支援有效平台的科技串列——來比喻，說明他這些方向迥異的構想如何一起適用於未來。他的意思是，在不斷進化、納入科技創新的新二十一世紀操作系統中，這些構想都是可互換的零件。

他承認，網路、雲端和行動科技、人工智慧和大數據的組合效應正在顛覆整個世界。這位創投資本家說，面對這樣的巨變，我們需要建立起一樣強力的公共政策、道德責任、法律改革和科技創新組合。他堅信，這些改革不會自外於他人憑空發生。就像產品堆疊造就成功的科技平台一樣，各方面都要努力，才能結合出最大的效果。

組合策略

博斯威克提出的方案最令人震驚的是，儘管數位科技具有極大的顛覆性，但這些都不是新觀點。從英國棉花工廠到曼哈頓屠宰場、從十九世紀蘭開夏工業城的不公到十九世紀紐約市的不義、從湯瑪斯・莫爾十六世紀英格蘭的圈地運動到馬克思和恩格斯十九世紀歐洲的兩個國度，我們一直看到這樣的戲碼。

當然，並非一模一樣，我說過，歷史不會完全重演。但許多工業時代的問題和我們在數位現代遇到的非常類似。因此，約翰・博斯威克用來解決這些問題的工具——開放的公民價值、公共空間的必要性、創新與立法互賴共生，另外當然還有重新解釋科技顛覆時代生而為人的意義——絕不是新玩意兒。

要達成這項改變的策略也不是新創，畢竟，能解決世界問題的平衡方式就只有那麼多，而本書鎖定的，我認為是修復未來的五大長期方案。

第一大類和約翰．博斯威克的建議一樣，是透過立法監管——例如制定托拉斯法來保護競爭，或成立公共媒體來保障可靠資訊自由流動。當然，矽谷內外的市場自由主義中堅分子絕對會強烈贊成。可是，本書處處可看出他們錯了，尤其是第六章。創新和法規密不可分，沒有新法，未來就不可能修復。就像湯瑪斯．莫爾所說的，綜觀歷史，好政府至關重要，這是永遠不變的真理。

第二項方法是透過創新者的努力，這些人包括貝塔公司的駐點駭客，或藍院創投舉辦的「加密與分權」活動上的創業家，他們發明新科技和產品來改善人類生活。這不表示每位創新者或每項創新都對人們有益。我們會在下一章看到，包括Google和臉書在內的科技龍頭，他們有許多數位創新目前都有問題，不過，我會在第七章提到，創新企業家不能用它當做藉口，而不去創造能實現數位革命承諾的產品。烏托邦派也許夢想一個理論上優於自由市場資本主義的經濟系統，但這在現實世界並不存在。

第三個方法是透過消費者行為，他們考量自己想要什麼及願意花多少錢的選擇改造市場和產品。當然，消費者不見得都對，尤其是在這個充斥著便宜到離譜或「免費」產品的數位時代。不過，我們稍後會提到，從食品業歷史可看出，消費者要求更高品質和更健康的產品，在修復早期工業資本主義問題上扮演核心角色。

第四個方法是透過工會、慈善家、非營利組織或像愛德華·史諾登這樣的仁人志士採取行動。我會在第八和第九章詳述，要實現這一點的策略包括罷工和其他直接的勞工行動、公共工程、捐款，以及對政府和產業施壓。這是最受莫爾定律影響的方式——受人們改善百姓生活的意願所驅使。

第五項則是讓教育的角色——從父母、老師、指導者、決策者、甚至像本書這類出版物——協助人們塑造他們自己的歷史，並為他們的社會決定出最佳結果。我們會在第十章看到，改造教育尤其具挑戰性，不只需要新一代的教師和學校，還需要對教育本身產生新思維。

於是，以下是我們修復未來的五大工具：

- 立法監管
- 競爭性創新
- 社會責任
- 勞工與消費者選擇
- 教育

貝塔公司執行長約翰．博斯威克說對了，要修復未來並沒有單一特效藥。不過，誠如本書揭露的這五大改革策略——若能發揮創造力來實施——便能將測試地改造成樂土。重要的是它們多管齊下——形成讓二十一世紀新操作系統順利運作的堆疊。過度迷信任一項工具，讓它主導其他，就會出問題。例如，盲目崇拜完全自由市場，也就是卡爾．波蘭尼的「完全烏托邦」，造成許多十九世紀工業資本主義的問題。不過，像蘇聯側重政府權力並禁止任何競爭性創新，來對付造成兩個國度的工業資本主義，問題當然更大。

所以，關鍵在於組合策略。綜觀歷史，總是由這五大工具——立法監管、創新、勞工與消費者選擇、社會責任和教育——共同創造重大社會變革，尤其是過去這幾百年來，這五大層面錯綜複雜地結合在一起，大幅改善了工業社會初期的荒淫與不公。

美國肉品加工業剛好是結合這些工具改善世界的例子。民眾對於肉品不安全與不清潔的生產過程和劣質的產品極為不滿，加上美西戰爭（Spanish-American War）期間爆發給士兵吃「防腐」肉品的醜聞，促使厄普頓．辛克萊（Upton Sinclair）寫出諷刺小說《魔鬼的叢林》（*The Jungle*），也讓羅斯福（Teddy Roosevelt）總統於一九〇六年簽下「肉品檢驗法案」（Meat Inspection Act）。該法案是當時政府頒訂的多項新衛生規定之一，政府檢驗成為強制執行。十九世紀下旬開始，像是「紐約女士衛生保護聯盟」（New York's Ladies' Health Protective Association）這樣的公民團體、「紐約市大都會衛生委員會」（New York City Metropolitan Board of Health）等諸多地方單位，還有聯邦議員等竭力對抗冥頑不靈的肉品屠宰與包裝業，而業界卻一直無法認同改變商業模式其實對他們自己有利。無論是小型屠宰場還是大型加工廠，都堅持他們的做法並未對大眾造成威脅，因此遲遲不願合作，屠宰場甚至不配合載牲口的貨車不得進入市區的規定。然而法令頒訂實施後，不但沒有阻礙肉品業的發展，反而加速產業現代化。十九世紀末到二十世紀初的改革最後終於成功，迫使肉品加工業在技術、設計和生產效能上皆成功創新，讓肉品更安全、價格更親民，造就生產者和消費者雙贏的局面。

這五大原則也在紐約的生活品質和工作條件上扮演過重要角色。紐約州勞工賠償法和一九三五年的「全國勞資關係法」保護勞工有組織工會的權利，而強大的工會造就更高的薪資和更安全的工作環境。一九七〇年的「職業安全與健康法案」（Occupational Safety and Health Act）大幅降低在職死亡率，二〇一三年每十萬人死亡人數減為三・三人。一九三八年的「公平勞工標準法」（Fair Labor Standards Act）明訂禁止童工，現今勞動人口教育程度更高，除了拜該法之賜以外，強制要求學童上學的相關法令也有貢獻。如今，二十五歲以上的美國成人多數為高中畢業；想當初在一九三〇年，比例還不到百分之二十。五〇和六〇年代期間紐約市有數百人因空氣汙染喪生，環保分子努力奔走，讓造成汙染的焚化爐關閉。聯邦立法和一九七〇年的環境保護局（Environmental Protection Agency）成立，讓紐約的酸雨和哈德遜河的汙水幾乎消失不見。如今，紐約市民的平均環保足跡其實要比郊區或鄉下居民來得小。

最重要的是，工業革命時期的食品業發展可看出我們組合策略的成效，同時間公共衛生、社會福利和國教擴張也一樣發展出進步構想。過去的一百五十年來，政府立法、競爭性創新、企業領導人的社會參與、消費者選擇，再加上教育，共同創造出多數食品在品質、健康甚至價錢上的大幅改善。新政策、組織和習慣的堆疊，讓原本出現問題的產業轉型成最能滿足創業家、消費者和社會利益的產業。

十九世紀中期的邪惡工廠經濟創造出一樣邪惡的食品。一八四五年，恩格斯在他的經典著作《英國工人階級狀況》（*The Condition of the Working Class in England*）提到，賣給勞工的量產食品大量攙雜其他成分。「肥皂製造工廠的廢料會混入其他東西、當成糖來出售，」恩格斯指出。「咖啡粉裡攙雜了菊苣根和其他廉價成分，人造咖啡豆裡則是未磨

的其他材料。可可粉常常被攙入細土，加入脂肪處理過後，就更像真的可可了。」㉒

其他許多大量生產的食品也是一樣。「灰葉乾」——攙雜在茶葉裡的乾灰樹葉——被氾濫使用，英國國會為了保護灰樹還立法禁止使用！廠商用鉛和銅綠等致死毒物來幫茶葉和乳酪染色。食物往往攙入木屑以增加利潤。美國的情況也很類似，缺乏法律規範、食物假貨充斥。到了二十世紀初期，像大西洋與太平洋食品（A＆P）這類公司興起，許多大型食物新品牌——為了維持風味和保存期限——開始過度使用添加物。食品也許不再邪惡，但是卻反映了當時均質化與企業化的社會，變得無味、制式，而且非常不健康。

對這些境況要做出反應需要時間。十九世紀時，美國聯邦規範食品內容和銷售的法律寥寥無幾。一直到一九〇六年的純淨食品藥物法案（Pure Food and Drug Act）和同年肉品檢驗法案出現，情況才有改善，緊接著成立了美國食品藥物管理局（US Food and Drug Administration, FDA），保護消費者遠離有害產品。一百多年來，ＦＤＡ規範了食品添加的色素和化學物、為產品標籤和行銷把關，甚至率先成為測試食物防腐劑的「掃毒大隊」。一九三八年，小羅斯福總統（Franklin Delano Roosevelt）簽署了新「食品、藥品暨化妝品法案」（Food, Drug and Cosmetic Act）——大幅擴張ＦＤＡ的職權，並為食品建立新的管理標準——直至今日依舊是ＦＤＡ執法的依據。如今，ＦＤＡ預算達四十億美元，人員共一萬五千人。

諸多機構和個人——包括洛克斐勒基金會（Rockefeller Foundation）這類非營利組織和世界衛生組織（World Health Organization），還有加州大學多位科學家——率先研究食物添加糖類的害處。要讓人們了解工業加工食物的危險，教育扮演重要角色，尤其是透過書籍。亞瑟・卡雷特（Arthur Kallet）和Ｆ・Ｊ・舒林克（F. J. Schlink）於一九三三年合著的暢銷書《一億隻天竺鼠：日常食物、藥品和化妝品的危險》（*100,000,000 Guinea Pigs: Dangers in Everyday Foods, Drugs, and Cosmetics*），出版短短六個月就十三刷，該書首次讓美國人認清量產食品的毒害。瑞秋・卡爾森（Rachel Carson）一九六二年的暢銷書《寂靜的春天》（*Silent Spring*）是個分水嶺，自此民眾和政府開始注意到食品和飲水含有農藥和有毒化學物的危險。後期的書，像是二〇〇一年艾瑞克・西洛瑟（Eric Schlosser）的《速食共和國：速食的黑暗面》（*Fast Food Nation: The Dark Side of the All-American Meal*）還在二〇〇六年拍成電影，這本書讓人們了解速食產業許多殘害健康和環境的影響。

雖然肥胖和不良飲食習慣至今依舊是美國的大問題，但過去四分之一個世紀以來，明顯發展出更健康的飲食文化，背後的推手，是消費者需求與企業創新的結合。當約翰・麥基（John Mackey）於一九八〇年在德州奧斯汀市開了第一家全食超市（Whole Foods Market）時，全美國只有少數幾家天然食品超市，專賣無添加人工防腐劑、色素、香料、糖精和氫化脂肪的產品。到了二〇一七年六月，全食已成為《財星》（*Fortune*）五百大上市公司，有四百三十一家超市和九萬一千名員工，並被亞馬遜以一百三十億美元的天價併購。其他成功的天然食品超市還有喬氏（Trader Joe's）、新芽（Sprouts）和厄斯菲爾（Earth Fare）。就連賽福威（Safeway）這樣的主流超市也在所有分店引進有機產品，而賽福威還推出自己的「百分之百天然」開放天然（Open Nature）品牌。過去幾十年來，農產品直售的農夫市集越來越受歡迎。一九九四年，全美的農夫市集共一千七百五十五個，如今已增為八千六百個，每年創造十五億美元以上的營收。

天然食品、高品質超市和更健康的飲食習慣經過百年後劇變成主流，足為修復網路未來的典範。今日的數位經濟就像一八五〇年的食品產業一樣，有個不受控制的自由市場，充斥著成癮產品和不負責任的企業，科技對我們身心健康的影響也普遍不受重視。過去幾十年來，食品業改造成功，證明可靠的規範、創新、勞工與消費者選擇、公民行動主義和教育的組合效應絕對能達成約翰・博斯威克所說的「想都不敢想的事情」。

不過，在探討修復數位革命的方案堆疊之前，還需要更了解這次的大轉型究竟出了什麼問題。還記得嗎？卡爾．波蘭尼把十九世紀工業經濟描述為「完全烏托邦」的毀滅社會。下一章將檢視今日的網路經濟有哪些烏托邦元素，並將說明未來究竟會怎麼支離破碎。

3 破碎的是什麼

黑暗的城市邊緣

未來有時出現在最意想不到的地方。那是個蕭瑟的隆冬，我來到歐洲東北角的波羅的海三小國之一愛沙尼亞的首都塔林。愛沙尼亞——該國前總統、同時也是數位科技專家托馬斯．伊爾韋斯（Toomas Hendrik Ilves）喜歡把他的國家叫做「E化尼亞」（E-stonia）——擁有最高的人均新創公司比例與最快的寬頻速度，它不僅是科技界的「領導者」與「下一個矽谷」，①也是「事情最先發生」的地方。

我來到泰諾波（Technopol）科學園區，這個位於城邊的塔林科學園區群集了四百多家科技新創公司，從市區的哥德式城牆坐Uber前往，路途並不遠。然而，我在這裡非但沒有更了解愛沙尼亞的熱門新創公司，反而聽到了世界末日的消息。我來此主要是聽數位科技存在危機的演講，講者是楊・塔林（Jaan Tallinn），他合夥創辦了愛沙尼亞兩個最偉大的數位成就——網路通訊平台Skype和點對點音樂分享網站Kazaa。我想要了解歐洲科技巨擘認為對二十萬年人類歷史造成最黑暗的威脅是什麼。

塔林蒞臨的是「愛沙尼亞的機器學習」，這是一場關於人工智慧的非正式研討會。外面冷冽的一月天氣就像他演講的主題一樣令人生畏。正午時天色還亮，但到了三、四點，太陽就下山了，首都外圍亮起（如果這是正確的描述字眼）淡黃色的人造光線。從灰暗的波羅的海飄過來的雪花覆蓋了廣闊的園區；不知道我的Uber司機能否不用iPhone上的Google地圖，就能在陰暗的下午找到這棟四四方方、毫無特色的建築。

和外頭陰鬱的寒冬呈對比，楊・塔林——創業家、教育家、投資家、哲學家、公民領袖與科技專家——倒是個四季皆宜的人。當這位身材瘦小、留著平頭的愛沙尼亞男子走上講台，觀眾一陣騷動、滿懷期待地竊竊私語。他站在「成就未來！」的標語旁，開始他的演講。這位不苟言笑的電腦科學家身穿藍色牛仔褲、圓點T恤、外罩的帽T胸前寫著「FLEEP.IO」*，看起來就像觀眾群裡稚嫩程式設計師的成人版。他是他們的未來。

而且他講的也是未來——不光是愛沙尼亞電腦科學家的未來，也是我們大家的未來。在多數科技研討會中，科技預言家總是允諾光明的未來，但塔林的演講內容完全不帶烏托邦主義。他用英文發表以「ＡＩ控制問題」為題的演講，提出了一個黑暗新世界，自我意識演算法——自己會思考的電腦編碼——可能會「在不違反物理定律的情況下為所欲為」。他認為，未來我們可能不再主導自己的創作。科技說不定會發展出自己的意志，因而排擠我們、剝奪我們的權力，並奴役我們。他說，這種自我意識演算法的存在並非憑空捏造，這可能是人類最後的發明。

他稍微提高音量警告大家，科技正「密謀背叛」。現場觀眾有人點頭。背叛——這個小小的波羅的海共和國經歷過外國干預的血淚歷史，每一個愛沙尼亞人都謹記背叛這個邪惡意圖——也許就隱藏在後面。

我猜想這個科技背叛的警告有更深層的意義。除了Skype以外，塔林還與人聯手創辦了點對點網站Kazaa，讓使用者能夠免費打電話，並分享音樂檔案，他認為數位科技將會出賣它的發明者。五十年來由塔林這樣的科技專家所建造的分權架構顯示背叛的跡象。原本設計為網路邊緣的科技如今占據核心，為了增進民主而創造的卻正在創造獨裁。這

*譯注：由前Skype團隊創立的聊天平台。

對楊・塔林這樣的理想主義未來設計者來說，是最嚴重的背叛行為。這也是後果悲慘的背叛行為。塔林把這種悲劇形容成：「就像父母親眼看到孩子死去。」

演講結束、觀眾離去後，我與他會面。我們單獨在泰諾波園區走廊相對而坐。外頭白雪持續覆蓋全城，四周寂靜無聲，就連清潔人員也回家了。

塔林市的塔林，身處歐洲邊緣，在城市邊緣的黑暗裡。

他很疲倦，雙眼因時差滿布血絲。他前一天才從東京飛抵愛沙尼亞，隔天一大早又要飛去紐約。「有時我開玩笑說，如果這世界在十年內被AI摧毀，罪魁禍首可能是我認識的人，」他正色地告訴我。

他絕不是唯一害怕人工智慧掌控世界的人，美國有位知名AI專家把這種情況描述為「人類史上最重大事件」。世界首富比爾・蓋茲（Bill Gates）、全球最著名的物理學家史蒂芬・霍金（Stephen Hawking）、矽谷最富創新精神的創業家伊隆・馬斯克（Elon Musk）和牛津大學宇宙學家、同時也是《世紀終結：人類能否活過二十一世紀？》（*Our Final Century: Will the Human Race Survive the Twenty-First Century?*）的作者馬丁・里斯（Martin

Rees，又稱里斯男爵）等人，全都像塔林一樣擔心末日即將到來。他們都認同這將是人類史上最重大的事件，而且也都擔心這可能是最後一次。事實上，這份恐懼如此真實，還促使塔林——與馬丁．里斯和另一位傑出劍橋學者、同時也是該校的伯特蘭羅素講座哲學教授，休．普萊斯（Huw Price）——合創了專門研究未來的劍橋研究機構，名為「存在風險研究中心」（Centre for the Study of Existential Risk）。

可是，只剩十年嗎？我扮了個鬼臉。我們只剩下這點時間嗎？我問道。

他說，也許不只十年，但五十年內絕對會發生，這也呼應了里斯男爵提出的文明撐不過二十一世紀的恐懼。

「我們也許不再掌控地球，」塔林抿嘴提出警告。他告訴我，人工智慧絕對有可能「終結」人類物種。

懷念未來

當然，楊．塔林認為智慧科技會在五十年內毀滅人類的末日說是最糟糕的情況——也許比較適合做為好萊塢電影劇本，而不是本書內容。塔林等權威人士擔心人類面臨智慧科技日益發展的長遠未來也許不無道理，可是，誠如史丹佛大學ＡＩ教授吳恩達（Andrew Ng）尖刻地指出，現在擔心機器人會殺人，就像還沒登上火星之前，就急著要把過多人口和汙染送到那裡一樣。②不是的，現今纏繞我們心頭的恐懼要更切身與實際，而不是人類被智慧機器奴役的那種科幻場景。

那是卡爾·波蘭尼所說的「完全烏托邦」——那個不受政府規範、也不受居民意願控制的自由自我調整市場。那將是十九世紀中期工業經濟不正義和全民沉淪的重現。那個監管者、消費者、教育者和公民的意願全都不敵波蘭尼的「烏托邦市場經濟」的時代又要回來了。

一定會有人認為十九世紀中的危機——「烈酒瘟疫」、「邪惡工廠」裡童工充斥、還有紐約市街上屠宰牲畜血流成河——要比數位革命的陣痛更反烏托邦。然而，我們現在回想那個全民剝削沉淪的年代總是倍感羞愧與害怕，同樣的，到了二十二世紀初，我們的後代子孫回溯我們的時代，也會同樣感到困惑又嫌棄。

我們又回到了那個全民沉淪、剝削、缺乏責任感和不平等的世界。如今，無管制市場的網路效應賜予科技公司驚人的權力和財物，讓他們成為牛津大學歷史學家提莫西·艾許（Timothy Garton Ash）口中的「私人超級勢力」。③如今，我們都赤裸裸地暴露在監督經濟的大數據聚光燈之下，在這些企業巨獸面前無所遁形。如今，我們又回到波蘭尼「兩個國度」的世界：美國九大最富有的科技億萬富翁總資產超過全球最貧窮的十八億人。如今，數位媒體暴力內容為患，在數百萬網路觀眾眼中，觀看色情報復、實況斬首和自殺變得稀鬆平常。如今，人類對網路設備成癮到無可自拔，平均專注時間已縮短為八秒、甚至比金魚還要短。④

因此，楊．塔林在泰諾波的演講內容——背叛的概念——還是非常切合現狀。數位科技其實已經開始要背叛我們，當然不是故意的。就像艾妲．洛夫拉斯在一百五十年前曾說過的，科技也許永遠不會有自己的意志。但原本應該要讓我們更掌控局勢的網路革命卻日漸奴役我們。全球資訊網的分權架構變得極端集權。為了促進民主而創造的東西，反而助長了毒蛇猛獸般的暴政和其他反民主的勢力。

「網際網路已支離破碎」：包括推特共同創辦人伊凡．威廉斯（Even Williams）和維基百科（Wikipedia）共同創辦人吉米．威爾斯（Jimmy Wales）等數位先驅都這麼認為。⑤越來越多科技專家都像威廉斯和威爾斯一樣，發現今日的網路轉型正在把我們從自己的故事中除名。這些專家指出，網際網路也許稱得上「人類的平台」，⑥但它其實有個人類才會有的問題。虛擬實境發明者、同時也是矽谷最尖刻的思想家傑倫．拉尼爾甚至承認，自己懷念上個世紀科技以人為先的寧靜時期。

「我想念未來，」拉尼爾坦承。[7]

他絕不是唯一一人。就連全球資訊網發明人提姆．伯納－李也很想念他在一九八九年所設想的那種開放、分權的科技未來。因此，基於和藍院創投公司在柏林舉辦「加密與分權」研討會一樣的精神，二〇一六年在舊金山也有一場「分權網路高峰會」，伯納－李在該活動上熱切地談論網路的現狀，特別是大型數位壟斷興起和網路監控的普及文化。舉行場地是位於舊金山金門大橋附近內列治文區的網際網路檔案館（Internet Archive）總部，這裡是全球最大的非營利數位圖書館。這場活動突顯許多主要科技專家對網路的覺醒，與會人士包括了網路之父伯納－李和文頓．瑟夫（Vinton Cerf），後者發明了傳輸通訊／網際網路協定（TCP/IP），為全球網路通訊創造了極為重要的「通用法則」，[8]成為讓網路共享更順利的準則。該高峰會倡議回歸到原本的網路分享構想。

「我們對網際網路最初的期許有三點：可靠、隱私和樂趣，」布魯斯特．卡利（Brewster Kahle）告訴我，當時我特別去拜訪這位高峰會的主辦人、同時也是網際網路檔案館的創辦人，和他在他那間由前基督教科學教會改建的古怪風辦公室會面。他說，我們獲得了樂趣，但可靠和隱私卻未達成，尤其是隱私，這是卡利一直高度關切的議題。

他提醒我，愛德華．史諾登揭露了英國情報單位監視每個上維基解密（WikiLeaks）的人，並把美籍訪客姓名交給國家安全局（NSA）。

「真是太可怕了，」卡利對這種荒唐的線上監督提出警告。他和瑟夫及伯納－李三人是網路名人堂的元老。「每次點擊都不應該擔心安全問題。」

這個問題部分肇因於矽谷的主要商業模式——基本上是將使用者的資料做為商業使用——有很大的缺陷。臉書、Google、YouTube、Instagram、Snapchat、WhatsApp和其他多數主流網路業務都是免費提供給用戶，然後再販賣日益個人化的智慧廣告來獲利。例如，Google二〇一六年八百九十四點六億美元的年營收當中，有高達七百九十三點八億是來自於廣告收入。因此，卡利口中「荒唐的線上監督」卻是矽谷稀鬆平常的商業模式。美國頂尖電腦安全專家布魯斯．施奈爾（Bruce Schneier）指出，「網際網路的主要商業模式建立在大規模監視上面。」⑨

這種數據經濟的規模大到令人難以置信。全球三十五億網路使用者每天創造出二點五艾位元組（quintillion bytes，quintillion是10^{18}）的數據。二〇一六年，我們每一分鐘就進行兩百四十萬筆Google搜尋、觀看兩百七十八萬段影片、登入臉書七十萬一千三百八十九次、在Instagram增加三萬六千一百九十四張照片、WhatsApp上也有兩百八十萬則訊息。⑩這些私人數據已成為網路時代最有價值的商品，也就是網路經濟中所謂的新石油⑪——從歐盟官員、矽谷創投家，到IBM的執行長都這麼叫它——為科技大廠獻上大筆財富。

伯納-李也和卡利一樣，對近代數位歷史大感失望。「網際網路是為了分權而設計，為的是讓人人皆能參與」，伯納-李向與會人士說明他協助設計的數位架構。然而，他說，「個人資料卻被鎖在」他所謂的「穀倉」（Silos）*——也就是Google、亞馬遜、臉書和LinkedIn那些集權的大數據公司。⑫所以，他警告，「問題出在全世界只有一家搜尋引擎、一家大型社交網路，以及一家推特微網誌。」

「我們遇到的不是技術問題，」伯納-李對於他無意間協助創立的新操作系統做出結論；「我們遇到的是社會問題。」⑬

然而，不光是社會問題而已。今日的數位革命也像十九世紀造成衝擊的工業革命一樣，帶來破壞政治、經濟、文化和社會的文明問題。「矽谷巨擘越來越飛黃騰達，」《金融時報》（*Financial Times*）的拉娜·福洛荷（Rana Foroohar）警告，「其他人全都遠遠落後。」⑭波蘭尼的烏托邦市場經濟披著數位的外衣重現江湖，一切再度亂了套。同樣的，要解決這個問題的唯一方法，就是結合監管者、教育者、創新者、消費者和公民。

私有超級強權：天啟四騎士

二〇一五年，我出版了第三本書：《網路不是答案》（*The Internet Is Not the Answer*），⑮該書探討網路時代偏斜的權力與財富分布。我提到，今日數位革命的悲劇是，那些維納、伯納－李、卡利和威爾斯等數位先驅的理想——民主、平等、啟蒙、普及、透明、當責，以及最重要的公共空間——完全未獲實現。網路革命不但沒有落實伯納－李的全球資訊網，反而被提莫西．艾許口中的「私人超級勢力」占用。

我認為數位科技很可能正在背叛它的發明者。我在書中提出警告，原本立意在分權、平等主義和啟蒙革命的設計是為了建立數位共和國，如今卻變得集權、不平等和詭異，不禁令人擔憂。朝烏托邦市場經濟移動的數位旋風正在創造「贏者全拿的網路」，⑯而我們這些平民百姓全都是輸家。

＊編注：《金融時報》執行主編暨專欄作家吉蓮．邰蒂（Gillian Tett）在《穀倉效應》（*Silo Effect*）中指出，現代社會團體與組織的運作，仰賴傳統專業分工，由於內部長期缺乏有效溝通及互動，部門之間各自為政，如同一個個穀倉，各自獨立、欠缺交流，致使組織僵化，無以面對快速變化與高連結的網路大環境，導致企業崩壞、政府失能、經濟失控等災難。穀倉除了存在於社會組織，也存在個人內心。

以數位革命對地圖製造業的衝擊為例。如果你還記得，本書的宗旨是繪製出以人為中心的未來地圖。但新經濟贏者全拿的特性卻把金錢放在今日製圖業的中心，而不是人類。「我們正要邁入新地理學，」傑瑞．布羅頓（Jerry Brotton）指出。布羅頓是倫敦大學文藝復興研究教授，也是備受讚賞的地圖歷史學家。布羅頓警告，新數位製圖業「正史無前例地冒險遵行單一誘因：完全只靠量化資訊來累積財務利潤」。⑰而追逐這個誘因的又只有一家公司，那就是Google，該公司在二〇一六年五月宣布，將在行動地圖產品上增加適地性廣告，好讓追蹤我們所在位置變得更有價值。⑱

這尤其令人不安，布羅頓表示，因為這家矽谷龍頭數據公司——旗下的行動操作平台Android目前使用率占全球智慧手機的百分之八十六⑲——並未「透露編碼的詳細內容」。布羅頓說，地圖產業興起於兩千多年前埃及的亞歷山大港，托勒密（Ptolemy）寫了《地理學指南》（*Geography*），到了「大航海時代」開花結果，包括迪歐果．瑞貝羅（Diogo Ribeiro）和傑拉德．墨卡托（Gerard Mercator）等文藝復興製圖家繪製出世界地圖，如今，「有史以來第一次，」布羅頓發現，「世界觀是根據未公開的機密資訊製作而成。」⑳如今，這個新世界的地理學被私有化——借用矽谷用來形容獨占企業的說法，就是「圍牆花園」——完全由伯納－李口中的大型數據「穀倉」所擁有和操控。全民共有的地理學被獨占演算法的地理學所取代；在這個新地理學中，人們將同時被排除、被追蹤。地理學正面臨完全私有化的危險。簡直就是「Memento mori」的寫照。

或者，看看其他數位革命中首當其衝出現劇烈改變的產業：媒體和娛樂。資深電影製作人暨音樂經紀人強納生．塔普林（Jonathan Taplin）指出，「人才創造者」和臉書、YouTube或Google等「獨占平台者」之間出現財富「大轉移」。塔普林早年擔任巴布．狄倫（Bob Dylan）巡演經紀人，並為馬丁．史柯西斯（Martin Scorsese）、維姆．溫德斯（Wim Wenders）和葛斯．范桑（Gus Van Sant）製作過電影，他表示，二〇一四到二〇一五年間，一年約有五百億美元從傳統創意產業流入矽谷新獨占者的口袋。㉑像是YouTube這類公司和傳統娛樂業很不一樣，並不會積極投資人才、審查內容或販售文化。他們只是人們上網看免費內容的地方。以音樂為例，YouTube賣廣告遠比投資人才來得有利可圖，而且該公司付給表演者和字幕的酬勞根本微不足道——每播一首歌只付零點一美分。㉒這根本就是無本生意——就像莫爾在《烏托邦》裡嘲諷的那些十六世紀不事生產的英國地主一樣，靠著網路娛樂界勝者為王的身分，就能攫取越來越多的獨占地位。

數位革命還衝擊出版業，乃至於政治界。「短短五年來，我們的新生態系統急遽改變，程度遠甚於過去五百年的總和，」哥倫比亞大學新聞學院的杜氏數位新聞中心（Tow

Center for Digital Journalism）主任艾蜜莉・貝爾（Emily Bell）指出。[23]她警告，數位科技確定已經將出版業的未來交給「目前控制多數人命運的少數人手上」。[24]貝爾說，數位媒體已經「吞噬新聞學」，她還用可能連鹿特丹的伊拉斯謨也覺莞爾的中古世紀象徵，將Google、臉書、蘋果和亞馬遜譬為「天啟四騎士」，並指控他們引發了一場爭奪我們注意力的「冗長且熾烈的戰爭」。因此，這些私有強權成為我們的「新發言長官」，篡奪傳統的政府角色，決定什麼能出版、什麼不能出版。[25]另一方面，我們以為實際能創造內容和經濟價值的網路出版商卻持續陷入困境，因為，以二〇一六年第一季為例，有百分之八十五的網路廣告都流入伯納－李口中的集權穀倉：臉書和Google。[26]

媒體獨占化不僅讓出版商傷腦筋，現在臉書已經成為全球首頁，我們一直被這個網路軟體灌輸偏見，而擁有該軟體、市值三千五百億美元的數據公司又堅決否認自己是媒體公司，以免受全民監督。這也讓臉書上的廣告合法入侵。因此，我們在社交媒體上所看見和讀到的，都是我們想要看見和讀到的。難怪很多人會覺得這一切似乎理所當然。這種回音室效應，也就是所謂的過濾氣泡[27]造出一間全是鏡子的大廳，一種被假新聞和其他網路宣傳形式所霸占的「後真相」媒體景觀。因此出現了令人不安的川普勝選、英國脫歐和另類右派運動；因此出現了普丁酸民工廠的干預、伊斯蘭國（ISIS）動員招募，和其他在網路上散布仇恨和暴力的匿名種族主義者、仇女主義者和霸凌者。

二〇一七年的愛德曼信任度調查報告，明顯看出全球信任內爆與回音室媒體的興起有密切又令人擔憂的關係。該報告受訪者對於搜尋引擎（百分之五十九）的偏好大於真人編輯（百分之四十一），並發現人們不理會自己不相信的資訊機率有四倍之多。「對媒體的不信任大幅助長假新聞現象，和政客直接對民眾發言，」理查・愛德曼警告。㉘

我曾在二〇〇七年的著作《你在看誰的部落格？》（*The Cult of the Amateur: How Today's Internet Is Killing Our Culture*）裡預測，媒體這種所謂的「民主化」的最終受害者就是真相概念本身。沒有守門人、事實查核者或編輯來查證報紙文章或電視新聞報導，你我收到的假新聞都一樣「真實」。

美國現在甚至選上腐敗的假新聞文化產物兼執行者當總統——就連小學生都知道，它是全世界最有權力的人（這是除了莫斯科以外，少數人人皆認同的「事實」之一）。他講明了他真正的敵人是那些僅存的公正監督媒體。就連矽谷幾位最有權力的人也開始了解到這個問題的嚴重性。蘋果公司的商業模式和Google及臉書不一樣，並不靠銷售使用者的資訊獲利，執行長提姆・庫克（Tim Cook）就表示「假新聞殘害人心」。㉙庫克認為這個問題需要全民行動。他說，就像教育人們了解環保危機一樣，我們需要同心協力教育全民有關假新聞的危險。

不過，殘害人心的不只是網路假消息。就像二十世紀的工業生產食品要讓人們上癮一樣，今日許多數位產品的主要訴求也是讓我們無法自拔。矽谷「行銷人員」甚至寫了一本暢銷書，書名非常誘人，叫做《鉤癮效應》（*Hooked*），基本上那是一本教你如何製造成癮產品的指南。㉚

英籍美國部落客暨辯論家安德魯．蘇利文（Andrew Sullivan）本身是他所謂「活在網路中」的先驅，㉛他坦承自己為了戒掉數位習慣，還去過麻州某冥想靜修中心。紐約大學心理學家亞當．奧特（Adam Alter）指出，像蘇利文這樣對智慧手機和電子郵件變得「行為上癮」的人有好幾百萬。

「一九六〇年代，茫茫人海中的誘惑不多：香菸、酒精和毒品又貴又難以取得，」奧特說。「到了二〇一〇年代，同樣一片人海卻滿是誘惑。有臉書、Instagram、色情、電子郵件、網路購物等等，名單好長一串——遠比人類史上任何時候都要多，而我們才剛開始發現這些誘惑的力量。」㉜

提姆．庫克呼籲全民反抗假新聞，同樣的，矽谷科技專家也號召大家揭竿起義，就像舊金山小兒內分泌學家羅伯．魯斯提（Robert Lustig）所說的，抗拒奧特所提出的那些誘惑「入侵美國人心靈」。《金融時報》的伊莎貝拉・卡敏斯卡（Izabella Kaminska）指出，這種入侵直接侵蝕我們的快樂。「儘管科技讓我們處處連結，原本要讓我們的生活更便利、更美好，」卡敏斯卡警告數位成癮的衝擊，「結果卻讓人們感到前所未見的沮喪。」㉝

Google前「設計倫理師」崔斯坦・哈里斯（Tristan Harris）甚至主張，軟體開發師應該簽署行為守則，承諾設計出尊重使用者的產品，這有點像希波克拉底宣言（Hippocratic Oath）。哈里斯一手創立非營利事業「光陰不虛度」（Time Well Spent），《大西洋》（*Atlantic*）雜誌說他是「矽谷中還算有良心的人」，他認為必須要有「新評等、新準則、新設計標準、新認證標準」來抵制成癮產品。㉞我在我的TechCrunch TV電視節目上訪問哈里斯，他告訴我，網路時代的三大龍頭數位平台——蘋果、Google和臉書——已經確定是以吸引我們的注意為設計宗旨。

「我們住在注意力經濟的城邦裡，」哈里斯說，他提到都市規畫先驅珍・雅各（Jane Jacobs），並認為軟體開發商面臨的挑戰和都市設計者很類似。他說，若想讓這座二十一世紀的城邦適合居住，這些平台商就得為他們的產品造成使用者的衝擊負起責任。

網際網路能否拯救世界？

我在《網路不是答案》中提到，數位革命，再加上贏者全拿經濟的全面效應，讓科技巨擘集權，無論在規模和重要性上面，都睥睨銀行巨擘、石油巨擘或製藥巨擘。我寫道，這份大餐要比臉書吞掉新聞學還要豐富。包括Google和臉書等以前還很離奇地被認為是「網路」公司，但如今卻快速成為人工智慧公司、自動駕駛汽車公司和虛擬實境公司。「軟體正慢慢吃掉整個世界」，這是馬克・安德森（Marc Andreessen）用來描述網路科技吞食每個人的情況。安德森於一九九四年合夥創辦首家網路瀏覽器公司網景（Netscape），同時也是矽谷早期少年稱王的典範。矽谷不僅成為新華爾街，甚至還比舊華爾街更有錢有勢，歐巴馬在位的八年期間，在華府的遊說預算多達金融業的兩倍。㉟

沒錯，我們以前遇過這種情況。同樣的烏托邦市場經濟重現江湖，創造出史上不斷上演的嚴重貧富差距——從湯瑪斯・莫爾批判的十六世紀英國鄉下羊「吃」人的圈地運動，到十九世紀紐約市擁擠的工業住宅。但這一次程度之嚴重令人難以置信。《財星》雜誌五百大企業前五名最有價值的公司——天啟四騎士再加上微軟——都是美國西岸科技公司。《紐約時報》（*New York Times*）科技作家法哈德・曼鳩（Farhad Manjoo）將這五家贏者全拿的科技公司稱為「五惡霸」，總員工人數超過五十萬人，市值合計為二點三兆美元。如果它們是一個國家，將是全球第七大經濟體，比印度的國內生產毛額（GDP）還要多好幾千億美元，而印度的人口卻多達十二億人。㊱

這些公司創辦人的私人財富也一樣令人震驚。矽谷前九大科技富翁總財富超過全世界十八億最貧窮人口的財產，是全球四分之一人口的財產總合。「少數人擁有如此龐大的財富，真是一大罪惡，這世界每十人就有一人一天靠不到二美元維生，」樂施會（Oxfam）執行董事如此描述少數矽谷企業家和其餘人們的差距。㊲這種罪行還因地而異，例如，帕洛奧圖是史丹佛大學和矽谷所在，但鄰近的東帕洛奧圖卻窮到有三分之一的學童無家可歸。㊳

這個問題部分肇因於智慧科技的經濟所得並未與大眾雨露均霑。豐富的資金集中在矽谷，致使其他地區資金缺乏。還有，人的問題日益嚴重。哥倫比亞大學經濟學家傑弗瑞・薩克斯（Jeffrey Sachs）向我提到現在這個「兩個國度」的世界，他說：「國民所得分配出現變化，這和智慧機器有關。」薩克斯擔心改善科技的科技可能「讓人們更加拮据」。他向我解釋：「機器代替人工」甚至「降低生活品質的想法不無道理」。真正讓這位經濟學家擔心的，是財富從勞力轉向資本。「而且有這些預感的絕不是盧德派分子，」他堅稱。

薩克斯提到，自從瓦特（James Watt）發明蒸汽引擎，以及機器化的紡織工業和鐵路的發展導致第一次工業革命後，相同的討論已經沸沸揚揚鬧了兩百多年。薩克斯不諱言，這兩百多年來，我們一直在爭論越來越厲害的機器究竟會奴役我們，還是協助我們。但現在，他強調，智慧科技對人類工作的衝擊已「迫在眉睫」。他擔心歷史正在重演——就像工業革命剛發生的時候——科技也許做大了經濟大餅，但卻未能建立起「全民共享的新繁榮」。[39]

越來越多矽谷要人和以往認同高科技業的政客表達和薩克斯一樣的擔憂。加州現任副州長葛文·紐森（Gavin Newsom）甚至表示，矽谷科技專家有責任「執行」他們的道德公權力，來擊退正快速接近我們的收入差距和失業，他還把這兩個問題比喻為「紅色警戒、火舌、大海嘯」。「全世界的網路配管工程正快速改變，」紐森說，他於二〇一七年對加州大學柏克萊分校的電腦系畢業生致詞時，演繹他自己的莫爾定律激勵版；「你們的工作是執行你們的道德公權力。要去做那些無法從下載獲得的事情。」[40]

世界銀行（World Bank）的《二〇一六年世界發展報告：數位紅利》（*World Development Report 2016: Digital Dividends*）也指出，數位革命可能擴大貧富差距，並挖空中產階級工作機會。該報告顯示，數位革命本來應該提供「更高成長、更多工作和公共服務」的紅利卻「意外短缺」。㊶該研究計畫是由當時的愛沙尼亞總統托馬斯・伊爾韋斯和世界銀行首席經濟學家考希克・巴蘇（Kaushik Basu）共同主持，結果發現了一個全球六成人口都被排除在數位經濟之外的圍牆花園。該報告的作者群警告，快速的數位擴張「讓全世界有財富、有專業和有影響力的人更有利可圖，只有他們能從新科技得到好處」。㊷這顯然就是贏者全拿、兩個國度的數位世界。

「網際網路能夠拯救世界嗎？」《紐約時報》報導二〇一六年世界銀行報告時提問。㊸

至少目前看來，答案是否定的。

然而，我們要怎麼讓網際網路——也就是葛文・紐森對新二十一世紀操作系統的稱呼，「配管」——實際幫助我們拯救世界呢？

就像我在本章一開始提到的，未來有時出現在最不可能的地方。某個歐洲國家結合自由市場創新和創意規範與教育改革，把人們放回數位地圖的核心，因此率先建立了美好的數位社會，這個國家就是愛沙尼亞——數位知識豐富的前總統托馬斯・伊爾韋斯暱稱為E化尼亞。

就讓我們回到愛沙尼亞這個「事情率先發生」的國家。

4 烏托邦（第一部）
——個案研究：愛沙尼亞

雲端之國

還好，在愛沙尼亞並不是每個人都像楊．塔林那樣悲觀。我聽了他那場講到世界末日的演講後，隔天花了一天的時間待在塔林市，會見了幾位將這個波羅的海小國從落後的蘇俄殖民地成功改造成下個矽谷的重要決策者。

如果你有地圖，或至少看過地圖的話，在愛沙尼亞首都找路都很容易。雖然現在智慧手機裡有位智（Waze）、Google地圖和其他GPS定位的旅行App，我們還是需要實際去坐火車、搭計程車或走路，才能從一處到達另一處。在這個科技地平線上，尚不存在超智慧的瞬間轉移機器——就連科技水準極高的愛沙尼亞也沒有。誠如某位世界旅行家所說的，地理學還是很重要。①另一位知名地理學家也說，「地理學的首要法則」就是「一切都和其他一切相關」。②

地理對愛沙尼亞的重要性，很少有其他國家能夠比擬。這個貧瘠的國家與俄羅斯接壤，和丹麥、瑞典與德國隔海相望，這幾個區域強權在過去幾百年來和這個波羅的海小國生息與共。然而，儘管愛沙尼亞的地理條件不佳，或者正因如此，如今這個面積只有兩萬八千平方英里的小國——還有南韓、以色列、新加坡，和斯堪地那維亞半島上的鄰國——是世界上網路最發達、最創新的國家之一。愛沙尼亞政府和人民協力實現資訊社會的構想，他們無時不刻不在思考如何在網路空間安居樂業。

愛沙尼亞的確是個有E化實體與E化政府的E化社會，從E化國籍計畫到著重學校網路，以及將政府視為一種服務的構想等，他們將網路空間重新設想為全民空間。「愛沙尼亞人在數位世界中擁抱人生，」《紐約時報》報導描述的這個社會，是「率先步入網路生活」。③這個波羅的海共和國是「全世界網路最獨立的國家」，BBC指出。④《大西洋》雜誌也提到，愛沙尼亞擁有「全世界最懂科技的政府」。⑤

不，地理條件不見得決定命運——至少對愛沙尼亞來說是如此。加拿大新媒體大師道格拉斯・柯普蘭（Douglas Coupland）主張，在今日的網路經濟中，「品牌才是國界」。但愛沙尼亞的非凡成就是，他們創造的數位品牌遠比他們的實體國界更無遠弗屆。那是因為「我們的國家建立在雲端」，愛沙尼亞的科技長塔維・寇特卡（Taavi Kotka）對我說，當時我是在十一世紀哥德式建築的舊城中心、他位於市政府裡的小辦公室與他會面。

的確，愛沙尼亞是全世界第一個提供「E化國籍」——是一種電子護照，提供給所有小型企業主，讓他們有權使用合法的愛沙尼亞線上法律或會計服務和數位科技——並且甚至嘗試打破實體領土和公民身分之間存在已久的密切關係。該國的E化國籍計畫在晶片上建立指紋、生物識別技術和私鑰來確認網路身分。

年僅二十八歲的計畫主任卡斯帕爾・寇主斯（Kaspar Korjus）告訴我，他們的目標是在二〇二五年達到一千萬名電子公民——這幾乎是愛沙尼亞目前全國一百三十萬人口的八倍之多。寇主斯想要為全球商人創造一個「信任經濟」。E化國籍能夠照亮黑暗網路——那個毒販和武器商、戀童癖和其他罪犯妄行的數位地獄。「我們想要成為數位世界裡的中立國，瑞士，」寇主斯說。而塔維・寇特卡的野心更大。這位愛沙尼亞的首席科技長不帶笑容地告訴我，我們要成為「母體」（the Matrix）*。

「在愛沙尼亞造訪你之前造訪愛沙尼亞，」機場商店打折的T恤上面這麼寫著。愛沙尼亞政府的說法較為謹慎，「朝無國界國家的構想發展」是該國對這項大膽的E化國籍計畫的描述。寇特卡說，這是「外包政府」的例子。他解釋道，愛沙尼亞氣候嚴峻、地理環境不便，一直難以吸引實體公民，E化國籍創造了新世界公民的平台。愛沙尼亞不僅讓政府在雲端運作，更有意在雲端創造一個國家，那是一個透過網路服務、而非地理環境將人們統一起來的二十一世紀分散式社會。這就是寇特卡心中的「母體」——在網路空間無限的領域中運作的國家。

可想而知，包括我在內的創新人士對此構想趨之若鶩，紛紛前來造訪這個沒有國界、事情最先發生的國家。根據亞歷克．羅斯（Alec Ross）的說法，這個波羅的海國家是「說到做到的小國」。羅斯在希拉蕊．柯林頓（Hilary Clinton）擔任國務卿時是她的數位顧問，並且非常醉心於研究愛沙尼亞的創新。羅斯堅信，愛沙尼亞「整個經濟似乎都是E化經濟」，這是個未來之國，因此自然富於數位創新，新創企業也如雨後春筍——像是楊．塔林的Skype和Kazaa——「讓矽谷眼紅。」⑥羅斯拿愛沙尼亞和另一個地理環境

＊譯注：出自電影《駭客任務》。

同樣不佳的國家白俄羅斯比較，後者完全停滯在教區計畫經濟。「愛沙尼亞向外開放，」羅斯總結說，「白俄羅斯卻故步自封。」⑦

地理法則第一條應該是一切都和其他一切相關，但二〇一七年愛沙尼亞的第一條法則是一切人事物都以網路連結，全國一百三十萬國民當中，有百分之九十一點四是網路使用者；百分之八十七點九的家庭擁有電腦；百分之八十六點七的愛沙尼亞人裝有寬頻；其中又有百分之八十八點四的人常常使用。⑧反之，在鄰近的拉脫維亞，只有百分之七十六的國民是網路使用者，而愛沙尼亞之前的老大哥俄羅斯，比例更只有百分之七十一。不過，誠如前總統伊爾韋斯在世界銀行報告中警告的，光靠數位存取不足以實現轉型變革。他堅稱，要建造一個真正的網路社會，必須立法、規範、創新和教育多管齊下。

「愛沙尼亞的經驗告訴我們，光是網路存取無法坐收數位發展的好處，主要還是得靠國家管理、立法和教育，」伊爾韋斯於二〇一六年一月在華府的世界銀行報告會上指出。⑨

伊爾韋斯說，在增進愛沙尼亞人的技巧上，教育扮演了重要角色，這是「E化尼亞」革命的第一步。一九九〇年代末期，政府出資讓全國學校都有網路，學童從七歲開始就學習電腦程式技巧。「就像閱讀一樣，」有位軟體工程師告訴我，他說，程式技巧已被視為學校的基礎課程。

愛沙尼亞教育系統經過重新設計，旨在讓人們成為更負責的公民。克里斯泰．瑞洛（Kristel Rillo）——在教育部主掌E化服務——解釋道，愛沙尼亞各級學校現在有個必修課程，叫做「數位能力」。該國甚至規畫數位能力國家考試，測試五大能力，其中還包括網路禮儀。瑞洛告訴我，教育「超越勞動市場兩大步」，所以學童「學習如何成為數位公民的進度，也超越中年勞工兩大步」。

信任、信任、信任

然而，愛沙尼亞的數位發展最迷人的地方發生於課堂之外。愛沙尼亞數位革命的關鍵是辨識卡系統，它把數位識別和信任列為新社會契約的核心。目前有百分之九十五的愛沙尼亞人使用這張強制型電子身分證，它讓每個人都有一個安全的網路識別，並提供擁有四千多種線上服務的數位國籍平台，像是健康資料、警方紀錄、繳稅和投票等等。

愛沙尼亞資訊系統局設計長安德烈．庫特（Andres Kütt）指出，他們設計這種線上身分系統，是想要擺脫官僚政治，把政府重新打造成他所謂的「一種服務」，藉此「賦予國家全新的定義」。庫特是這套新系統的主要設計者，他希望把每個人的資料整合在易於瀏覽的單一資訊入口。這位麻省理工學院的新科畢業生、同時也是Skype的前員工指出，愛沙尼亞想要粉碎官僚穀倉，還權於民，讓政府主動接觸他們，而不是要他們去找政府。

庫特的政府辦公室位於一個小型商場後方的陳舊建築裡，我在這裡與他會面，他身穿綠色毛衣，個頭瘦小，留著稀疏的鬍子，對於他一手打造的先進科技有著像哈比人一樣大無畏的熱情。「舊有模式早已不管用。我們正在改變國籍的概念，」他說道，並說明他所謂的「服務的政府」是什麼意思。「這套科技創造信任，它完全透明。所有單位都能存取這套數據，但人們有權知道他們的數據被人查看。在舊世界裡，人民依靠政府；在愛沙尼亞，我們努力讓政府依靠人民。」

庫特設計的這套身分系統用意在於顛覆歐威爾的「老大哥」。愛沙尼亞國民有權監督政府的運作。雖然政府可以查看人民的資料，但必須知會人民。庫特舉了一個他自己的例子：他到塔林演說並示範這套識別系統，他打開他的個人數據，發現有位警察在三十分鐘前進入他的資料。他循線查看線上紀錄，發現他在前往塔林的路上，有輛便衣警車跟著他，因為他的車牌髒汙不清。該名警察進入系統查看他的紀錄，並查看他的駕照後，決定不把他攔下。庫特強調，這個故事的重點是在這個新國民數據系統中政府當責的重要性。他強調，沒有任何事會祕密進行。這是個完全透明的系統，旨在保護個人權利，並在人民和政府之間調和出信任。

我在愛沙尼亞訪談的每個人——從新創公司創業家、決策者、科技專家，到政府官員——都認同庫特的說法：身分系統最重要的層面是創造信任。買房子時最重要的三件事是地點、地點、地點，同樣的，愛沙尼亞身分系統最重要的三件事則是信任、信任、信任。有鑑於愛德曼全球信任度調查報告將今日世界描述成「信任內爆」，愛沙尼亞的實驗和我們每個人都息息相關。

該國安全政策長墨勒・麥格（Merle Maigre）信心滿滿地告訴我，愛沙尼亞人信任他們的政府。「數位社會裡的一切都靠信任，」科技長寇特卡說。E化國籍計畫主任寇主斯也說，愛沙尼亞正在發展他所謂的「信任經濟」，他解釋道，政府只是能夠可靠地為全民信任把關的機構。

網路創業家史坦・坦基維（Sten Tamkivi）將這套身分系統描述成「信任機制」。坦基維於一九九六年還在念高中時，就一手成立了愛沙尼亞第一家數位廣告公司，並在之後把它賣給恆美全球廣告（DDB Worldwide），他告訴我，雖然身分識別是強制性的，但「你的資料就是你的」。他說，你得知道誰看過你的紀錄，並重申其他人一再告訴我的：只有政府能從這套透明的系統進入個人資料庫，而且人民隨時都要知悉。

社會處E化服務與創新副祕書長安．艾維克索（Ain Aaviksoo）參與建立愛沙尼亞第一座健康入口，他也認為這套新系統是建立信任。「愛沙尼亞人信任這套系統，因為他們未見它被錯用、濫用。該系統讓人們能夠決定自己的隱私，但他們也得負起責任，」他告訴我。

在普林斯頓大學受教育的科技專家、現任愛沙尼亞總統顧問的西姆．西庫特（Siim Sikkut）表示，全國身分系統確保你真正是你宣稱的人。它也像E化國籍一樣「授予身分」，西庫特解釋道。唯一能完全存取的人就是你自己。「畢竟，如果連政府都不能信任，」西庫特煞有介事地問道，「那你究竟還能相信誰？」

事實上，愛沙尼亞人對政府的信任遠高於歐盟國家平均。二〇一四年歐盟民調顯示，百分之五十一的愛沙尼亞人信任他們的政府，相較之下，歐盟會員國的平均比例只有百分之二十九。不過，雖然愛沙尼亞人很信任他們的政府，該研究卻顯示只有百分之十三的國民信任他們的政黨。⑩ 鑑於愛沙尼亞致力將政府重建為線上服務，人民對政府和人民對政黨的信賴度之所以出現如此劇烈的差距，可以用他們的數位改革成功來解釋。

「愛沙尼亞人不信任政府，但他們信任E化政府，」林納爾・維克（Linnar Viik）表示。維克是另一位身分識別卡架構設計者，也是被媒體譽為「愛沙尼亞網路先生」的連續創業家。⑪

我請維克說明身分系統之所以能保證信賴度背後的科技原因。這位愛沙尼亞網路先生告訴我，那是「以非對稱的分散式科技所建立的公共基礎建設」，包含「由時間戳記來做數位簽名的架構」。簡言之，就是輸入系統的資訊不能被修改，甚至被查看，除非先通知資訊擁有者，因此，系統裡的醫療或財物或犯罪紀錄保證值得信任。它們不能被偷偷篡改或被監視。維克說這是「區塊鏈之前的區塊鏈」。順便一提，區塊鏈是一種新科技，能讓公共資料庫不能被篡改或更動。根據加拿大籍未來學家父子檔唐・塔普斯考特（Don Tapscott）與艾力克斯・塔普斯考特（Alex Tapscott）的說法，這種區塊鏈科技也許是網路發明以來最重大的科技發展，他們稱它為「信任協定」。⑫維克所說的「區塊鏈之前的區塊鏈」意思是，雖然愛沙尼亞的身分系統並不含正式的區塊鏈科技，但卻有類似的效果：創造出《經濟學人》（*Economist*）在描述區塊鏈時所提到的「信任機器……是事事皆可確認的偉大信任鏈」。⑬

和所有最新的新事物一樣，這套流程的技術細節遠不比它的政治和經濟影響來得有趣，而愛沙尼亞政府涉足數據業有幾個非常重大的影響。維克表示，其中之一，是主權政府和矽谷私有強權之間形成新的對立局面。

「各國政府發現他們人民的數位識別被Google、臉書、亞馬遜和蘋果等美國公司奪走，」維克解釋道。「他們驚覺他們有責任保護自己國民的隱私。」

當然，就是這些個資讓那些私有強權如此富有強大。儘管身分系統不會讓愛沙尼亞人停用臉書或Google，但該系統被設計成一種敵對的生態系統，是一種安全的公共系統，受惠的是全民，而非私有企業。

維克也像貝塔公司執行長約翰．博斯威克一樣，認為今日新數位世界最大的挑戰是重塑政府的相關性，他相信這套身分系統具有長遠的重要性。「政府的角色是保護國民隱私，」維克提到愛沙尼亞政府認證個人資料政策時表示。「這是公共基礎建設的延伸——是二十一世紀的福利國版本。」

對某些讀者來說，尤其是像愛德華．史諾登那樣重視隱私的人，這套極透明化的身分系統聽起來可能有點反烏托邦。但數位革命無法避免的後果之一，就是網路上個資全面爆炸。不管你喜不喜歡，隨著智慧住宅、智慧汽車、智慧城市，還有其他智慧型事物的發展對網際網路需求越來越大，數據只會迅速成長，我們毫無選擇。但我們卻能控制政府或企業查看個人資料的透明程度。這也是維克想在愛沙尼亞政府的國民資料庫中創造區塊鏈般的透明度會如此重要的原因。這不見得是個理想的解決方案，但在烏托邦以外的世界，愛沙尼亞的模式也許是我們最好的選擇。

談到烏托邦，有件事也許並不令人意外：在湯瑪斯．莫爾這本十六世紀的小書中，烏托邦島的規畫也和二十一世紀的愛沙尼亞一樣，以透明化為原則。《烏托邦》提到，「沒有任何地方的任何事是私密的」，人們甚至可以闖入別人家裡任意窺探。⑭烏托邦的一切都非常公開，甚至連男女結婚前都可以要求對方裸身接受檢查，以確保他們完全了解對方的一切。⑮

於是，湯瑪斯．莫爾著墨那個由烏托普斯國王建立的透明化烏有之鄉，五百年後，我們有了E托邦。不過，和莫爾十六世紀的想像不一樣的是，二十一世紀的愛沙尼亞可以在地圖上找到，它甚至還有一位全國引以為傲的烏托普斯國王真人版——那就是二〇〇六年到二〇一六年間在位的總統、科技達人托馬斯．伊爾韋斯。

E 托普斯

位於卡德里奧公園的總統官邸，和我在「愛沙尼亞的機器學習」會場見到楊．塔林的塔林科學園區非常不一樣。官邸是棟華麗的二十世紀初建築，位於舊城石子路旁綠樹林立的私人公園裡。它的設計仿效十八世紀早期的卡德里奧宮，後者是俄國彼得大帝於一七一〇年攻下塔林後，下令建造送給妻子的禮物（卡德里奧意指愛沙尼亞的「凱薩琳之谷」）。

愛沙尼亞兩大科技專家——托馬斯．伊爾韋斯和楊．塔林——的差異也非常大。塔林身形瘦小、個性沉默，反之，全國最有權力的立法者伊爾韋斯總統則擁有壯碩的身材、隨時可以對媒體發言的宏亮嗓音，以及演藝人員的活潑態度。他一身精悍打扮：單件西裝外套、禮服襯衫，再搭配同色系的領結。塔林的私生活非常隱密，而伊爾韋斯的數萬名推特追蹤者都可以看到他每天的一舉一動，其中也包括他有過三次高調的婚姻和多名子女。

看起來，這個沒有國界的國家有個沒有界線的總統。在官邸的正式餐廳裡，伊爾韋斯和我隔桌對坐，講起他的故事。科技為他的敘述提供脈絡。他於一九五三年出生於斯德哥爾摩，父母是逃離戰後蘇聯統治的愛沙尼亞難民。童年在紐澤西度過，自小就是個神童，稍長後則成為電腦狂。他誇口自己十三歲就學會寫程式，並擁有一台蘋果IIE個人電腦（麥金塔的前身）。伊爾韋斯先後在哥倫比亞大學和賓州大學取得心理學學士和碩士，之後擔任廣播電台記者，掌管慕尼黑的自由歐洲電台的愛沙尼亞部門。他提醒我，當時愛沙尼亞「非常貧窮」，一九九一年八月獨立建國時，他慷慨激昂地問自己：「我們有什麼優勢呢？」

「優秀的數學技巧，」他告訴自己。「這就是我們的優勢。」伊爾韋斯解釋道，蘇聯占領期間，小小愛沙尼亞把大量財富用在先進科技的研發上面。愛沙尼亞的大學因而未遭破壞，這和其他蘇聯統治的東歐國家很不一樣；愛沙尼亞人——包括當時十九歲的楊．塔林在內，有許多天才少年科技專家——一直是東歐國家裡教育程度最高的。因此，伊爾韋斯斷言，愛沙尼亞的未來注定是「高科技」。

他告訴我，這要拜他所謂的「逆向閱讀」之賜，這個名詞出自傑瑞米．里夫金（Jeremy Rifkin）頗具影響力的著作《工作的終結》（*The End of Work*），該書預言後工業時代的勞動力會大減。⑯不過，伊爾韋斯從里夫金的著作中得到的悖於常理的體認是，工業經濟轉型為資訊經濟期間，像愛沙尼亞這樣的小國其實能在這個巨大轉變中獲利。他推斷，規模大小在未來還是很重要，不過，雖然像蘇聯這樣的工業巨獸因規模龐大的經濟和數百萬的勞動人口而自然受惠，但網路時代比較有利於像愛沙尼亞這樣的小型新興國家，其規模小、但高度專業的勞動人口能快速掌握新科技。伊爾韋斯當時準確地預測，未來將屬於那些反應敏捷、不斷在變革時代改造自己的國家。

未來也將屬於像伊爾韋斯這樣反應敏捷的人。愛沙尼亞於一九九一年取得獨立後，伊爾韋斯成功地改造自己，從電台記者搖身一變，進入政壇。一九九三年，他被任命為愛沙尼亞駐美國大使，並分別於一九九六年到一九九八年、一九九九年到二〇〇二年擔任愛沙尼亞外交部長。二〇〇四年他成為歐盟議員，之後，二〇〇六年，被愛沙尼亞國會選為第四任總統，五年的任期他連任兩次。

伊爾韋斯擔任公僕長達四分之一個世紀，帶領愛沙尼亞從一個被人遺忘的蘇聯西北省份，轉型成高科技創新中心。伊爾韋斯是莫爾定律的化身——雖然意見很多又自信滿滿。他協助讓各級學校電腦化，並在全國各地建立網路中心和公共WiFi。他主導投資各項基礎建設，其中也包括泰諾波這個有四百多家高科技新創公司進駐的塔林科學園區。他協助將愛沙尼亞的國家檔案和書籍數位化，以防俄羅斯如果再次入侵（莫斯科復仇聲浪高漲，這不是不可能的事），這些數據可以安全留存。他最難能可貴的成就，就是提供數位國籍給非愛沙尼亞國民的E化國籍計畫。透過高調參與世界銀行和世界經濟論壇等國際組織，個性活潑的伊爾韋斯成功為愛沙尼亞打造出無國界國家的形象。

不過，伊爾韋斯最主要的政績是他率先創造出他所謂的「數位身分和信任」。他向我說明：「數位社會中，政府的角色是保證身分。」

我想起愛德華．史諾登在舊地毯工廠的演講。「當我們全都透明、不再有祕密，會有什麼後果？」史諾登曾問過柏林的觀眾。他自己的答案就如同山謬．華倫和路易斯．布蘭戴斯等自由派的看法一樣：個人自由和其他關於自我的種種真理都被侵害。所以，對史諾登來說，政府主權的角色非常簡單，就是完全不要插手我們的網路行為，讓我們保有個人自主權，不要管我們。伊爾韋斯的「保證身分」概念聽在史諾登這種極重隱私的人耳裡，未免太擾民。因此，我向伊爾韋斯提出史諾登的問題：史諾登是洩密英雄、還是叛徒駭客？

伊爾韋斯是個老謀深算的政治狐狸，並未落入史諾登這個陷阱。不過，他卻告訴我，這個流亡俄羅斯的美國國家安全局雇員對於政府侵入個人隱私的問題太鑽牛角尖，這是不對的。他說，史諾登揭露安全局的做法，引發「偏執狗屎風暴」，在伊爾韋斯看來，不是完全誤解，就是毫不正確。他說，安全局又不是偷看「放蕩的詩人」寫給女朋友的電郵，他們是為了搜尋恐怖分子而利用大數據來「查看誰有關聯」。

「太執著於隱私問題會被誤導，」伊爾韋斯堅稱，他和我隔桌相對，用力搖手指，我擔心他的領結會被打落。「真正的問題在於數據的整全性（integrity）。」

這並不表示伊爾韋斯完全不顧隱私，或淡化它對於個人自由的重要性。而是，在這個一切人事物都隨時在Google搜尋得到的網路世界裡，政府應該重視的真正議題，是要有一個數據全都真實可靠的系統。他的意思是，在這個數位的二十一世紀，所有的一切——包括我們在內——全都化為資訊，因此，數據整全性至關重要。政府的角色就是創造一個安全又可靠的資訊交換系統。若說數據是網路時代的新貨幣，那麼，它就需要伊爾韋斯所說的「政府保證」。就像鈔票一樣，需要有官方戳印才保證是真品。

「別人知道我的血型，這沒什麼大不了，」他壓低聲音補充道，「有人開始篡改資料，這才是大問題。」

因此，他比較擔心的是數據腐敗，而非是否有網路監督幽靈。這也解釋了為什麼愛沙尼亞會投注那麼多時間和資源在它的第二個大腦——網路身分系統上面。伊爾韋斯強調，這個平台創造絕對安全的數據交換方式。「你的資料就是你的，」就像史坦·坦基維曾信誓旦旦對我說過的——但一定要由政府出面確保沒有人會擅自篡改，這資料才會真正是你的。所以，政府服務中最偉大的一項，就是建立數據整全性。

伊爾韋斯主張，在數位二十一世紀中，政府主權的角色是確保我們的身分。他稱之為「洛克契約」（Lockean contract），並將它形容成「數位時代的新社會契約」。洛克契約本指英美國家政府和人民之間共同維護民主的一連串相互義務，不知道數位時代的義務又是什麼。「那麼，在這份新社會契約裡，我們有哪些責任呢？」我問。「如果政府保證數據完整，人民需要保證什麼呢？」

「這是完全透明的系統，」伊爾韋斯解釋道。他說，它讓政府誠實，也讓人民誠實。如果需要，政府可以檢查我們的數據。所以，我們必須為我們的網路行為負責。

他表示，在愛沙尼亞建立的資訊民主裡，不容許數位匿名這種事情。人們所做的每一件事──從網路報稅、訂購藥品，到貼出對房車的評價──都是以他們自己的名義進行。所以，舉例來說，愛沙尼亞的報紙把這套身分系統連上他們的評論欄，讀者無法匿名評論。這份新社會契約讓那些把網路環境惡質化的酸民無立足之地，也讓那些盛行於網路文化的散布假新聞、種族歧視和性別歧視言語、惡毒謠言和其他反社會行為無所遁形。

「我們的目標是做壞事一定得付出代價。我們希望教育人們在網路上側重良言善行，以負責任的態度來使用它，」他說，聽起來十足像個校長。我記起愛沙尼亞正規畫在學校實行全國性考試，來評量學生的數位能力。不曉得公民責任是否也列入考試項目。

當然，有人會覺得這種做法令人不寒而慄——尤其是像愛德華．史諾登這種視個人隱私為至高無上的人。我並沒有忘記我和伊爾韋斯的會面地點，是仿效十八世紀統治愛沙尼亞的俄國彼得大帝皇宮——送給他的妻子凱薩琳——而建的官邸。愛沙尼亞曾被彼得大帝和凱薩琳大帝（更別提還有史達林了）等據稱「開明」的暴君所統治，因此對國家控制的危險性再清楚不過。

然而，保證身分無虞的愛沙尼亞的身分作業系統卻是個彼此透明的系統。伊爾韋斯之所以稱它為新社會契約，是因為政府和人們都有觀察彼此的權利。該國有完整的法律架構，政府查看個資必須通知人民，如此一來才能在完全透明化之下互相觀察，這是為了亞馬遜前首席科學家韋思岸（Andreas Weigend）所說的「後隱私」世界而設計的信任架構。⑰

摩爾定律的逃犯

那麼，愛沙尼亞給我們什麼啟示呢？這個無國界國家能否預告我們二十一世紀的命運？

事情也許先在愛沙尼亞發生，但其他地方會不會跟進？

也許吧！不過，愛沙尼亞模式還是顯露出三大重點。首先，別忘了該國是個不屬於歷史的例外。它和以色列，以及稍後我們會討論的新加坡一樣，都是新興國家，幸運地一直能自外於歷史，不斷改造自己。以色列在完全沒有歷史包袱的情況下，於一九四八年建國，同樣的，一九九一年獨立後，愛沙尼亞之所以掀起數位革命，是因為新一代通曉科技的決策者和政客——自由歐洲電台記者伊爾韋斯，以及諸多在普林斯頓大學和麻省理工學院受教育的創業家與程式設計師——填滿了蘇聯殖民官僚政體瓦解後的真空。改變一夕發生。一九九一年八月是現代愛沙尼亞歷史的新元年。

其次，愛沙尼亞經濟擁有非常獨特的性質。還記得前總統伊爾韋斯嗎？他告訴我，一九九一年八月蘇聯撤軍時，愛沙尼亞「非常貧窮」。直至今日它依舊是個未開發國家，若和美國、德國或新加坡這些先進後工業經濟體相比，則更形落後。只要一個科技大亨——祖克柏（M. Zuckerberg）或貝佐斯（J. Bezos）——出手，可能就可以買下小小愛沙尼亞。例如，該國平均每人的GDP是一萬七千六百美元，全世界排名四十二（只比排名中等的俄羅斯和土耳其多一點，但卻只有新加坡五萬兩千九百美元的三分之一），全國六十七萬五千名勞動人口的平均稅後月薪還不到一千歐元。所以，關於愛沙尼亞將成為下一個矽谷的報導，說得客氣一點，是有點言過其實。伊爾韋斯對這一切都非常清楚。雖然他相信愛沙尼亞的「政府是服務單位」實驗是「可擴充的」，不過他也承認這種模式比較適合像印度這樣的開發中國家，而非先進民主國家。

第三項注意重點是它將表面和事實分離。我訪談過的所有決策者和立法者——從穿綠毛衣的安德烈．庫特到該國的網路先生林納爾．維克——都擁有最棒的矽谷品味，愛喝「酷愛」（Kool Aid），還大聲喧嚷他們建立「雲端國家」的成績。可是，事實卻沒那麼成功。這場革命還在進行當中，愛沙尼亞許多百姓對於這些數位抽象事物持續漠不關心。

不過，愛沙尼亞還是很重要。它重要是因為政府正在優先執行伊爾韋斯所說的「數據整合」——這個議題聽起來很重要，當然也會成為二十一世紀政治的主要話題。它重要是因為該國正在建立一個和他的前老大哥、普丁的俄羅斯聯邦完全相對立的數位政府模式。

這位愛沙尼亞前總統從不曾忘記他們東邊的強大鄰居。伊爾韋斯提醒我，在一九四五和一九四六年間，蘇聯「粗暴占領」他的國家，摧毀上萬本愛沙尼亞書籍，企圖泯滅本土文化。如今，普丁統治的蘇俄依舊讓伊爾韋斯斯很擔心。例如，我問到愛沙尼亞為何還需要情報局，他回答，其「目的」是要「追查俄羅斯間諜」。他坦承，自從多年前「那場改變世界的網路戰」⑱——他指的是第一次網路戰爭，也就是二〇〇七年俄羅斯惡名昭彰的網路侵略——之後，俄羅斯入侵愛沙尼亞的立即威脅已經降低，但是他從來不認為另一次來自東邊的入侵不會發生，無論以虛擬或實體形式都一樣。他說，這就是為什麼愛沙尼亞政府要把國內所有書籍和書面紀錄數位化，並運到國外。他慘然一笑說，這也是為什麼「我們要加入北大西洋公約組織（NATO）」。

不過，伊爾韋斯對俄羅斯的敵意不是因為他排外或想報復，而是因為他發自內心地厭惡普丁政府發展出的新模式。他說，那是二十一世紀的新式獨裁，源自於賈克．德希達（Jacques Derrida）與尚．包德里亞（Jean Baudrillard）等法國後現代主義者所提出、伊爾韋斯所謂的「後真相」哲學。這種新政府模式的主導人是弗拉狄斯拉夫．蘇爾科夫（Vladislav Surkov）——普丁的私人顧問，英裔俄籍作家彼得．波莫蘭特塞夫（Peter

Pomerantsev）稱他為「普丁主義的隱藏作者」⑲——其目的是將政治轉型成製作嚴謹、充滿暗諷、八卦和令人不安的揑造故事的電視實境秀。蘇爾科夫的普丁主義——在許多方面都和美國的史蒂芬・巴農（Stephen Bannon）及布萊巴特新聞網（Breitbart News）的川普主義奇聞很像——將政治化為一場錯誤情報和假情報的即時戰爭。那絕對是不實操作，借用俄羅斯反叛軍領袖阿列克謝・納瓦尼（Alexei Navalny）的說法，是一群「騙子與盜匪」之徒所為。而在欠缺策畫當局、許多用戶又是匿名的情況下，網路已成為這種對抗真理的新式戰爭最佳媒介。

「真正的問題，」伊爾韋斯警告我，「出現在有人開始操弄這些數據之後。」

這正是普丁主義的本質：操弄數據。彼得・波莫蘭特塞夫解釋道：俄羅斯「改造事實，創造集體幻覺，然後解釋成政治行動」。⑳而這種事實改造得靠操弄真相，尤其是數位真相，因為——若沒有愛沙尼亞發展出的那種極度安全的系統——它們非常容易被篡改、非常容易造假，要顛倒是非、變成謊言再簡單不過。

英國歷史學家西蒙・夏瑪（Simon Schama）推文指出，「懶得區分真假是法西斯主義的前提。真相不再，自由也不再。」普丁的整個操作系統——全靠曖昧不明、造假偽裝和謊話連篇——就是一種法西斯主義。俄羅斯政府重金投資，將數位謊言機制建立成國內與外交政策的主要工具——很像一種數位「真理部」*。尤有甚者，該國還在聖彼得堡蓋了一棟四層樓的建築，做為俄國「酸民軍團」總部，由政府付費請上百位、甚至上千位部落客在網路上散播關於希拉蕊．柯林頓、唐納．川普，和出兵烏克蘭等各種謠言。㉑根據《紐約時報》的報導，凡是有人企圖揭發這些酸民，克里姆林宮便另行資助他人對此人從事線上騷擾，他們雇用「菁英駭客」，並讓網路戰成為向海外擴張利益的「中心原則」。㉒據《金融時報》的報導，俄羅斯每年斥資三億美元培養由千名駭客組成的「網路大軍」，被稱為APT 28，或「奇幻熊駭客隊」（Fancy Bears' Hack Team）。該組織要為影響二〇一六年美國總統大選結果負起責任。㉓假新聞攻擊日益嚴重，二〇一五年，歐盟甚至成立了「東方戰略司令部」（East Stratcom），以自己的十一人小組來保衛歐洲不受假新聞襲擊。最近的網路假消息包括瑞典政府支持伊斯蘭國，以及歐盟計畫管制雪人等等。東方戰略司令部是由歐盟成立，其目的在於處理「俄羅斯持續不斷的假情報活動」，該部自成立後，十六個月間已經抓出兩千五百件假消息。㉔

我見到伊爾韋斯的一年後，受邀參加聖彼得堡經濟論壇，該論壇常被譽為俄羅斯的

*譯注：出自歐威爾所著的《一九八四》。

達沃斯（Davos），我參加的那一場談的是政府的數據政策。與會者包括普丁總統兩位最資深的數位政策顧問，討論主題是：「大數據是天然資產還是商品？」就像其他這類高調的活動一樣，會中的老生常談立刻被人遺忘。可是，如果與會人員誠實以對，他們就應該為俄羅斯的大數據另創一個新類別。與其說是天然資產，抑或是商品，大數據——至少在普丁統治下的俄羅斯是如此——已成為武器，足以和敵人打長久戰。

所以，伊爾韋斯對愛德華．史諾登的批評也許說對了，而史諾登也剛好逃到莫斯科，受到普丁政府祕密警察的保護。擔心個人隱私被侵害——還有史達林「老大哥」這種操弄意識型態的過時歐威爾式比喻——也許是上個世紀的事。新的惡夢是克里姆林宮扭曲事實而創造出來的數位暈眩；新的惡夢是從克里姆林宮陰暗內部發動的無止境假消息戰爭。唯一能與之對抗的就是伊爾韋斯所說的「數據整合」——能夠保證資訊可靠性的安全又透明的系統。

唐．塔普斯考特與艾力克斯．塔普斯考特著書介紹區塊鏈，稱之為「信任協定」的開源公共帳本技術，他們觀察到，這項科技是今日世界「一切事物的核心，這情況有好有壞」。他們警告，摩爾定律「讓騙子和小偷力量倍增，更別提還有垃圾郵件發送者、身分竊賊、網路釣魚者、間諜、殭屍農民、駭客、網路霸凌者和數據竊盜」。在普丁統治的俄羅斯，數據罪犯紛紛跑來接受國家資助，拿錢篡改我們的資料——從我們的血型，到任何會傷害我們的事。在這個邪惡加速的時代，俄羅斯聯邦每年撥出三億美元來資助奇幻熊的千人菁英駭客，成為全球數位謊言和動亂中心。

愛沙尼亞顯然打不過普丁和他親信所雇用的影子軍團。但這個位於俄國西北邊的共和國採取其他做法，提供一個透明、公開又正當的政治系統：它和東方崛起的假消息勢力相對立；它以信任至上、以數據整全性為基礎；最重要的是，它讓人們對自己的網路行為負責。

你正被監督

正因如此，愛沙尼亞更形重要。它讓我們一窺如何善用網路空間，也成為其他開發中國家的榜樣，爭相建立類似的身分系統。例如，在印度，愛沙尼亞模式對於穆迪（Modi）政府建立的數位身分系統有極大的影響，這套系統叫做阿達爾卡（Aadhaar），是根據生物識別和人口統計數據而設計，為十二億印度人口提供數位身分。

阿達爾卡的設計者之一，維拉爾．沙赫（Viral Shah），是班加羅爾市的科技創業家，他在加州大學聖塔芭芭拉分校取得電腦博士學位。沙赫也像我在塔林見到的諸多優秀的愛沙尼亞年輕科技專家一樣，善用他新創科技創業家的技巧，讓公共部門更創新、更敏捷。另外一位是印度第二大ＩＴ服務公司——印福思科技（Infosys Technologies）前任執行長南登．尼勒卡尼（Nandan Nilekani），沙赫和他於二〇〇九年受印度政府委託，要「讓印度重開機」，建立低成本數據身分系統，就像沙赫和尼勒卡尼所說的，要實現「十億個願望」。㉕

「印度人巴不得趕快被納入這套系統。」年輕的沙赫和我在班加羅爾見面，向我說明阿達爾卡推出之前的情況。「如果我是種姓制度裡的最低階層，被警察攔下盤查——我沒有身分證明、沒有權利、沒有防護。」

他堅稱，「所以我們需要越過身分的屏障。」

在沙赫眼中，要超越這道屏障，印度和愛沙尼亞有許多類似之處。「政府是印度最值得信任的品牌」，他點出了兩國相仿的政治文化。

「我熱愛印度的地方，是機構很管用。」沙赫說，並強調政客和選民之間有極高程度的信任。他解釋道，阿達爾卡計畫能用來「強化」這份信任，這一點和愛沙尼亞也很像。

沙赫補充道，印度能向愛沙尼亞這類歐洲國家學習的地方，是隱私方面的「迫切議題」。他告訴我，印度沒有隱私法，必須在人們和政府之間建立起他所謂的「信任平台」。他坦言，歐洲在這方面的立法上「遠遠領先」。沙赫呼應伊爾韋斯的說法，主張需要有一套他所謂的「社會契約理論」，來重新改造數位時代人民和政府之間的關係。

其他印度科技專家對隱私的看法也和沙赫雷同。《連線》（*Wire*）雜誌駐新德里記者席德哈斯・巴提亞（Sidharth Bhatia）告訴我，他對尼勒卡尼和沙赫的計畫憂喜參半。「我擔心，」我們在新德里的商場喝茶時，他告訴我，「因為沒有抑制政府的力量。」在新德里工作的阿爾溫德・古普塔（Arvind Gupta）也同意此看法。古普塔曾擔任執政的印度人民黨（BJP）資訊科技部主任。「如果我們想要成為全球最大的數位民主國家，」古普塔告訴我，「就一定要先定出隱私保護政策。」

有些印度評論家用愛沙尼亞的身分系統做為改進阿達爾卡計畫的範本。位於班加羅爾的研究機構——網路與社會中心執行主任蘇尼爾・亞布拉罕（Sunil Abraham）就告訴我，印度要向愛沙尼亞學習的地方有很多。我和他在他辦公室的花園享用咖哩魚，他告訴我，愛沙尼亞的系統較優，因為它根據的是網路科技，而非生物識別。而且，亞布拉罕還說，阿達爾卡需要他所謂的「分權化認證基礎建設」——這和西庫特與維克在愛沙尼亞建立的系統很像，能夠保護全民隱私。

當然，印度十二億人口中，只有百分之三十五使用網路，這和愛沙尼亞很不一樣。不過，這兩個國家企圖在網路時代改造自己，所面臨的挑戰——信任和隱私，以及在國家與人民間重塑社會契約——並沒有那麼不同。在修復未來方面，「政府不但能夠幫忙，」讓印度重新開機以實現十億願望的創業家沙赫告訴我，「也必須要幫忙。」

開車駛出新德里、朝泰姬瑪哈陵所在的阿格拉前進，途中有個大型看板，上面寫著：「你正被監督」。愛沙尼亞經驗很重要，因為它提供像印度這樣的國家建立數位國籍、同時又保護隱私權的好榜樣。

愛沙尼亞：事情率先發生的國家。不過，還好它不是唯一一個事情先發生的地方。就在世界的另一頭，還有一個地方也像愛沙尼亞一樣，在數位創新上傲視全球。那是一個島嶼——和湯瑪斯．莫爾筆下那個有著人頭形狀的虛擬島嶼頗為相似。

5 烏托邦（第二部）

——個案研究：新加坡

聰明之島

拉斐爾・希斯羅戴（Raphael Hythloday）在莫爾的小書中介紹這個烏有之鄉，他說，烏托邦島形如牛角、如同新月。在地理描述上，湯瑪斯・莫爾的靈感很可能來自於麻六甲海峽上的群島，這個戰略位置極其重要的海峽連接太平洋和印度洋，十六世紀時是歐洲殖民強權覬覦的對象。他甚至還可能參考了馬來半島最南邊的淡馬錫，這座島又叫新加坡（意指「獅城」），面積只有烏托邦的一半，但都有海洋做為屏障，它介於中國和印度之間，千年來一直是佛教、印度教和穆斯林的交易中心。

湯瑪斯．莫爾對於歐洲文藝復興舉足輕重，又擔任律師和英國國王顧問，像他這樣有國際觀的人對於這個地方一定不陌生。一五一一年，在莫爾出版《烏托邦》的五年之前，葡萄牙占領整個麻六甲海峽，其中也包括新加坡。一百年後，葡萄牙燒毀獅城。這個蚊蟲猖獗的濕熱之島，海岸線達兩百五十英里，數百居民多為海盜，一八一九年，英國殖民主義者湯瑪斯．萊弗士爵士（Sir Thomas Stamford Raffles）以東印度公司的名義，把新加坡建設成十九世紀大英帝國最有戰略價值的殖民地。

我們對新加坡的歷史開始感興趣，要從一九六五年——冥冥之中，英特爾共同創辦人高登．摩爾也在同一年發明了與他同名的摩爾定律——在劍橋大學受教育的李光耀創立了新加坡共和國看起。一九六五年以前的新加坡就像一九九一年以前的愛沙尼亞一樣，是個貧窮、死氣沉沉的前殖民地，沒有自然資源、政府傳承、國際影響力或區域地位。如今，後殖民新加坡卻像後蘇聯的愛沙尼亞一樣，成功改造自己，成為經濟與科技創新的最佳代表。

這兩個分處於世界不同角落的國家——一個位於赤道北邊約一百英里，另一個則位於北極圈南邊五百英里——有著難以解釋的類似性。新加坡也像愛沙尼亞一樣，是今日全球網路最發達的國家之一，有百分之一百五十二的行動電話滲透率，位居全世界之首，提供全國光纖到府網路連線的光纖網路有每秒十GB的速度（比美國一般的寬頻網路還要快一百倍）。在麥肯錫全球機構（McKinsey Global Institute）二〇一六年的《數位全球化》（*Digital Globalization*）報告的網路連接性類別中，新加坡在商品、服務、金融、人民和數據的流入和流出都居全球之冠。①

新加坡和愛沙尼亞一樣，在愛德曼信任度調查報告中表現亮麗，連續在二〇一五、二〇一六和二〇一七年都是全世界前五大政府公信力最高的國家。新加坡也像愛沙尼亞，在他們頗具聲望的教育系統中，程式設計和其他數位技巧都被列為核心宗旨。新加坡自獨立後，有百分之二十五的土地已被海水淹沒，如今他們也成為無實體國界的國家。「擴張土地」是該國規畫者描述他們挖山填海、改造地理環境的委婉說法。②

這座位於麻六甲海峽南端的小型熱帶島嶼，正在繪製與全球息息相關的網路未來地圖。愛沙尼亞率先進行數據整合，新加坡也搶先創造「智慧國家」。這項由國家主導的「智慧國家」計畫由李光耀的長子、現任新加坡總理的李顯龍於二〇一四年推出，旨在將全島轉型成「生活實驗室」，利用數據改善人民的生活。二〇一六年，《華爾街日報》宣布新加坡將「智慧城市推上全新境界」，並將該計畫描寫成是「任何城市在搜集日常生活數據上所做的最大範圍的努力」。③

李顯龍設計的是如同莫爾的烏托邦一般的城市，城裡「沒有藏匿之處」。④智慧國家有個烏托邦式的目標，那就是記錄新加坡的每一件事，讓所有新加坡人知道。它嘗試真正實現地理學的第一定律：讓每件事物相關聯。

「新加坡正在全島部署無數感測器和攝影機，讓政府能夠監看每一件事：從公共空間整潔與否、人口密集度，到每一輛登記有案的車輛確切的位置。」李顯龍在新加坡一場政治活動上提到，他使用的語言，不僅讓那些有著十九世紀對人類天生權利的敏感度的隱私倡議者完全理解，新加坡半獨裁文化下憂國憂民的評論家也都清楚明白。⑤

這些評論家——包括國際特赦組織、執政的人民行動黨的政敵和人權團體——擔心的事情很多。儘管新加坡有亮麗的經濟成就，但該國自建國以來就一直由人民行動黨執政。雖然新加坡憲法保障言論自由，但也允許政府以「它認為必要或權宜的手段來控制言論」，以維護「國會的特權」，避免「藐視法庭行為」或「煽動任何罪行」。⑥所以，新加坡保障言論自由的前提，是你的言論不被執政黨認為有冒犯之處。難怪「無國界記者」（Reporters Without Borders）二〇一五年的世界言論自由指標中，新加坡在一百七十五個國家裡頭排名第一百五十三——介於衣索比亞和史瓦濟蘭之間，甚至不如俄羅斯、緬甸和辛巴威。

根據《經濟學人》的報導，雖然新加坡政府已經「開始闡述厚臉皮的美德」，包括李顯龍在內的許多資深官員公開讚許「唱反調者」和「顛覆分子」的價值，該國在言論自由上的紀錄還是，說得好聽一點，充滿汙點。⑦例如，二〇一七年，新加坡最高法院將三名抗議政府強制儲蓄計畫的活動分子定罪。更令人不安的是，這三名抗議者其中一位還曾在二〇一五年獨立參選議員，他們的示威地點是在該國的「演說者角落」（Speakers' Corner），此處應該是新加坡人能夠不受約束、自由表達意見的地方。

二〇一六年五月，年僅十七歲的部落客余澎杉被控傷害穆斯林和基督教徒的「宗教情感」，根據新加坡刑法典中極具爭議的第兩百九十八條，被判有罪，引起國際特赦組織的關注。兩年之前，余澎杉曾因嘲諷李光耀而入獄五十五天。國際特赦組織另外還調查了幾個政治活動分子的案子，這些人於二〇一六年六月因為在禁止公開活動的日子在臉書上發表意見，而「受到好幾個小時的偵查」。「國際特赦組織非常關切新加坡政府持續審查人民的批評和異議，」該組織於二〇一六年六月寫道。⑧

不過，智慧新加坡的目標，並不是為了強化人民行動黨的觀點而進行數位老大哥式的監督——至少負責該計畫的政府官員、決策者和科技專家是這麼說的——而是為後隱私時代創造一個公民情報平台。的確，如果E化尼亞的實驗可以歸結為信用至上，那麼，新加坡智慧國家計畫——也推出能儲存個人資訊的愛沙尼亞式的數位身分證系統——則可歸為情報至上。據稱該計畫是要改造新加坡，讓每天生成的數百萬兆位元數據的數位資訊，變成公民創新的超智慧新公共空間的基礎。該計畫是立起一面電子鏡，讓這個全世界網路最普及的國家更能看清自己。

智慧國家絕對是個極有野心的計畫。新加坡五百五十萬人口中，有百分之八十二使用網路，百分之六十四活躍於社交媒體，製造出越來越多的數據，透過智慧手機、智慧住宅、智慧汽車、智慧街道、甚至智慧學校，最後匯集成最智慧型的資料庫。不過，該計畫參與者堅稱，這項智慧國家資料庫並非由政府封閉式地壟斷所有人民資訊，而是被設計成開放式平台，這個「虛擬新加坡」對全民開放，尤其是那些設計App的創業家和公民科技專家。

假如，像美國道德學家多夫．賽德曼所說，電腦是我們的第二個大腦，那麼這套身分系統就是新加坡的第二大腦。它被設計成國家意向資料庫，是一種每個人資訊的數位公有地，社會的新操作系統就在這上面運作。「認識你自己」，古希臘城邦的智者曾提出建言。兩千五百年以後，有個二十一世紀的城邦正將它的集體智慧轉變成帶領它走向未來的領航者。

超級智慧是新加坡新數位操作系統的特色，這並不令人意外。事實上，整個新加坡奇蹟都建立在它之上。這個城邦的建立者，新加坡的烏托普斯國王，是李光耀。前美國總統柯林頓（Bill Clinton）和前英國首相布萊爾（Tony Blair）都曾說過，李光耀是二十世紀最有智慧的領導者。在沒有任何天然優勢之下，李光耀把這個位於馬來半島南端的貧窮之島轉變成全球最繁榮、最有秩序的國家。李光耀做到了前人認為不可能做到的事——建立起家長式的一黨政治系統，既有致力為大眾謀福利的智慧政府，又有不腐敗的官僚政治，更結合了強調個人責任、努力工作和企業創新的開放式與菁英式的文化。他在立法、創新和教育上採用從上而下的策略，創造出一個社群主義國家，是由新加坡人民最有生產力、最創新的特質所造就的獨特東南亞模式。

不過，這項成就也付出了重大成本和妥協。「有塊陰影」籠罩著李光耀的政績，《華盛頓郵報》（*Washington Post*）國際新聞記者伊夏安・薩汝爾（Ishaan Tharoor）在李光耀的訃聞中寫道，那就是他有時扼殺民主的「嚴厲作風」。「在李光耀的統治下，新加坡實際上是一黨獨大的國家，」薩汝爾解釋道。「儘管改革小有進展，但言論自由還是被嚴格控制。嚴厲的誹謗法讓反對黨瓦解、邊緣化。」[9]

半獨裁的新加坡國父李光耀的確和烏托普斯國王有諸多相似之處，後者以明確的專制作風，建立了嚴刑峻法的烏托邦。李光耀帶領人民脫離貧窮，烏托普斯國王也是，莫爾筆下的希斯羅戴提到，「帶領島上未開化的居民在文化與人性上都達到高水準，超越其他地區。」⑩不過，烏托邦和新加坡之間有個重要差異，在烏托邦完全不民主的農業共產制度下，讓人聯想到的是北韓，而非新加坡，財富完全非法，沒有人可以擁有任何東西。反之，在新加坡，雖然政府在該國經濟生活上扮演重要角色（例如，八成的新加坡人還住在政府公宅），但同時也積極鼓勵自由市場和個人財富累積，儘管執政的人民行動黨一黨獨大，但還算是半民主民選制度。

如今，新加坡這個地表網路最普及的國家失業率低於百分之二，是全球第二大商業港口，也是第二容易做生意的地方。目前人均所得為九萬零一百五十一美元，居世界第三，僅次於免稅的盧森堡和石油資源豐富的卡達。花旗集團（Citigroup）研究預估，到二〇五〇年，新加坡人均所得將達到十三萬七千七百一十美元，成為全球最富有的國家。⑪新加坡也許和烏托邦不大一樣，但至少在經濟層面上，兩者並沒有多大差異。

李光耀於一九九〇年辭去總理職務，並於二〇一五年去世，他的工作由他的兒子李顯龍接手，這位新總理是劍橋大學畢業的數學家與電腦科學家。不過，智慧城市計畫並不是為了維持他父親政績的行銷策略，而是新加坡從一個死氣沉沉的殖民前哨基地，走向全世界最聰明國家的下一步。這位閒暇之餘喜歡寫程式編碼的新總理，⑫不僅將他父親的成功公式數位化、將新加坡轉型為E托邦，他還消除了他那獨裁父親政績上藐視民主的「陰影」，確保這個全球最聰明的國家也是個民主國家。

地理就是力量

我和作家帕拉格・科納（Parag Khanna）在新加坡的良木園酒店（Goodwood Park Hotel）喝下午茶。這是一棟殖民風格的建築，坐落在史考特路旁占地六畝、蒼翠蓊鬱的景觀花園裡。這條路以史考特上校（Captain William G. Scott）命名，這位十九世紀的英國人曾任新加坡港務長與郵政局長，擁有島上許多大型林場。

在這個每件事不斷在改造的島上，表象不等於事實。例如，良木園酒店最早由十九世紀中期的德國移民依萊茵蘭城堡的造型所建造，一次與二次大戰期間，分別被英軍和日軍做為拘留營，之後被改建為田園風的英國殖民莊園，史考特上校曾是業主之一。

「這是個方便聊天的安靜場所，」科納安排會面地點後，寄電子郵件告訴我。全面空調的茶館的確很安靜，也很涼快，完全不同於外面的嘈雜與燥熱——三十二度的熱帶天氣、擁擠的街道、施工和交通等在這個勤勉耐勞的島嶼城邦特有的一切活動。

科納自稱是新加坡的「政治地理學家」，尤其「著迷於地圖」。他二〇一六年的著作《連結力：未來版圖　超級城市與全球供應鏈，創造新商業文明，翻轉你的世界觀》（*Connectography: Mapping the Future of Global Civilization*），嘗試繪製出二十一世紀「全球文藝復興」。等待侍者默默地將大吉嶺茶倒入精緻的茶杯後，這位出生於印度、在美國受教育的世界旅遊家告訴我，他三年前與妻小舉家從倫敦遷到新加坡的原因。

「不到亞洲深耕生活，」他啜一口茶，說：「你就無法了解未來。」

「未來在地圖上是什麼樣子？」我問這位《連結力》的作者。我想到小漢斯．霍爾班畫的烏托邦裡面的隱藏訊息，突然意會到，地圖也像不斷變化的新加坡一樣，永遠不等同於表象。

「會像新加坡，」科納回答，他揮手指著茶室，似乎這裡就是整座島嶼。「未來的地理會是一座全球連結的城市。」

帕拉格．科納當然說對了。超連結的新加坡地圖令人眼花撩亂——貨物、服務、金融、人類和數據流進流出——不管你喜不喜歡，這就是我們的未來。但是，從新加坡「擴張」土地的能力，我們知道地理學和繪製地圖並不只是呈現出有形的現實。

與科納的下午茶約會結束後，我用自己已經用得皺巴巴的新加坡旅遊地圖來遊覽全城。許多大樓都豎起國旗和標語來慶祝脫離英國獨立五十一週年。「新加坡生日快樂——國運昌隆」，這些生日卡上寫著。我搭乘乾淨發亮的地鐵來到市中心——殖民區，海邊舊碼頭的濱海灣市區。在這裡，國際銀行、高級飯店和購物中心林立，是新加坡駕馭自然的極致表現。你可以漫步於濱海灣花園（Gardens by the Bay），這是一座斥資十億美元的未來植物園，栽種了八百種、二十一萬七千株植物，其中還包括天空樹林、人造山和瀑布。這裡有新加坡最具代表性的現代建築，造價八十億美元的濱海灣金沙酒店（Marina Bay Sands），你可以在這裡購物、賭博和住宿，這棟二十一世紀的世界奇觀看起來很像科幻電影裡的場景：三棟六百三十六英尺高的摩天樓共同舉起一艘遊輪。

不過，我的目的地位於金沙酒店的陰影下。從濱海灣往海岸看去，一棟半圓形的小型建築如十指一般延伸，還有個碗狀屋頂，就像一座不起眼的樹叢。這棟形狀特別的建築的設計理念是綻放花朵的白色花瓣，看起來就像該島土生土長的熱帶植物——白色巨蓮。

不過，這棟建築可一點都不本土，他是由莫許・薩夫迪（Moshe Safdie）所設計，而這位知名的以色列裔加拿大美國籍建築師還設計了濱海灣金沙酒店（還有，更牛頭不對馬嘴的是，以色列猶太人大屠殺紀念館（Yad Vashem Holocaust museum）〕。這裡是新加坡的藝術科學博物館（ArtScience Museum），該國科技展覽和博覽會的主要場地。我曾去看過「大爆炸數據」（Big Bang Data）特展，展出的是李顯龍要將新加坡建造成精通虛擬地理學的智慧國家的故事。由於在新加坡，沒有一件事情——尤其是這棟巨型白蓮花建築——如表象所指，所以我想要將智慧新加坡計畫的事實與表象區分出來。

我想要回答的問題很簡單：新加坡的第二大腦——全國努力累積資訊送至集中資料庫——能為未來解決問題還是製造問題？這個「生活實驗室」究竟是大數據烏托邦，還是歹托邦？

數位社群主義

「大爆炸數據」特展在數據對社會的影響方面持矛盾態度。一方面，該展充滿對於全民監控、網路個資氾濫以及破壞隱私的警告，但同時又對數據影響民主和全民參與方面相當樂觀。新加坡有各式各樣的地圖，就連地圖控帕拉格·科納也會感到滿意。這些地圖顯示這座智慧島嶼如何搜集數據並儲存在雲端，且為五百五十萬國民提供越來越負擔得起的使用權。特展中，有個「公益數據」（Data for the Common Good）的主題，展出新加坡為公共利益設計的App。其中有個叫做「捷徑」（Beeline）的免費App，透過即時數據共享、改善新加坡通勤者的生活品質。還有一個App是由衛生部所開發，透過開放式數據分享，促進民眾和醫生之間的溝通。第三個App叫做MyENV，由新加坡國家環境局設計，提供地方空氣品質、天氣和登革熱傳染狀況的即時資訊。

告訴我這場展覽消息的是新加坡資訊通信發展管理局（Infocomm Development Authority）管理主任傅美晶，這個單位專門負責促進智慧國家在教育、健保、稅制、運輸和社會服務部門的發展。前一天我和傅美晶一起吃早餐時，她建議我去一趟藝術科學博物館，她保證我能從新加坡市民接收科技的全包方式，了解她所謂的「新時代」是什麼樣子。

傅美晶身材嬌小，一身俐落的紅洋裝，身上唯一可見的數位產品是手腕上的曜石黑蘋果手錶，她向我解釋這個新全包式時代。她以人們描述矽谷科技願景的方式來說明新加坡數位未來的願景。她提到她的單位主持執行開放式數據平台和駭客松（hackathon），利用智慧新加坡資訊來做公益。她自豪地提到公民駭客，以及由人民和政府「合作創造」App。她向我介紹新加坡的免費群眾外包MyResponder app，這是由民防部隊所開發，能讓民眾舉報和回應街上緊張的逮捕事件。她還說明Data.gov.sg的重要性，這是新加坡政府七十個政府部門分享數據資料的統一入口網站。

不過，矽谷典型的自由派意識型態崇尚自由市場，對任何政府在經濟上的參與持有極高的敵意，新加坡則不一樣，傅美晶認為虛擬新加坡是民眾和政府合作、共同創造公共和私有部門利益的大好機會。儘管「分享」、「合作」和「社群」這類吸引人的理想，常常被臉書這類成功的矽谷企業用來追求私利，但在新加坡，這些理想卻非常自然地適用於李光耀創造的政治文化。

傅美晶就是該系統中稱得上專門製造信任的開明決策者。她是警察的女兒——「小時候家境清寒，」她告訴我——後來考上公費留學，先後到牛津和劍橋大學研讀政治學、經濟學和哲學，之後進入政府部門工作。她提到自己對社群的「責任」，並引用美國哲學家約翰・羅爾斯（John Rawls）的「社會正義」理念。她說她受到羅爾斯的「無知之幕」（veil of ignorance）實驗所啟發，讓她相信她有照顧不幸者的道德責任。因此，她支持新加坡設置全國寬頻網路，為所有民眾提供她所謂的「全面」光纖到府服務。因此她很自豪地推出低收入戶專屬的「家庭上網」服務——每個月只要四美元，這些家庭不僅能有高速網路，還能得到一台智慧手機。

在新加坡，像傅美晶這樣能用「啟蒙運動」式的語言侃侃談論公益理想的公務員大有人在。在特展的最後一間展覽室裡，牆上投影著另外一句話，可以做為智慧新加坡的結論詩篇：

若這個智慧國家能開口說話，
我想它能夠告訴你
關於未來的故事
——亞倫．曼尼安（Aaron Maniam）／詩人暨新加坡貿工部（工業）部長

次日，我到城裡掛著「新加坡生日快樂——國運昌隆」標語的財政部大樓拜訪亞倫．曼尼安。他也像傅美晶一樣，是出生於典型小康家庭的聰明年輕人（他父親是機場塔台人員），獲得政府獎學金出國留學。曼尼安和傅美晶一樣，在牛津大學念政治學、哲學和經濟學。然後，他到耶魯大學待了一年，並計畫之後再回到牛津寫博士論文，探討信任和科技之間的關係。

我問這位精瘦、蓄著小鬍子的年輕公務員，「數據對你來說，是什麼意思？」

曼尼安回答，它是讓社群團結的力量。他還說，政府和人民之間的信任因此能加深。

曼尼安也和傅美晶一樣，對約翰·羅爾斯的哲學很有興趣。但他同時也精通社群主義思想家的作品，像是哈佛大學的邁可·桑德爾（Michael Sandel）和蘇格蘭政治哲學家麥金泰爾（Alisdair MacIntyre），兩者都將社群的概念置於個人權利之上。曼尼安告訴我，他對於網路科技在建立社群信任度和成就更互動型的民主上所扮演的角色尤感興趣。信任是促使「人類繁榮」的「社會資本」。他提醒我新加坡在愛德曼全球信任度調查報告裡名列前茅，並以「銷售力對談」（Salesforce's Chatter）這類「審議平台」為例，說明如何創造由志向相同的人所組成的協同社群。

他想像一個對談的公共版本，一個遍及全新加坡的社群論壇。「我喜歡把它想成一個公共空間，」他說，還用十六世紀的英國歷史來設想二十一世紀新加坡的未來。「它會像十六世紀亨利八世摧毀的英國修道院之一。」

因此，對亞倫·曼尼安來說，智慧國家會是個全民科技共創的數位公有地，並成為二十一世紀技術專家治國的互動式基礎，這和傅美晶的想法不謀而合。無論在形式或功能上，數據共享都將是合作式或社群式民主的基礎，這便是李光耀所創立、他兒子李顯龍所維持的廉政類民主一黨政治的數位升級。在曼尼安和傅美晶的心中，這就是未來的樣貌。

信任、信任、信任。雖然新加坡和愛沙尼亞隔海相距好幾萬英里，兩國的資深公共決策者曼尼安和傅美晶、塔維・寇特卡和安德烈・庫特的思維卻如此相近。他們都認為在後隱私時代，信任將扮演中心角色。這項觀點也被政府最高階層所認同。就連總理李顯龍都堅信，人民和政府之間的信任是他的智慧國家計畫的成功關鍵。「必須讓人民相信這對他們有利，」他指的是二〇一二年以來全新加坡公共區域安裝的六萬五千台攝影機──「他們會從中受惠，而且不會侵犯他們的隱私。」⑬

李顯龍建立人民信任的目標似乎已達成。我待在新加坡期間，每個交談過的人──從創業資本家、新創公司企業家、決策者、科技專家，到載我穿梭於這個智慧島嶼的健談的Uber司機──全都對政府表達出一種順從的、甚至幾近怪異的信任。也許就像灣區的歐特克（Autodesk）軟體公司駐新加坡的政府事務主任林清（音譯，Chinn Lim）告訴我的，是因為政府在為全民創造高品質生活、優良教育和事浮於人方面已經展現「五十一年奇蹟」。林清告訴我，新加坡沒有隱藏的社會契約，政府要贏得人民託付重任，就得讓人信得過。

傳美晶指出，這份信任來自於全新加坡人半世紀以來共同走過的這段旅程。「我們一起成長，」這位政府決策者說。在她描述的這個國家中，像她和曼尼安這樣的公務員似乎對人們非常信任，而人民也對他們表現出一樣的信任。是的，這是一黨獨大的新加坡的官方說法。是的，島上還有其他人——例如因誹謗李光耀而鋃鐺入獄的青少年部落客余澎杉——持強烈反對意見。但儘管在一黨獨裁主義的陰影下，新加坡依舊是個值得信賴的地方。它在愛德曼信任指標上名列前茅，人民普遍相信政府會為他們謀福利。

那麼，新加坡的智慧國家模式企圖將數據搜集帶入全新的境界，它能為未來解決問題還是製造問題？視情況而定。就像莫爾的烏托邦一樣，這個城邦島嶼讓人又敬又畏。新加坡的挑戰是讓信任制度化，並在政府和人民之間創造愛沙尼亞前總統伊爾韋斯所說的新洛克社會契約。在這方面，新加坡可以向愛沙尼亞模式學習，後者有寇特卡和庫特這樣的科技專家確保數據整全性成為系統的一部分。

若沒有這類制度防禦措施來對抗不受信任的政府，則新加坡創造的「生活實驗室」會淪為大數據歹托邦的濫觴。畢竟，在一個超連結的社會，當政府和人民間信任不再，會是什麼情況呢？當一個不值得信任的政府對我們瞭若指掌，會是什麼情況呢？最令人不寒而慄的是，如果政府不但不值得信任，而且還不能信任——它本應代表的人民全都被視為潛在敵人——又會是什麼情況呢？

二〇二〇年將仿若一九八四

「保護隱私和確保安全是大家避免多談的大問題，」新加坡外長、同時也是智慧國家計畫負責人維文（Vivian Balakrishman）指的是數據大爆炸有侵害個人權利之虞。⑭維文指出，在智慧國家裡，數據整全性至關重要，沒有它，數位時代就不可能會有個人自由。可是，談到隱私，問題甚至根本不出在新加坡本島。就像與創新的愛沙尼亞相對立的，是東邊鄰國年度預算高達三億美元的「奇幻熊」大軍，新加坡智慧國家的威脅也可能來自麻六甲海峽北邊的中華人民共和國，後者有七億三千萬網路用戶，以及由總理習近平領導的不能信任也不值得信任的統治階級。問題是，新加坡的智慧國家構想需要搜集人民的個資，但現在可能由一個完全不尊重個人自由的極權國家來執行。問題是，中國正設法建立一個智慧國家資料庫，讓所有情報由政府掌握，而非人民。

和普丁統治下的俄羅斯不一樣的是，在今日超連結的新世界裡，習近平統治下的中國並不是一個法外國家（outlaw nation）。俄羅斯唯一真正的「創新」，是它匿名輸出到世界各地的假消息，而中國卻是全球兩大創新超級強權之一，諸多本土「贏者全拿」的網路公司在國內市場傲視矽谷各大品牌。雖然部分原因是國內市場管制嚴格，對外國公司差別待遇，但這些本土網路公司的崛起——《經濟學人》稱其為「中國的科技先驅」⑮——和它本身的創新生態系統有關。例如，中國的行動通訊龍頭微信（WeChat）巧妙地結合電子郵件、免費影像電話和即時團體通訊，讓美國的臉書即時通或蘋果的訊息服務相形遜色。⑯中國的電子商務巨擘阿里巴巴，以及它相當成功的微博網站新浪微博在原本的功能上又增加許多選項，讓這些產品在中國遠比推特或亞馬遜還受歡迎。事實上，Uber在中國經營失敗，黯然將當地業務賣給他的本土勁敵：滴滴出行。

所以，問題不是中國缺乏創新，而是該國的創新是由政客和網路決策者——就像新加坡的李顯龍、傅美晶和亞倫．曼尼安等人——所操控。新加坡的官員尋求的是開明、值得信任的數位策略，反之，中國的官方網路政策是譴責性的、懲罰性的、不值得信任又不能信任。例如，「中國防火長城」造就嚴格審查的網路，致使上萬個國外網站都被「金盾」鎖住。「金盾」是中國公安部執行的審查與監督計畫。中國也像俄羅斯一樣，有個並非機密的兩百萬大軍，成員多半是政府員工，他們每年灌入社交媒體的親政權評論多達五億多條。⑰中國政府有時甚至用「巨砲」來關閉惡意網站，這項工具是專門為了展開分散式阻斷服務攻擊而設計。中國政府企圖解決數位問題而採取的高壓手段，往往比問題本身還糟糕。例如，中國的年輕人網路成癮非常嚴重，政府因此成立四百個嚴厲的戒癮訓練營，對青少年施以電擊治療，以及其他殘忍的懲罰。⑱

我在前一章節提到歐威爾的史達林老大哥比喻已經過時，但我忽略了中國，在這裡，歐威爾在《一九八四》中對侵入式思想獨裁提出的二十世紀警告，已經悄悄穿上二十一世紀的數位外衣。該構想最早於二〇一〇年用於上海北邊的江蘇省睢寧縣的共產黨官員。縣政府開始以計點方式獎勵優良公民行為，而包括交通罰單及「非法請求當局提供協助」等行為則會被扣點數。⑲最後，每個人的點數被加總，算出公民可靠性，並公布在榮譽表上。如果你的評級很高，就可以快速升遷或住進公宅。反之，則很難獲得升遷、找到房子，甚至獲得官方的社會安全支援。

二〇一六年下旬，中國當局公布要建立更有野心的社會信用制度計畫，以共產黨真理部的語言來說，就是建造一個「真誠」的文化與「和諧的社會主義社會」。⑳該計畫使用日益複雜的人臉識別科技，㉑在全中國三十幾個縣市和八家民營科技公司同時推出，旨在網羅七億三千萬中國網民的資料進入地方資料庫，來決定他們的個人信賴度。官方目標是在二〇二〇年結合各地資料庫，創造出全國性的社會評等系統，根據每個人的網路數據來決定個人評級。

像二〇一〇年睢寧縣試點計畫這樣的「互聯網＋」本意是獎勵忠心公民，懲罰那些被中國第二大腦認為有政治陰謀或不可靠的人。二〇二〇年中國的數據工程階級系統無疑會分為兩大類：值得信賴和不值得信賴。根據中國官員描述，到了二〇二〇年，這套系統將「允許值得信賴者行遍天下，而信用不良者則寸步難行」。㉒那些下層階級，套用馬克思的說法，除了低評級之外，將一無所有。

信任、信任、信任。新加坡的智慧國家計畫背後的社群思維，是提升人民和政府之間的信任，而中國「互聯網＋」計畫的背後邏輯，則是強化共產黨對社會的控制。二〇一六年十月，習近平呼籲「社會監督」創新，以「提高預測能力，預防各種危機」。㉓《經濟學人》形容為「數位極權國家」的「互聯網＋」重點並非創造信任，而是處罰「不值得信任」。㉔為這個網路歹托邦添上一筆歐威爾的色彩，人民可以透過舉發別人來提高自己的信任分數。因此，中國的菁英國務院指出，「互聯網＋」將能「打造一個維持信任是榮耀」、同時又能「獎勵人們舉發違反信任的民意環境」。㉕如此一來，在這個超現實的系統中，最受信賴的將是最不值得信賴的。難怪某香港人權分子會告訴《華爾街日報》：「這簡直就像一九八四。」

然而，新加坡卻利用類似的科技創造一個完全不同的未來。這件事為我們上了重要的一課，它提醒我們，修復未來不光是科技層面，在政治和社會層面都是一大挑戰。科技無法解決科技問題；能解決的是人。只有人類才能創造自己的數位歷史。無論是好是壞，多半都要透過政府。有些政府很不值得信任，像是中國；而有些政府則比較值得信任，像是新加坡。

「若這個智慧國家能開口說話，我想它能夠告訴你關於未來的故事。」這是「大爆炸數據」特展最後一間展場裡亞倫．曼尼安寫的詩句。可是，無論智慧與否，沒有一個國家能真正群體式地以盧梭（J. J Rousseau）的口吻「開口說話」。國家選出或任命有智慧的人——像是曼尼安或愛沙尼亞前總統伊爾韋斯——來代替它們說話。因此，最切合實際的未來景象往往出自立法者或統治者的口中。現在，我們要介紹另一位有先見之明的政府官員，聽聽她對於未來的說法。她身處於與新加坡遙遙相望的地球另一端——歐洲監管與立法之都，布魯塞爾。

如果愛沙尼亞和新加坡各自用自己的方式，搖身一變成為雲端之國，那麼歐盟官方建築聚集的布魯塞爾則是深深扎根於地面的地方。我們該從雲端下來，和當地的監管者聊一聊。

6 行動地圖一：立法監管

老羅斯福總統的化身

我從北卡羅萊納飛抵這個沒人愛又不可愛的歐盟首都，去見網路天啟四騎士的對頭冤家——生長於西日德蘭半島平原上的小鎮、今年四十九歲的丹麥女士。她叫做瑪格麗特．維斯塔格（Margrethe Vestager），前丹麥副首相、現任歐盟執行委員會競爭事務執委，是矽谷的剋星。這位歐洲反托拉斯事務負責人的強硬作風，今日全球無人能比，她勇敢對抗矽谷公司的商業模式和商業活動，你應該記得，就是《紐約時報》法哈德．曼鳩筆下的「五惡霸」——這些贏者全拿的公司總市值為二點三兆美元，和歐盟二十八個會員國十六點五兆的ＧＤＰ相比，占了百分之十四。

《金融時報》專欄作家菲利普・史蒂芬斯（Philip Stephens）表示，瑪格麗特・維斯塔格把數位資本主義從數位資本家手中拯救出來。史蒂芬斯說，無論是否數位化，自由市場資本主義的問題，出在它本來就無可避免會走向贏者全拿的獨占局面。「在毫無約束之下，企業變質成獨占、創新變質成尋租，」史蒂芬斯指出。「今日虛張聲勢的『破壞者』建立明日安逸的聯盟。」[1]因此，他把維斯塔格描述成二十一世紀的女版羅斯福總統，當年，羅斯福總統簽署了一八九〇年休曼反托拉斯法案，來對抗十九世紀末期那些贏者全拿的工業巨擘，包括標準石油（Standard Oil）和美國菸草公司（American Tobacco Company）等等。

不過，史蒂芬斯提醒我們，羅斯福總統和鐵血宰相俾斯麥都不是社會主義者，這位十九世紀的德國宰相為現代的福利國家打下扎實基礎。史蒂芬斯解釋道，羅斯福總統大刀闊斧取締壟斷，是因為他了解到「資本主義需要合法性」，而且唯有在人們相信該系統公平看待全民，才能夠繁榮興旺。你該記得，這位羅斯福總統曾在一九〇六年簽訂了攸關重大的肉品檢驗法案，把紐約市和其他地方的肉品市場全都清理乾淨。羅斯福也像本書提到的其他政治修復者一樣，先破壞壟斷，再建立信任。他讓人們再度相信自由市場資本主義。

取締壟斷的目的在於為大型和小型企業創造公平的競爭環境。美國最高法院大法官路易斯．布蘭戴斯在當上大法官之前，曾於一九一一年支持限制企業規模法案，他提及這件事，說道：「東西大總是有光環。任何事物，只因為它很大，就讓人覺得很好、很棒。我們現在慢慢發現大也可能邪惡、刻薄。」②最重要的是，布蘭戴斯——之前提過，他認為照相技術侵害人權，因而主張人們有「不受打擾」的權利——認為，經濟大權過度集中在標準石油和美國鋼鐵（U. S. Steel）這樣的大企業會損害民主。「我們必須做出抉擇，」布蘭戴斯警告；「要民主，還是要財富集中在少數人手上，兩者無法兼得。」③

包括羅斯福總統和布蘭戴斯在內的多位二十世紀初期的美國人，致力改造工業經濟，為小型企業再創公平環境，瑪格麗特．維斯塔格也像他們一樣，企圖將信任帶回經濟之中。「把羅斯福的精神傳承給維斯塔格也許過於倉促，」史蒂芬斯承認，「但只要你支持造就蘋果、Google等企業的自由市場經濟，就該佩服她重塑平衡的勇氣。」④

維斯塔格之所以勇敢，是因為她堅決對抗法哈德．曼鳩所稱的「美國企業強權的新超級階級」。⑤菲利普．史蒂芬斯指出，維斯塔格——同時也是三個小孩的母親——提醒Google和蘋果這些企業他們在現實世界的責任，讓這些往往很幼稚的破壞者變得社會化。例如，史蒂芬斯提到，蘋果公司執行長提姆・庫克「常讓人覺得，他好像認為他的公司應該可以自由決定是否繳稅」。⑥而維斯塔格從不吝於對庫克說教，讓他明白他的成人義務。因此，她裁定蘋果必須繳交一百三十億歐元的稅款，以補償史蒂芬斯所描述該公司與愛爾蘭政府的「迷宮般的稅率優惠」。維斯塔格提醒庫克，蘋果公司利用愛爾蘭子公司坐享租稅優惠，幾百億美元的營收卻只向愛爾蘭政府付了十萬分之五的稅。蘋果公司居然想出這種厚顏無恥的避稅陰謀，難怪這間全世界最有價值、最富有的公司至今仍握有兩千一百五十億美元的境外業務，任何主權政府都奈何不了它。

那一年稍早，我在慕尼黑的數位生活設計（Digital Life Design, DLD）研討會上，首次見到令人敬畏的維斯塔格。那場活動是歐洲的科技界盛會，主辦單位是德國出版集團布爾達媒體（Hubert Burda Media）。維斯塔格執委面對主要來自美國的科技企業家、權威人士和創業資本家，談論以廣告為主的網路監督經濟將使用者的個資變成商品，她主張「消費者需要公平交易」來保護他們的數位隱私。

「隱私，」維斯塔格在慕尼黑的演講上堅稱，就像史諾登或布蘭戴斯所說的一樣，「是基本存在條件。」她繼續說道，自由，特別是線上自由，應該包括「被忘記的權利」，這也是歐盟保護隱私偉大方案的規範之一。

不出所料，現場觀眾感興趣的大都是後隱私經濟，因此維斯塔格的演講只被視為是政治作秀，之後的提問內容也都充滿敵意。有位知名美國科技權威人士、也是馬克・祖克柏的朋友、曾寫過一本吹捧臉書統一世界的書，重砲轟問維斯塔格批評矽谷的核心商業模式是什麼意思。

「你難道不擔心，」他以失望透頂的美國國際專家會有的高語調問道，「網路分裂嗎？」

雖然這問題透露出數位威爾遜主義自以為高尚的態度，但同時也問及誰會在網路未來中施展權力和影響力。是這樣的，以矽谷的說法，「分裂」就是失去市占率的意思。目前臉書和Google等公司股東要求無止境的成長，因而能進入並主導單一全球市場，但如今出現「網路碎片化」⑦——不管是好是壞，全球數位經濟分裂成分散的區域市場——這種概念深深困擾著這些私有超級勢力。

根據《紐約時報》法哈德・曼鳩的說法，這種「分裂」只是「全球恐懼美國科技業勢力的開始」。曼鳩預測，未來幾年，「我們注定會看到掌控大部分產業的少數科技公司，和統治著這些公司企圖入侵的土地的政府之間摩擦越來越多。歐洲發生的事情，也正在中國、印度、巴西和全球各地上演。」⑧

維斯塔格在ＤＬＤ上的回答非常明確。「不，我不擔心，」她回答歐洲市場是否會有不同於美國的規範，而導致分裂、甚至敵對的經濟生態系統。「我一點也不擔心。」

我在會後向她道賀，她勇敢面對全場充滿敵意的觀眾、毫不退縮地完成演說，我告訴她我正在寫一本如何修復未來的書。「啊，我也許能幫忙，」這位二十一世紀羅斯福總統的化身眨著眼對我說道。「到布魯塞爾來找我，我們多談一談。」

於是我去了。可是，等我抵達布魯塞爾時，我感覺戰爭爆發。偌大的柏萊蒙特大樓是數千名資深官員辦公的歐盟總部所在，如今戒備森嚴，似乎整個十字形的「歐洲行政中心」裡十八個樓層、四十二座電梯，和十二座手扶梯全都受到攻擊。我要進入市中心「歐洲區」舒曼圓環的這棟大樓，得一一經過武裝部隊、警車、路障和有層層戒備的歐盟警衛的詢問。要不是前一個月布魯塞爾才剛發生恐怖攻擊，我可能會以為這些誇張的防禦陣仗都是為了保護瑪格麗特．維斯塔格本人。

是這樣的，因為維斯塔格執委當時正和矽谷交戰。那幾天，她的照片出現在全球各大報紙頭版，還有漫畫家把維斯塔格畫成揮舞斧頭的維京人，守護歐洲大陸，抵抗美國科技入侵者。那是她對抗Google的立法大戰展開第三前線，因此上了頭條。在我抵達的幾天前，維斯塔格決定擴大歐洲對Google的反托拉斯調查，展開第三波正式調查行動。⑨歐盟決意用歐洲法律來管制美國科技公司，當時的美國總統歐巴馬因此酸言酸語地說，她的行動是「一種保護主義」，目的是協助歐洲科技公司與矽谷競爭。[10]

普丁俄羅斯國內的搜尋引擎由Yandex寡占，而習近平中國則有「防火長城」阻擋，除此之外，Google一直緊緊掐著全世界的網路資訊經濟。Google在歐洲市場的占有率甚至比在美國還要誇張，微軟的Bing在美國還分去了百分之二十的市占率。Google搜尋引擎在西班牙和義大利占有百分之九十五的市場、法國百分之九十四、德國百分之九十三。[11]然而，寡占本身並不違法。違反托拉斯法的是公司利用寡占把利益輸送給自己的其他業務。以法律用語來說，就是「濫用市場優勢地位」，這種違反反托拉斯法會造成重大影響，原因有二：第一，罰鍰動輒幾十億美元（最高可罰公司年營收的百分之十，以Google為例，罰鍰最高可達六十六億美元左右）；第二，像Google這樣的巨擘一旦被判違法，將有可能重塑整個市場和產業。

「如果一家公司占盡市場優勢，這沒有關係。」維斯塔格重申她為小型企業創造公平競爭環境的反托拉斯策略。「但如果這份優勢被濫用，就有問題了。」[12]

談到Google這家市值僅次於蘋果的全球第二大公司，維斯塔格有很多問題。她對Google進行多管齊下的調查，因為該公司濫用它的市場優勢，尤其是在線上搜尋和行動操作系統Android上面。Google被控濫用它在搜尋引擎上贏者全拿的優勢，企圖掌控整個線上生態系統。歐盟針對Google被控濫用優勢的首項調查，是了解該公司給予自家的「價格比較服務」Google Shopping優惠待遇——這是違反歐盟反托拉斯法的典型做法。⑬

二〇一七年六月，經過七年的詳細調查，維斯塔格辦公室針對偏袒Google Shopping，而對Google祭出二十四點二億美元的罰款。「Google的作為違反歐盟反托拉斯法。它讓其他同業完全沒有競爭與創新的機會，」維斯塔格說明她為什麼選擇重罰Google。「最重要的是，它阻斷歐洲消費者選擇服務、並從創新中受惠的權利。」⑭根據英國網路歷史學家約翰·諾頓（John Naughton）的說法，這筆「巨額」罰款顯示矽谷的「霸權」正在瓦解。諾頓在判決出爐後寫道，「歐洲人——及其政府——屈服於美國企業強權的時代已經告終。」⑮

維斯塔格的第二項調查檢視Google使用Android行動電話軟體的方式——該操作系統在全球智慧手機使用者當中有百分之八十六的使用率——以了解是否高壓強迫設備廠商和通訊公司安裝行動Google，成為手機上的預設搜尋引擎。⑯第三項調查則了解該公司使用AdWords服務的狀況，Google每年近八百億美元的廣告收入當中，該服務貢獻很大。在這方面，根據《華爾街日報》的報導，歐盟控訴Google「對貼出Google對手廣告的第三方網站祭出限制」。

換句話說，Google的廣告生態系統是企圖同時成為傳播廣告與打壓競爭對手的平台。Google不僅想在數位世界同時擔任教會與國家，甚至還想扮演上帝的角色。它的目標是全面控制，它全部都要——控制網路經濟中所有的網路平台、服務、產品和商店。

然而，這位上帝遇到對手了，那就是來自西日德蘭半島小鎮、四十九歲、有三個小孩的丹麥母親。

矽谷屠龍者

若說瑪格麗特・維斯塔格是羅斯福總統的化身，那麼，她所面對Google的情況則很像十九世紀反創新經濟再現。彷彿又回到洛克斐勒（John D. Rockefeller）的標準石油、范德比爾特（Cornelius Vanderbilt）的紐約中央鐵路，和J・P・摩根（J. P. Morgan）的美國鋼鐵等工業寡占的時代——路易斯・布蘭戴斯所說的這些「大東西」可能很邪惡、刻薄。這正是反托拉斯法之所以重要的原因。雖然它對於非法學專業的人來說很枯燥，甚至神祕，但它對於確保網路未來的創新和公平性非常重要。

的確，誠如約翰．博斯威克和我在貝塔公司辦公室會面時告誡我的，反托拉斯法至關重要。我啟程去布魯塞爾之前，先到蓋瑞．瑞巴克（Gary Reback）位於門洛公園的法律事務所，這裡是矽谷心臟地帶，從山景的Google總部順著一〇一號公路往北幾個出口就到了。瑞巴克可以說是美國版的維斯塔格。

「若有人能明白說明二十一世紀的反托拉斯法，那就是蓋瑞．瑞巴克，」《連線》雜誌曾報導瑞巴克公開支持立法保障開放市場的競爭性。

事實上，瑞巴克曾在二十年前扮演過維斯塔格的角色，演出一場再造科技未來的冗長戲碼。一九九〇年代後期，這位擁有史丹佛學位的律師說服美國政府起訴微軟公司，原因是該公司濫用在桌上型電腦的主導地位——二〇〇〇年有百分之九十七的電腦設備安裝該公司的操作系統，因而獲得矽谷「屠龍者」的綽號。比爾．蓋茲的微軟公司雖然不像洛克斐勒的標準石油或J．P．摩根的美國鋼鐵那麼誇張，但也是典型違反反托拉斯法的案例，因為該公司意圖利用它的Windows操作系統獨占，來完全擊退網景瀏覽器和昇陽電腦（Sun Microsystems）的爪哇（Java）科技等競爭對手。要是瑞巴克當年沒有修理微軟，我們今日還可能活在一個由Windows獨占的世界，甚至連網路本身都有可能成為微軟用來推銷自家產品和服務的平台。

瑞巴克的積極作風對這宗冗長的訴訟案影響甚巨，之前提過，約翰・博斯威克擔任美國線上新產品主任的時候也參與其中。⑰為期三年的戲碼令人疲憊，削弱了微軟的勢力，雖然該公司最後沒有瓦解，但卻讓多家高度創新的Web 2.0企業趁勢崛起，Google就是其中之一，這家由幾位史丹佛電腦研究生於一九九八年成立的新創公司，如今已發展成新全球霸主。

瑞巴克是個身材精實、講話很快的律師，身穿堪稱矽谷制服的卡其褲和敞領襯衫，他對我說，微軟案是「重大案件」。他誇口說此案是自一九一一年紐澤西標準石油對美國政府案以來最大的反托拉斯案件，當時的案子可說是法律傳奇，內容複雜冗長，印成滿滿二十一本法庭紀錄，最後高等法院以八比一的表決，贊成將標準石油拆解成三十四家小型公司。⑱這宗二十世紀初期的審判代表羅斯福總統勇於面對新工業技術快速成長所帶來的挑戰，而微軟的案子則反映了瑞巴克所謂的「網路效應」，該效應讓蓋茲把一家七〇年代中期的個人電腦軟體新創公司，轉變成九〇年代中期全世界最強大的企業。

「在當時，」瑞巴克得意地坦承，「微軟強大到連政府都怕它。」

瑞巴克對於自己堅決守護科技創新時扮演他所謂的「矽谷人」覺得很自豪。他承認，他之所以修理微軟，是因為他厭惡微軟企圖摧毀像網景這樣敏捷的新創公司。網景是第一家成功的商業瀏覽器，後來被美國線上併購。「新創公司，」瑞巴克強調，「有權向消費者展示他們的創新科技。」他說，而創新正是進步和經濟成長的動力。

那麼，現在只是歷史重演嗎？我問道，我指的是現今像蘋果和Google這樣的新獨占者。

瑞巴克有敏銳的歷史感，他寫過一本很有可看性的反托拉斯歷史書：《解放市場！為何只有政府能維持市場競爭性》（*Free the Market! Why Only Government Can Keep the Marketplace Competitive*，簡中版《美國的反省：如何從壟斷中解放市場》），⑲書中明確地拿十九世紀「過度」的「強盜式資本家」的工業資本主義，來和電腦時代的網路經濟進行比較。瑞巴克是閱歷深廣的現代史學生，不會落入陷阱，以為歷史會像煩人的網紅一樣，一再上演同樣的故事。

所以，是的，他承認，從很多方面來看，Google都可以說是新微軟，對他這樣的反托拉斯法律師來說，是一大挑戰，九〇年代有所謂的「瑞德蒙之獸」，如今則有「山景巨怪」。不過，過去二十年來，有兩大改變致使Google案與微軟很不相同。

首先，他解釋道，今日Google的資訊科技遠比微軟的軟體「更為強大」。瑞巴克告訴我，和微軟的操作系統或桌上型出版軟體相比，Google Search、Google Maps和其他Google

產品與服務，對人類生活有十倍的影響。他說，該公司的科技「侵入」程度更加猛烈。他說明，它的商業模式是「建立每個人的個人檔案」。

其次，瑞巴克指出，Google除了科技更強大之外，這家位於山景城的公司遠比微軟擅長玩弄政治。他認為，也許這是因為Google主管眼見微軟在九〇年代態度傲慢，搞砸了與政府的關係，而從中學到教訓。或者是因為Google投下巨資，對華府進行遊說——光是二〇一六年就有一千五百多萬美元，遠超過陶氏化學（Dow Chemical）、埃克森美孚石油（ExxonMobil）、洛克希德馬丁（Lockheed Martin）或是任何其他網路公司⑳。瑞巴克說，另外再加上遊說經費法的改變——尤其是二〇〇九年的「公民聯合會訴聯邦選舉委員會」案促使活動經費相關法令鬆綁——讓批評Google的言論更難被政府聽見。瑞巴克堅稱，在今日親企業的政治環境中，不可能說服聯邦政府對這家山景巨人展開反托拉斯調查。

瑞巴克告訴我這件事的時候，是在二〇一六年，當時川普尚未當選，華府不像現在那麼親企業、反監管。有些人預測Google「可能面臨川普的反托拉斯檢查」，㉑因為歐巴馬與這家山景巨擘擁有不健康的親密關係，特別是和執行董事長艾瑞克·史密特（Eric Schmidt）。不過，鑑於彼得·提爾（Peter Thiel）在川普政府擔綱要角，尤其是在新政府的科技政策上擔任顧問，所以外人的臆測應該不大可能發生。提爾是握有數十億美元資金的自由派投資人，公開支持企業寡占。他在矽谷任職時，就獨排眾議，看準川普會勝選，因此一路相挺。提爾甚至在他宣揚自由派的暢銷書《從0到1》（*Zero to One*）中，主張政府應該讓企業獨占自由發展，讓他們的效率完全發揮，創造財富利益。

提爾強調企業獨占的整體利益，瑞巴克當然會強烈反對，因此他對於美國政府遲遲不願意整肅贏者全拿的經濟感到失望。「在美國，我們不再能做出改變，」他難過地搖頭說道。「我們沒有足夠資金。」

他認為，這正是瑪格麗特·維斯塔格在歐盟的作為之所以如此重要的原因。他相信，反托拉斯法維護的是他所謂的「共同市場」，如今這在歐洲要比在美國更有發揮的空間。因此，瑞巴克說，維斯塔格對搜尋引擎和Android展開反托拉斯法調查，是對付Google的重要步驟。

「如果改變終將抵達美國，」他遺憾地做出結論，提到目前的美國既創造出驚人的創新經濟，但同時又出現越來越無能的政治體制，「也會從歐洲先開始。」

而且，反托拉斯法也會從歐洲捲土重來，因為像瑪格麗特·維斯塔格這樣的監管者比較不受那些越來越強大的科技業遊說的壓力。誠如《經濟學人》所說，「反托拉斯當局需要從工業時代走入二十一世紀」，才能在資訊時代重啟反托拉斯。㉒《經濟學人》明智地建議，監管者在「評估交易影響時，應該要考量公司的數據資產範圍」。例如，臉書於二〇一四年以一百九十億美元收購WhatsApp，根據《經濟學人》的看法，因為交易牽涉大量數據，在監管上應屬危險之舉。

在二十一世紀反托拉斯法之下，維斯塔格也很可能對亞馬遜有不同的看法。亞馬遜迅速發展電子商務和網路服務業務，儼然就要迅速發展成提供數位商業工具的公共事業，因此它勢必逃不過反托拉斯監管者的法眼。「如果亞馬遜真的變成商務公共事業，」《經濟學人》預測，「各界終會要求它接受公共事業的規範。」隨著亞馬遜的營收與利潤不斷成長，監管者絕對會越來越擔心它前所未見的經濟力量。《經濟學人》推斷，如果亞馬遜真如那些看多的投資人所預測，營收如此亮麗，則它的盈餘有可能「高達西方零售與媒體上市公司總獲利的百分之二十五」。㉓如果亞馬遜支配市場，就不可避免地會引來監管者以反托拉斯的標準來審查該公司，尤其是在歐洲。

維斯塔格在歐盟努力維護數位市場的競爭性，蓋瑞．瑞巴克絕不是唯一看出此舉有多重要的人。我在新加坡的時候，見到了新加坡競爭局局長杜漢立。Google在新加坡有八成的市占率，杜漢立一向贊成由公共部門擔保的「數據可攜權」，他坦承，「由一家私有企業獨占數據是很危險的事情。」杜漢立告訴我，新加坡法院曾私下調查Google Maps是否違反反托拉斯法。可是，他坦白地說，像他這樣的小單位只有大約三十位律師和三十位經濟學家，根本沒有足夠資源來對抗強大的Google。

因此，杜漢立也像蓋瑞・瑞巴克一樣，等待瑪格麗特・維斯塔格率先行動，他們將跟隨她的腳步。因此，她的成就不僅能修復歐洲的未來，也能修復美國和新加坡的未來。

在二〇一五年十月民主黨總統初選一場重要的辯論會中，伯尼・桑德斯（Bernie Sanders）告訴希拉蕊・柯林頓，美國有許多地方要向北歐社會學習。「我們應該效法丹麥、瑞典和挪威等國家，了解他們為他們的勞工人口實現了什麼德政，」桑德斯指出。

「我們不是丹麥，」希拉蕊冥頑不靈地教訓桑德斯，這種態度也許是她輸掉二〇一六年總統大選的原因。「我愛丹麥，但我們是美國，我們有責任不讓資本主義發展過頭、失去控制。」㉔

可是，希拉蕊錯了。雖然奇怪，但丹麥的確正在帶頭衝鋒，打擊自由市場資本主義最嚴重的暴行，嚴厲懲戒全世界兩大市值最高的跨國公司的不道德、且可能非法的行為：蘋果公司厚顏地遊走在歐洲稅法邊緣，以及Google企圖壟斷整個數位媒體經濟。

市場與政府必須達成平衡

瑪格麗特．維斯塔格的辦公室位於柏萊蒙特大樓十五樓，遠離地面武裝部隊、警車和反恐路障的戰爭場景。公寓大小的辦公室滿是抽象藝術品、彩色地毯、幾張舒服的沙發，還有一個擺滿家人照片的櫥櫃，多半是她當老師的丈夫和三個年輕女兒的照片。她簡直是在歐洲行政中心隔離出一個小小的丹麥角落。這是這位執委暫時逃離醜陋的布魯塞爾的棲身地。就像布魯塞爾的《金融時報》記者所寫的，這是個「hygge」（讀音近似「呼個」）的房間，這個流行的丹麥單字指的是一種舒適的感覺。㉕

可是儘管舒適，維斯塔格的辦公室可說是決定全球科技產業未來的指揮所。我舒服地坐在其中一張沙發上，我記起幾個月前，就在這同一個房間——說不定還是同一張沙發——提姆．庫克請求維斯塔格「公平處理」蘋果公司積欠愛爾蘭政府稅款的事情。庫克的同事透露，這是他們在布魯塞爾經歷的「最糟糕的會面」。這場脣槍舌劍的會面之後，維斯塔格判定蘋果需支付一百三十億歐元的稅款，金額是歐盟之前對這類法人犯罪罰款的十倍之多，連一向臨危不亂的庫克都氣得大罵執委這項決定是「政治垃圾」。㉖

瑪格麗特．維斯塔格也許是打擊壟斷的羅斯福總統的化身，但她長得和那位公鹿黨員可一點都不像。她身穿亮黃色洋裝，為人就像她的辦公室裝潢一樣溫暖、友善。我們一起喝茶，場景當然沒有像在新加坡的良木園酒店裡那麼正式，這位非民選的歐盟執委向我說明她的政府哲學。她說，她代表五億零七百萬歐洲人民，強調自己對每一位歐盟公民的責任感。她告訴我，她母親現在在丹麥西部還開著一家小店，她自己身為政客，會盡量給每一位像她母親一樣的歐洲百姓「參與自己人生、塑造自己人生的公平機會」。

「良善的社會，」她一面說，一面端起茶杯作勢乾杯，「讓每位公民都能追求他自己的夢想。」

她相信市場和政府必須達成平衡。「沒有監管、沒有執法，就只有叢林法則，」她說，她重申《鉅變》作者卡爾・波蘭尼的烏托邦誘惑——完全的自由市場——的不平等下場。她解釋道，如果放任市場完全自由，就會出現像蘋果、亞馬遜和Google這類「贏者全拿」的企業。她補充，一個毫無管制的市場對新創企業家完全沒有保護，這一點和矽谷反托拉斯律師蓋瑞・瑞巴克的論點不謀而合。

是的，自由市場在未來數位經濟中扮演重要角色，她並不否認這一點。是的，她的監管工作重點在於促進市場的網路創新，尤其是讓新創企業家能大顯身手。「Google也曾經是新創公司，」她提醒我。可是，她認為，市場無法面面俱到，需要像她這樣的監管者在一旁監督。

她批評消費者用個資交換免費服務和產品的網路經濟，這種監控經濟的解決方案之一，是回到較傳統的貨幣交換形式，讓人們付費看新聞或獲得其他形式的網路內容。她說，還有一個方法，是讓企業家使用保證隱私的數位產品——是一種「透過設計保護隱私」的架構。這位丹麥籍執委堅稱，問題出在天下沒有白吃的午餐——不管是不是在網路上都一樣。所以，像YouTube或WhatsApp這類「免費的」線上服務，其實需要消費者付出他們的數據做為代價。這不光是網路問題，她告訴我，她甚至不再使用布魯塞爾超市的會員卡，因為她不想放棄她的個資。他們「知道你的一切」，維斯塔格說的是發會員卡的商店。「而你得到的，」她嗤之以鼻，「只不過是洗衣精折扣價！」

維斯塔格也像莫爾筆下烏托邦島的水手導遊希斯羅戴一樣，很喜歡旅遊。「我是家裡的旅行社專員，」她驕傲地告訴我。「交通運輸很迷人。」她表示她希望這個部門能成為分享數位資訊的全民實驗室。她想像布魯塞爾能有一個「數據公有地」，讓人們分享交通資訊和旅遊相關議題。她說，旅遊App經濟的問題出在，數據被鎖在Uber、Airbnb或Lyft的私有資料庫裡，提姆．伯納-李也對現代網路提出過同樣的批評。因此，她設想的資訊實驗室要在布魯塞爾建立公共基礎建設，並需要由每個人公開分享所有數據。

她和本書訪問到的其他人一樣，公開倡議莫爾定律是服務公眾的道德準則。至於如何提高體制的信任度，維斯塔格認為，我們需要政治人物一方面通人情，一方面又得展現高超的領導力。就像愛沙尼亞和新加坡的決策者一樣，她的目標是重建統治者與被統治者之間的信任。只不過，唯一的不同之處，是愛沙尼亞和新加坡透過創造數位科技來執行這項改革，而維斯塔格則倚靠傳統的策略，讓自己先成為值得信任的政治人物，以身作則來重建信任。

維斯塔格堅稱，她在這個角色上的責任並非擔任「在職服務者」，所以，有時候得積極利用自己的權力，不要輕易在衝突中卻步。維斯塔格坦承，有人以為矽谷科技公司堅不可摧，但她所做的，只不過是和五億零七百萬歐洲人為伍，一起打擊像蘋果這樣逃漏稅、像Google這樣非法打壓小型競爭者的大型跨國公司。提姆．庫克大可稱此舉為「政治垃圾」，但對維斯塔格來說，這正是盡責為人民謀福利的公僕應該做的事情。

當然，並非每個人都喜歡這種社會干預主義的政府。提姆．庫克就絕對不喜歡。新加坡國父李光耀也認為這種做法不符合他的理想。「西方人背棄了社會的道德基礎，以為所有問題都能由一個好政府來解決，」他指的是維斯塔格式的歐洲社會民主。「在西方，尤其是二次世界大戰之後，政府備受人民肯定，進而越俎代庖地擔下傳統社會中由家庭負責的義務……在東方，我們從自力更生做起，今日西方國家剛好相反，政府說，給我全民委託，我來解決所有社會問題。」㉗

伯尼．桑德斯比較推崇這種社會責任制的政府。新加坡遲至一九六五年才獨立建國，施政經驗和傳統都比較欠缺，相較之下，歐洲——尤其是北歐國家——在十九世紀末期發展出社會福利制度，直接處理充斥於工業化早期自由市場歷史的種種社會問題——郊區住宅遷移、城市貧民窟、不安全的工廠環境、勞工騷動等等。而這所謂的北歐模式最後進化成相對高水準的公共支出、高品質的公共服務和極高程度的直接國家參與，就像瑪格麗特．維斯塔格這樣的干預主義政治人物，坦然無愧地為全民利益而努力。

在我們一竿子打翻一船人、把所有美國科技企業家都扣上烏托邦放任自由市場主義的大帽子之前，也別忘了，還是有人認同桑德斯對於政府有義務刺激創新的說法。例如，美國線上創辦人、同時也是九〇年代最有名的網路企業家史蒂夫．凱斯（Steve Case）就相信要有「第三波」創新，而政府需要在數位經濟中扮演更重要的核心角色。「我的觀念很簡單，」凱斯預測。「政府勢必會成為『第三波』的主角。」㉘我和凱斯在舊金山會面時，他告訴我，美國人對此要有共識。「我們真的需要向德國和北歐經驗學習。」

在美國，凱斯預測的「第三波」創新已現端倪，主要構想出現在讓創新者和監管者合作、共創更佳的公共服務。例如，洛杉磯市科技長彼得．馬爾克斯（Peter Marx）率先提出，讓政府成為運輸業的創新平台。馬爾克斯曾擔任環球影城科技長，在民營企業服務了一輩子，因此堅信自己不是「傳統官僚」。馬爾克斯如今擔任加州最大城市的科技長，致力提倡他所謂「數位平台城市」的構想，由洛杉磯市在GoLA上發布該市所有的匿名旅遊「數據集」——每次被捕、每個紅綠燈地點和每張停車罰單——供全民參考。他說，這個開放數據的「強大儲存庫」是「完全和臉書相反的世界」。他建造的是超越Uber或Lyft這些私營企業的公共科技堆疊——他稱之為「值得信賴的階層」（trustworthy layer），這就像傅美晶的團隊在新加坡開發的智慧城市應用。

馬爾克斯告訴我，GoLA提供「良民基礎建設」。他所做的，是改造「城市基礎建設」，讓人人皆可使用。他說，這是首座城市行動市集，能讓人們更快速又省荷包地暢遊洛杉磯。馬爾克斯宣稱GoLA能夠「創造公地」。他把它稱為「能夠實現的典型加州烏托邦」。為全民利益建造數位交通數據公共堆疊，曾是瑪格麗特．維斯塔格的夢想，諷刺的是，這個夢想卻由一個一輩子任職於民間科技公司的主管搶先在洛杉磯實現。

數位公地的構想日漸成為二十一世紀初最政治敏感的議題。數位公共空間的必然性，被納入頗具爭議的「網路中立性」構想——也就是，法律應該要求政府或私有企業平等對待網路上的所有資訊。儘管李光耀宣稱「在東方，我們從自力更生做起」，但至少印度還是立法規範政府要保障數位公地的獨立性。在印度，網路中立性法律甚至讓該國成為第一個對抗矽谷私有強權的國家。二〇一六年二月，印度判定臉書的Free Basics非法，該「免費」的網路服務特別宣傳某些App以滿足臉書的私利，罔顧用戶利益，違背了所有印度國民平等上網的理想。

我在印度期間所遇到的每一個人——從創投資本家、新創公司企業家到科技專家——都支持以網路中立性做為保護公共利益典範的宗旨。可是，有些人對於政府單方面負起保護責任感到不妥。之前在班加羅爾擔任工程師的夏拉德．夏爾瑪（Sharad Sharma）創造了一個名為iSPIRIT的非營利網路，科技專家和商人藉此能創造出增進「有意義的幸福」的產品。「有意義的幸福」是夏爾瑪引述美國心理學家馬丁．賽利格曼（Martin Seligman）的說法。夏爾瑪告訴我，iSPIRIT在莫吉拉（Mozilla）和考夫曼（Kaufman）兩大基金會的支持下，已經有九十五個贊助者，全都是透過邀請而加入。它明白表示不收取來自創投資本家、政府或企業的錢。iSPIRIT的宗旨在於「不用公共財而創造出公共數位利益」。夏爾瑪的理想是將政府變成他所謂的中立「平台」，為公共利益創造科技。「所有創新皆為組合性質，」夏爾瑪告訴我。它不能由政府創造出來。

我坐在維斯塔格的辦公室裡，對她提到慕尼黑DLD研討會上探討的網路碎片化——網路依不同市場被分割成許多碎片，各自有不同的經濟法則和文化假設。

我們已經有單一歐洲地區了，她聳聳肩提醒我。我想她聳肩應該是意味著問題並沒有通用的解決方案；沒有任何單一操作系統可以解決世界上所有的數位問題。

「不過，歐盟和美國社會有個不同之處，」維斯塔格堅稱。「歐洲福利國的傳統對我們很重要。我們歐洲人對於平等的概念也和美國人想的不一樣。我們的行為反映我們的文化。」

這正是我們也許能稱為的地理的反擊。網際網路早期被賦予崇高理想，並深植於提姆・伯納-李的全球資訊網路，那就是建立一個超脫地理差異、統一全人類的全球電子網路。然而，在瑪格麗特・維斯塔格所描述的世界裡，在伯納-李發明網路的四分之一個世紀以後，科技顯然一直維持、甚至加深傳統文化差異。

在美國，網際網路始於自利自由市場資本主義和理想威爾遜國際主義的邪惡結合。

如今，就像我們在愛沙尼亞、新加坡、歐盟、印度甚至洛杉磯所看到的，網路分別在傳統各異的世界各地被重塑與改善。也許本書應該更名為《修復各種未來》。

數位大分歧

瑪格麗特·維斯塔格當然是對的。無論是好是壞，她對未來的願景都是歐洲版本，反映出相信「善治政府」才是唯一能夠「解決所有社會問題」（借用李光耀的話）的機關。現在這種哲學已經被全歐洲採用，來處理數位革命中最棘手的問題——像是非法獨占、假新聞、逃漏稅、資訊不受管制流動於大西洋兩岸，以及，最重要的，個人的數位隱私權。

歐洲和美國之間，或者，至少是美國科技龍頭和歐洲政府之間，發生極大的數位分歧，也就是法哈德·曼鳩所說的「分裂」以及約翰·諾頓所說的霸權瓦解。前歐洲議會議長馬丁·舒爾茨（Martin Schulz）指出，「五惡霸」正追求一種激進破壞性的科技理念，簡直就是砸向文化和社會的大鐵球。

「其目的不光是玩弄社會組織的方式，還摧毀既有秩序，原地拆除重建，」這是舒

爾茨對於臉書、亞馬遜、Google和蘋果破壞性策略的說法。㉙

所以，就像維斯塔格在布魯塞爾布置了一個丹麥風辦公室一樣，歐盟的數位未來也被像她和舒爾茨這樣的政治人物布置成舒服的安全地帶，遠離矽谷的大鐵球。

維斯塔格對抗Google的戰事已經延燒到其他許多前線，該公司以廣告為中心的商業模式越來越受監管威脅。二〇一六年五月，法國檢察官搜查Google的巴黎辦公室，針對該公司對法國政府逃稅十六億歐元進行調查。㉚Google的線上廣告業務面臨布魯塞爾祭出的嚴厲隱私法規，規範該公司在線上追蹤用戶的做法，其中包括立法要求用戶必須能「選擇」是否要在Google上看到廣告。㉛歐盟甚至考慮對線上摘錄課稅，也就是所謂的Google稅，期望能透過更新線上著作權法，讓Google在搜尋引擎和Google News服務上刊登新聞摘錄時，必須付費給來源報紙或出版商。

普丁的酸民大軍用假新聞對二〇一七年的法國與德國大選造成重大威脅，歐洲執法者必須積極採取行動，讓臉書和推特這些龍頭社交媒體平台對於出現在自家平台上的假消息負起責任，有兩名法國記者還將這些社交媒體稱為「la fachosphère」（極右派影響團體）。二〇一七年一月，前愛沙尼亞總理、現任歐盟數位單一市場執委安德魯斯·安西普（Andrus Ansip）警告臉書和其他社交媒體網站，最近出現的假新聞，例如教宗支持川普當選總統這樣的爆紅謊言，代表網路媒體可信度出現「轉折點」。安西普敦促這些社交媒體公司對他們的行為負起更多責任。安西普說，如果這些平台想繼續讓人信任，則自我規範很重要。㉜他對其他的解決方案也樂觀其成，還好，歐盟唯一不考慮的做法，就是積極審查社交媒體。安西普悲傷地說，「假新聞不好，但真理部更糟糕。」㉝這也許是對於祖國曾經被蘇聯統治有感而發。

《經濟學人》一再提醒我們，「如今早已不是二〇〇五年」——在這個網路上充斥各種暴力遐想的世界，「執法者必須兼顧安全與自由。」㉞我們需要比自我規範更嚴厲的做法。布魯塞爾某數位權利激進分子指出，「臉書只有在損及利潤的當頭，才會移除不當內容。」㉟《衛報》二〇一七年五月的報導也呼應這樣的看法，該報引述臉書內部文件指出，高層只有在「面臨被某個國家封鎖的危險」或「法律風險」時，才會封鎖或隱藏否認猶太大屠殺的內容。㊱《衛報》發現臉書只在四個國家隱藏或移除否認猶太大屠殺的內容，因為該公司害怕會在這四個國家被控告：法國、德國、以色列和奧地利。所以，像臉書這樣的私有強權只屈服於現實政治。這樣看來，要讓臉書承認自己是媒體公司的唯一方法，就是視它為媒體公司，控告它刊登不法內容。反之，企圖喚醒臉書的良知、期望它不做虧心事，根本就是癡心妄想。

因此，德國政府才在二〇一七年十月頒訂新法，社交媒體網站和搜尋引擎若不在二十四小時內刪除被標籤的非法、種族歧視或誹謗性內容，最高將被處以五千七百萬美元的罰鍰。德國司法部長海可・馬斯（Heiko Maas）表示，新法的目的是讓線上言論受到與一般言論同樣的規範。「我們用這項法律，」馬斯在新法正式上路的幾個月之前解釋道，「終結網路言論叢林法則，保護人民的言論自由。」㊲

其他歐洲國家也積極打擊假新聞。英國國會成立專責委員會來「嚴格要求臉書高層」，在假新聞生態系統中擔起負責任的角色。㊳捷克在二〇一七年下半也有大選，也一直被據信是由莫斯科的奇幻熊發動的資訊戰所擾，該國正規畫在選前成立一個假新聞專責單位，粉碎網路上刻意散播的謊言。㊴

全球關注越演越烈，在各國對社交媒體發布假新聞、獸交、戀童癖和砍頭畫面祭出罰款的威脅下，總算有了正面效果。二〇一七年二月，臉書開始和Correctiv公司合作，這是柏林一家專門針對假新聞發展真相檢查軟體的非營利媒體新創公司。㊵二〇一七年四月，臉書上出現克里夫蘭殺人影片直播，長達幾小時後才被刪除，另外還有一段泰國男子殺害十一個月大的女兒的影片，之後，臉書終於採取行動，積極把關內容。二〇一七年五月，針對德國頒布懲罰網路仇恨言論的新法，馬克・祖克柏宣布臉書將增聘三千名編輯——該公司原本已有四千五百名把關人員——來檢查使用者發布的內容。[41]現在，臉書需要做的，就是付給這些編輯合理的薪資，請他們做好如此重要又傷神的工作。「我們薪水過低，又不受重視，」有位臉書編輯抱怨這個時薪只有十五美元的工作，而工作內容是「打開電腦看砍頭的影片。每一天、每一分鐘，看著同樣的內容，人頭被砍掉」。

在隱私議題上，許多歐洲國家的官員，包括法國、西班牙、荷蘭、比利時和德國，都著手進行冗長的調查，以了解臉書對於使用者資料隱晦不明的處理方式是否違法。[42]歐盟還積極打擊美國的即時通訊應用程式，其中包括臉書旗下的WhatsApp，以及楊・塔林成立、如今被微軟收購的Skype。二〇一六年八月，歐盟宣布有意將規範傳統電信服務的隱私法規延伸到WhatsApp和Skype等應用程式。[43]同年九月，德國政府下令臉書停止搜集德國兩千五百萬WhatsApp用戶的資料。[44]

二〇一〇年，奧地利研究生馬克思・施雷姆斯（Max Schrems）撰文研究歐洲隱私法，並請臉書將他帳戶上的所有資料寄給他。結果，他收到多達一千兩百頁的ＰＤＦ檔，裡面涵蓋所有他曾經登入的ＩＰ地址，以及在同一台機器登入的其他所有臉書帳號。報告中的紀錄還有他與人來往的訊息、曾經接獲的「戳一下」，甚至他以為他已經刪除的項目，以及他堅信自己從未提供的個人資訊。[45]

二〇一三年，施雷姆斯向臉書位於愛爾蘭的歐洲總部抗議。二〇一五年，施雷姆斯在這宗隱私訴訟案贏得劃時代的勝利，歐洲法院裁定歐盟與美國簽署十五年、保障交易資訊自由流動的「安全港」協議必須予以撤銷。《金融時報》將施雷姆斯的勝利——伴隨來自史諾登的祝賀——描寫為「歐美數位關係的分水嶺」。[46]歐洲撰寫的內容必須留在歐洲，至少在網路上如此。歐美從暫時分開變成正式斷絕，資訊再也無法自由流動於大西洋兩岸。

然而，這些新法或規範無論在範圍或野心上都比不上「歐盟個人資料保護規則」（General Data Protection Regulation, GDPR）。這是歐盟為閃躲矽谷大鐵球所做的努力中最重要的一個。經過四年的協商，GDPR終於在二〇一六年四月由歐洲議會、歐洲理事會和歐盟委員會通過生效，並於二〇一八年五月二十五日在歐盟成員國全面實施，確保隱私將成為歐洲網路社會的「準則」。GDPR為所有歐盟公民提供保護個資的「基本權利」，讓人們擁有科技專家所謂的他們自己的「社交圖譜」，希冀扭轉今日的數據情勢。我們將從大數據公司奪回自己數據的所有權，不僅擁有它們，還能將之刪除，或帶著它們在網路上遊走。Google將不再能夠單方面「建立每個人的檔案」（借用瑞巴克的話）。有人呼籲美國國會也訂定類似的「社交圖譜可攜帶法案」（Social Graph Portability Act），㊼他們大可參考歐盟的GDPR來立法。

GDPR的「以隱私為準則」規範為隱私和數據提供全新的生態系統。新加坡的智慧國家對於究竟由誰擁有網路上的個人數據尚未釐清，相較之下，GDPR就規定得很清楚。是我們的，而且只屬於我們自己。網路將改變成以個人隱私為重、而且為優先的地方。各國普遍缺乏明定法律，致使人們必須靠自己努力了解他們的個資被利用的情況，GDPR將這份重擔交給大數據公司，要他們以自己的可信度做為籌碼。依照歐盟的說法，該法「讓人民重回駕駛座」，並將伊爾韋斯的數據整全概念付諸法律條文。

該法將所謂的被忘記的權利奉為圭臬，讓人們有權自行將個資從網路上刪除。如果數據公司要處理人們的私人資訊，則必須獲得本人「清楚與確定的同意」。如果人們的數據被駭或被篡改，該法要求公司必須通知本人，讓他自己決定是否將個人資訊轉移到其他數據公司。若違反新法規定，企業最高將被處以全球營收百分之四的罰款。

歐洲委員會的數位社會、信任與網路安全主任保羅．提摩斯（Paul Timmers）向我重申GDPR的重要性，我是在停留布魯塞爾期間與他交談。提摩斯口中的「數位」，以他的說法，是現今歐盟所有政策領域的「主流」，包括能源、健康保險、交通運輸到教育等。他說，挑戰在於利用這項新法來創造已經存在於愛沙尼亞的那種對個資的信任。提摩斯表示，如果GDPR能妥善執行，還能鼓勵在隱私方面的大量創新。他提醒我，信任是數位時代「最重要的貨幣」。他預測，企業家將能夠根據維斯塔格所稱的「透過設計保護隱私」來創造新公司，而成為下一個傑夫．貝佐斯或馬克．祖克柏，創造出數位時代中另一個亞馬遜或臉書王國。

那麼，我們可以從這些新法得到什麼啟示呢？新法規的某些部分，像是歐盟決意闡明臉書如何利用顧客資訊，或讓社交媒體對發布假新聞自行負起責任等，都非常有價值。事實上，就在安西普提出警告，以及德國議會威脅罰款之後，有四家美國科技公司——Google、臉書、推特和微軟——簽署了一份歐盟「行為守則」，不但要在二十四小時內刪除涉及非法仇恨的言論，甚至還要提出「反面敘述」來反制這些謠言。㊽

有些法律內容，像是馬克思．施雷姆斯的案例，反映了愛沙尼亞前總統伊爾韋斯提到史諾登揭露國安局監控行為時所說的「偏執狗屎風暴」。而老實說，也有一些法規沒什麼用處。例如，歐盟的Google稅是個弄巧成拙的計畫，因為它讓網路讀者驟減，受害的反而是出版商。西班牙立法要求Google對摘錄內容付費，反而迫使Google關閉在該國的網路新聞服務，只因一條愚笨的法律管制，就造成線上出版商頓失百分之十到十五的網路流量。[49]

然而，最大的問題是這些規範是否終能實現瑪格麗特．維斯塔格一心想為創新的歐盟科技創業家創造公平競爭環境的目標。《金融時報》曾問及施雷姆斯案的審判決定：「它會幫助還是傷害歐洲新創公司？」[50]這是個幾十億歐元的問題，尤其是殺傷力極大的GDPR在二〇一八年正式上路後。

歐盟新法究竟將修復未來、還是摧毀未來呢？歐洲正要邁入創新的春天、還是嚴法的冬天呢？

創新的老大哥

「老大哥監控」（Big Brother Watch）是英國專門捍衛網路隱私的公民自由聯盟，我在布魯塞爾的時候，該聯盟執行長芮娜特．山森（Renate Samson）寫電子郵件給我。她知道我正在寫一本修復未來的書，因此主動表示願意協助我研究。

「倫敦有幾位新創企業家，我認為你該見見他們，」她寫道，「你何不過來聊一聊？」

我早在一年前就見過熱情洋溢的山森，我們都去參加一場跨大西洋歐美週末研習營，探討數位經濟私營部門的可靠性。這場未公開的活動在牛津附近十八世紀喬治亞時代的鄉村別墅迪奇利舉行，邱吉爾（Winston Churchill）首相曾在二次世界大戰期間待在這裡很長的時間。這場只限持邀請函者參加的小型活動上，來賓包括蘋果和推特等矽谷企業的公共政策主管；包括聯邦貿易委員會（Federal Trade Commission, FTC）委員茱莉・布里爾（Julie Brill）在內的資深美國政府決策者、負責執行反托拉斯法的美國政府官員，以及像芮娜特・山森這樣的公民社會運動參與者。那是一個充滿智識激盪的週末，若用外交辭令來形容，可以說是官方、民間和公民團體「坦誠地交流意見」。山森尤其大力抨擊私有企業企圖「獨占」人們數據的「不可靠」商業做法。

這位非營利團體老大哥監控的執行長致力保護線上隱私，不讓政府和民間企業恣意侵犯，我很好奇她怎麼會想要介紹科技新創企業家給我認識。畢竟，我從山森在迪奇利別墅所說的話來判斷，這些貪得無厭搜集我們個資拿去變現的人，正是老大哥監控嚴防的對象。

我自己也是連續新創公司創業家，有件事情我很清楚：科技界沒有原創構想。我確信我成立新創公司的任何「原創」構想，一定同時也被世界各地其他諸多創業家「發明」出來。當某個構想誕生的時機成熟，它似乎就會湊巧在許多人腦中靈光乍現。所以，九〇年代中期的新創公司創業家（包括我自己）——不光是某個想出成立網路書店的優秀年輕財務分析師——都擁有開設電子商務網站的瘋狂夢想。十年後，許多絕頂聰明的技客——不光是哈佛大學宿舍裡某位鬼才——都經歷了這世界需要社交媒體的頓悟時刻。如今，人工智慧盛行於矽谷，我的資本創投家朋友告訴我，他們每天聽到的創業提案，全都是「我天才的自動化新創公司將顛覆世界」。

所以，當山森介紹我認識的第一批創業團隊興奮地告訴我，他們「率先」成立「大量數據」的事業時，我有點窘迫。他們自豪地說，這是一家「最終」能讓人們「擁有和控制自己的資料」的新創公司。這幾個人都是經驗老到的中年創業家——其中一個是曾擔任亞洲跨國媒體公司的天使投資人，另外還有國際管理顧問公司的合夥人，以及某大型銀行的前任研究主任。可是，他們對於新產品顯露出毫不掩飾的熱情，簡直就像欣喜若狂的青少年。

這幾位創業家告訴我，「政府最能著墨的地方，就是提供監管、賦予人們權力。」他們進一步說明，科技已變得太便宜，新產品和服務都不再需要民眾的大量投資。只要像GDPR這樣的法律制定完備，剩下的就可以安心交給民營企業。

夜巡貓
深谷薰
丁世佳 譯
YOMAWARI
NEKO
Fukaya Kaoru Presents
1

修復未來

要回明天人類命運的主動權，今天該做什麼
我們的未來破了洞，需要修復，問題是要如何修復它

許毓仁（TEDxTaipei創辦人、立法委員）、盧希鵬（臺灣科技大學專任特聘教授）重點推薦

過去二十年來數位革命對經濟、社會、政治和文化造成破壞性的影響，像是科技巨頭壟斷大數據、科技性失業、數位成癮、民粹統治、網路霸凌、數位監控等，讓這世界更加不平等、不穩定，《修復未來》即在探討我們該如何因應與解決這些問題。

安德魯．基恩是全球知名的數位革命評論員、創業家，他提出五大重要工具與行動指引：立法規範、競爭性創新、勞工與消費者選擇、社會責任和教育。爲了本書，他走遍世界，了解上至國家領導人、議員，創業家、創投家、工程師、慈善家、律師、建築師，乃至激進主義分子、Uber司機、一般平民，如何利用這些工具來創造正向的改變。

在愛沙尼亞，當地發展出一種網路數位治理模型，用以拓展其E化公民的國籍計畫。在布魯塞爾，歐盟祭出最嚴格的個資法GDPR，影響全球企業，沒有人是局外人。在新加坡，智慧國家計畫將全島轉型成「生活實驗室」，利用數據改善人民生活。在德國，各汽車大廠如履薄冰，謹愼因應無人駕駛汽車的未來。

基恩還將談及中國、印度、莫斯科、柏林、倫敦、紐約、矽谷等地刻正發生的進行式，將21世紀社會拉回到「以人爲本」的現實，爲危機四伏的數位虛擬未來尋找可能的答案，共創一個再度令人引頸盼望的美好世界。

作者　安德魯．基恩（Andrew Keen）

著名網路現象評論家、矽谷創業家，是世界上最知名和最具爭議的數位革命評論員之一。他的第一本書《你在看誰的部落格？》於2007年出版，譯成16國語文；2015年的《網路不是答案》是最早有系統分析網路對文化與社會帶來危機的著作之一，繼續引發廣泛討論，石黑一雄選爲個人年度選書，授權10國語文，另著有《數位暈眩》。

定價380元

他們這類新創公司的核心理想，和瑪格麗特．維斯塔格的「透過設計保護隱私」不謀而合。那是個安全的數位寄物櫃——特別使用美國某防禦公司所開發的「零故障」科技所製造——能讓人們安全地儲存他們的網路個資。該寄物櫃不會碰觸、看見或持有我們的個人資訊，而是把它們加密，以確保其安全性和可攜帶性。它被設計成新GDPR後數位經濟中的「配管裝置」，在這個裝置中，隱私成為新準則，而信任則是新貨幣。

老大哥監控對此立場如何？第一批創業家離去後，我問山森。

「這個嘛！我們總得相信些什麼，」她說。她的論點並不迷信自由市場或蘭德筆下的創業家，或任何這類新創公司提案時通常會有的自由派觀點。山森的意思是，我們要相信的是一部具體的法律，由代表五億人的二十八人小組以保護數據為中心而設計的法律。這項完全改變監控經濟的法律正協助芮娜特．山森執行她的工作，甚至會讓老大哥監控不再有用武之地。

與第二位企業家會面時，借用紐約洋基隊游擊手尤吉．貝拉（Yogi Berra）的說法，就「像是似曾相識」。感覺回到了一九九五年，事事充滿無限可能。他甚至開頭就做出同樣承諾，保證自己是「率先」為「人」設計產品的數據公司。接著，他以同樣的熱情大談GDPR對於創造隱私生態系統的重要性，並表示，在這條法律通過之前，他的新創企業八字都不會有一撇。他最後的結論也是一樣——說明目前的大數據經濟最缺乏的就是信任，而他的產品能夠在網路世界中心重建信任。

我不確定這些新創企業是否會成功，也許會，也許不會。我自己是新創企業家，深知別人的新創企業的未來難以預料，當時英國還沒有脫歐——等到二〇一八年以後，這些英國企業家很可能需要把他們依賴GDPR的新創企業，遷移到布魯塞爾、巴賽隆納、布達佩斯或柏林。可是，重點是，歐洲各地，從布魯塞爾、巴賽隆納、布達佩斯到布里斯托，都有企業家因為政府規範而突然在數位經濟中發現一樣的創新可能。總有人會成功推出讓隱私成為新準則的產品。畢竟，就像芮娜特．山森所說的，沒有人想要隨時被監看。

儘管這一切讓我想起一九九五年的光景，但這當中有個重大的差異。第一次網路革命純粹是自由市場的事，然而，如今我們已經邁入史蒂夫．凱斯的第三波創新，政府的「有形之手」會成為數位事業成功的「核心」。到了二〇一八年，除了強硬自由派以外，其他人應該都能清楚看出這項規範本身就是一大創新。這對凱斯或維斯塔格等摧毀贏者全拿的窘境、重建公平世界的人而言，應該是個好消息。

我猜想並非每個人都認同修復未來的最佳方法是透過立法。一定會有人認為凱斯口中的有形之手根本毫無作用，亞當・斯密（Adam Smith）所稱的自由市場「無形之手」才是創新的最佳保證。也許吧！為了測試這項理論，讓我們回到這段旅程的起點——到柏林的舊地毯工廠，回到那場德國創新自由數位企業家聚集的「加密與分權」研討會。

7 行動地圖二：競爭性創新

重新分權

來到柏林舊地毯工廠的頂樓，這裡有時髦的工業風裝潢和外頭東柏林的全景，讓人又回到一九九五年。儘管人在莫斯科的愛德華・史諾登透過網路提出末日警告，但這場「加密與分權」研討會還是對舊有的數位重建夢想懷抱著全新的樂觀看法。重新燃起的希望來自於加密與分權科技的結合，能提供史諾登所說的「主動權」，來重建網路經濟。這項願景，若借用全球資訊網的發明者提姆・伯納－李的說法，是經濟勢力「重新分權」，旨在回到網路的最初架構——回到權力分布在邊緣而非中心的網路。

主辦者藍院創投發出的邀請函上寫著：「我們不僅要把我們的價值編入文字，還要編入網路程式碼和架構。」然而，那些「價值」不光是道德層面——也是自由市場的價值。誠如該活動主講人布拉德．伯恩漢（Brad Burnham）——紐約市聯合廣場創投公司（Union Square Ventures）共同創辦人暨管理合夥人——告訴柏林觀眾，「資本主義最偉大之處，就是它是唯一的選擇。」

於是，至少根據伯恩漢的說法，那是市場無形之手，而非能夠重整數位經濟、由維斯塔格帶領的歐盟有形之手。「我們現在身處於一個和一九九五年很像的世界，」伯恩漢解釋道。「這是個中小型企業的世界，從底層創新的新時代。」

我之前提過，科技界不會有原創構想。現今則是伯納-李與伯恩漢的重新分權構想當道，而且正在迅速形塑當代科技時代精神。該構想大致是說，要向前邁進，我們就得回歸網路的原始精神。要修復未來，我們必須回到一九九五年。

你應該還記得，柏林研討會舉行的當月還有另一個活動——在舊金山的網際網路檔案館舉行的「分權網路高峰會」，與會來賓包括許多網路的原始建造者，還有發明家伯納-李和TCP/IP之父文頓．瑟夫。似乎大西洋兩岸都對未來懷舊。「網路創造者指望改造它」，這是《紐約時報》對二〇一六年六月這場活動的描述。該活動讓隱私倡議者和區塊鏈這類點對點科技先驅齊聚一堂，一起討論出「網路的新階段」。①

布魯斯特・卡利是網際網路檔案館創辦人暨高峰會主辦者，他認為將數位勢力徹底分權是當務之急。我去他在舊金山內列治文區的辦公室造訪他時，他告訴我，未來終於趕上我們。「現在我們必須創造一個分權化的網路，」他說，「把價值內建到程式碼本身。」這不是「容易」的事，他說，但可以做得到。

「我問文頓・瑟夫當初架設原始網路有多困難，」卡利告訴我。「瑟夫回答說，『一屋子五到六人花了一年的時間。』」

卡利談到最初的數位革命時，坦承：「我們讓個別創造者太難從中獲利。」他說，錯誤出在網路喪失了服務用戶的能力。「我們可以做得更好，」他堅稱，「讓每次點進連結不再是攸關安全的決定……讓所有的網路音樂和影片不在被iTunes獨有。」

許多數位先驅認同這個網路分權化的願景。伊森・查克曼（Ethan Zuckerman）是麻省理工學院公民媒體中心主任、也是網路技客的重要元老，他認為數位經濟這種集權和分權之間的鬥爭，早在一九九三年就已出現，而當時瀏覽網路時，還沒有線上目錄可以參考。「對我這種老派的網路烏托邦主義者來說，網路本身居然不具分權性質，實在很令人失望，」我去查克曼位於麻州劍橋市的辦公室拜訪他時，他告訴我，「可是，要造出截然相反的網路真的很難。」他也像許多理想主義者一樣，大力抨擊今日網路經濟的整個生態系統。他認為我們變得太依賴廣告商業模式，而這種模式讓Google、YouTube或臉書這些贏者全拿的廣告公司勢力更加擴大。他說，我們發表的內容越多，這些公司就更是占盡優勢。所以，挑戰就是改造網路經濟，這需要我們重新思考整個數位經濟的生態體系——從免費內容和免費服務，到無所不在的廣告和監控。

柏林的「加密與分權」研討會的焦點，也是網路時代更美好的數位生態系統的願景。只不過，柏林會場上討論的是新數位世界，是即將實際存在的真正的貝塔測試地，而卡利和查克曼提出的樂觀願景，則是對未來的期許。「闡明網路效應和數據鎖定」是數位科技企圖重返創新時代的重點。九〇年代中期，提姆·伯納-李大嘆公開網路已變成數據「穀倉」——像是亞馬遜、YouTube和Uber等贏者全拿的中介者——當時業界著重的正是「網路效應」和「數據鎖定」。伯恩漢指出，而他們之所以要「闡明」，是因為像區塊鏈和其他「網路協定」等新科技正在淘汰這些中介者——也就是他口中的「集權數據管理服務」。

伯恩漢預測，數位中間人再無用武之地；向網路中介者說再見吧！伯恩漢在演講中提到的網路協定之一，是開放原始碼的星際文件系統（InterPlanetary File System, IPFS），設計用意是建立一個永久儲存和分享文件且分權的方法。像IPFS這樣的協定能讓個別使用者之間交換線上數據，創造出伯恩漢所說的「分權市場」。其他例子還有所謂的分權自治組織（DAOs），像是具爭議性的點對點貨幣比特幣（Bitcoin）和以太幣（Etherium），它們是利用區塊鏈科技來運作。這些網路平台的出現，致使銀行或政府部門等中間人的角色變得多餘。它們紛紛重回伯納－李最初設計的網路：一個公平的競賽場地，權力者與使用者都只是旁觀。

伯恩漢演講結束後，我和他在舊地毯工廠外的一家小型戶外啤酒屋聊天，我們坐在這裡，遠眺斯普雷河。我一開口就先提出我問過蓋瑞・瑞巴克的問題，想了解歷史是否重現一九九五年的情景。

伯恩漢舉起啤酒瓶，引述馬克・吐溫的話。他說，歷史不會重演，但「類似」的創新周期會永遠持續下去。他解釋道，一九九五年的時候，市場從原本被微軟獨占的桌上型電腦產業走向以網路為重。商業模式逐漸從封裝軟體變為開放原始碼科技——讓Google和臉書掀起新一代網路服務（Web 2.0）熱潮。他說，如今，我們回到新一波的破壞性創新，在Web 2.0革命中獨占鰲頭的贏者全拿企業因此面臨挑戰。

伯恩漢的聯合廣場創投的投資對象，包括Tumblr和推特這些市值數十億美元的龍頭企業，但他也和瑞巴克一樣，對於獨占事業很感冒。只是，伯恩漢和那位反托拉斯法律師不一樣，他看不慣的地方純粹只有財務層面。他解釋道，創投資本家有責任為投資者取得最大報酬。今日的數位經濟中，贏者全拿的企業寥寥無幾，這不管對創投資本家或其他人都不是好事。所以，增進創投業績的唯一方法，就是設法找出能再度「打開」市場的「機制」。伯恩漢坦承，在這個更開放的未來當中，企業規模也許會比較小，但會有更多贏家，因此，專業投資人所獲得的報酬也會比較高。

那麼，這項改變如何到來呢？我問。

和瑪格麗特・維斯塔格及蓋瑞・瑞巴克不同的是，伯恩漢依舊相信自由市場能修復中介者獨大的問題。在他看來，集權服務管理數據終究是個有瑕疵的模式。他說，一旦亞馬遜或Uber提高「利益」，一切就會瓦解。所以，以Uber為例，公司為增加獲利不斷壓榨司機，改變將由司機們發起，到最後，他們應該會被迫加入他們自己的分權市場，回頭與Uber競爭，這類全新的業務可以利用某些平台，例如，德國有家新創公司叫做Slock.it，是以區塊鏈為基礎建立的「全球分享網路」，能讓人民繞過Uber和Airbnb這類中央轂倉，直接把轎車變成計程車、把自家變成旅館。[2]

「但什麼時候呢？」我問道。新生態系統何時會出現、將網路權力交還給使用者呢？

什麼時候？這對於一個創投資本家來說，當然是個價值上億美元的問題。時機就是一切，重要性遠勝過Slock.it這類全新公司的商業模式。畢竟，伯恩漢承認，他在推特還沒想出如何賺錢時，就開始投資這家短訊平台公司。所以，時機就是一切。在創投資本業界，不是太早，就是太晚。

「它依循一個熟悉的模式。」伯恩漢說明市場上的大改變是如何發生。「太平無事，太平無事，太平無事……然後，驚天動地。」

在「加密與分權」研討會上，看不出有什麼驚人事件會改變一切。倒是有許多抽象的科技語言，談論「分散式雲端系統」、「區塊鏈資料庫」、「DAOs」和「IPFSs」（對等聯網文件共享服務），以及它們要如何用在難解的「堆疊」上。可是，卻沒有人提到這些科技要如何在一個能提供人們想要的便利產品和服務的生態系統中發展完備。就像所有先進的科技研討會一樣，宣傳總是和現實脫節，而且，他們唯一的現實恐怕也免不了變成不實的宣傳。

當天活動的最後一場座談討論的是「用內容變現的永續方法」。科隆的Adblock Plus公司共同創辦人暨執行董事提姆．舒馬雪（Tim Schumacher）也在現場，Adblock Plus是一個開放原始碼應用程式，能夠清除網路瀏覽器上的廣告。舒馬雪在會中提到他公司與瑞典小額捐贈工具Flattr的新合夥案。不過，在此之前，他請現場有使用Adblock Plus應用程式的觀眾舉起手來。

每一個人，當天在柏林舊地毯工廠頂樓的每一個人，都舉起手。在布拉德．伯恩漢所說的「從下創新的時代」中，網路廣告是傳統商業生態系統的核心，而現場每個人都使用同一套破壞性科技，來封鎖這些網路廣告。因此，他們證明了目前的網路商業模式已經失效，而且另一個生態系統可能已經在德國起死回生。

贏回下半場

我約舒馬雪在科隆大教堂廣場見面，這座哥德式圓頂建築是德國最受歡迎的地標，也是歐洲北部最大的教堂。科隆大教堂工程主要於一二四八年到一四七三年間進行，擁有全世界教堂中最大的正面，最後終於在一八八〇年德意志帝國統一後完工。因此，這座世界遺產不僅展現了德國的工程傳統，也是該國擅長再造長遠集體工程的見證。

這種再造文化雖非德國獨有，但卻一直是這個歐洲人口最多、最繁榮國家的歷史特色。德國的經濟成就，尤其是十九世紀後期，大都是因為他們運用先進科技，以及計畫性地投資工廠、基礎建設與科學研究，來改造稍早偶然出現的英國工業革命。

如今，類似的情況似乎正在塑造德國在全球數位經濟中的角色。「德國會搞數位嗎？」《經濟學人》對這個全球工程經濟龍頭提出質疑。若是在一九九五年，答案絕對是否定的；然而，如今答案就沒那麼確定了。德國電信（Deutsche Telekom）執行長提摩斯・歐特吉斯（Timotheus Höttges）坦承：「主控數位世界的前半場戰役已經輸了。」他說，所以現在的問題是：「我們該如何贏回下半場？」③

這當然是個重要的問題。德國商業顧問集團羅蘭伯格（Roland Berger）預測，如果德國未能在數位方面成功轉型，一年將損失兩千兩百億歐元。④目前全球一百七十四家獨角獸企業中——像Uber或Airbnb這種市值超過十億美元的民營企業——只有四家是德國公司。德國每一個重要製造部門——尤其是汽車產業，市值三千六百一十億歐元、占德國總工業營收的百分之二十、員工人數超過七十五萬人——在網路革命中，每年達數十億件的連接設備湧入市場之下，逐漸受不了威脅。根據思科（Cisco）公司的預估，到了二〇二〇年，進入德國市場的智慧設備將高達五百億件。而且在之後的一、二十年內還會再增加數十億件。所以，德國喊出工業4.0（Industrie 4.0）——繼水力和蒸汽發電、大量生產，和資訊科技革命後的第四階段工業革命——這對於該國能否在未來成為世界工程勢力龍頭至關重要。就連德國總理安琪拉・梅克爾（Angela Merkel）都常常把需要將德國的平台資本主義（Plattform-Kapitalismus）數位化掛在嘴上。「現在將決定全球第一工業中心未來的力量」，梅克爾在二〇一六年四月說過這句話，顯示她對於是否能奪得數位前景的主導權感到擔心，「我們必須贏得這場戰役。」⑤

那麼，德國要如何在這場數位比賽中扳回一城呢？答案也許藏在該國總是能成功再造其他國家發起的科技革命的歷史傳統。《矽谷德國》（*Silicon Germany*）作者克里斯多夫・基斯（Christoph Keese）提到，「德國最大的強項在於革命性、遞增性的創新。」因此，即使德國輸了數位比賽的上半場，它最大的成功可望透過取代矽谷創新而達成。柏林的火箭網路（Rocket Internet）是由馬克（Marc）、奧立佛（Oliver）和亞歷山大・山沃（Alexander Samwer）等三兄弟合創，複製了全球各地美國電子商務公司的模式，成為頗具規模的新創公司推手。該公司在全球一百一十個國家超過一百家公司裡雇用三萬名員工，光靠借用他人構想，並有效執行，就創下三十億美元的市場。

山沃兄弟這家具爭議性的火箭網路公司比較像是一家盜版工廠，而非真正的再造企業。德國企業想要贏回下半場，光是盜用別人的構想然後有效執行是不夠的。現在的挑戰就像布拉德・伯恩漢在「加密與分權」研討會上所說的，要能夠再造整個生態系統，傳統由上而下的德國工程公司依舊以為經濟被隔離在穀倉裡，對他們而言，這項挑戰非常嚇人。LinkedIn共同創辦人雷德．霍夫曼（Reid Hoffman）曾嘲諷說，二十一世紀每一家公司都是科技公司。不管你喜不喜歡，每家公司都得像科技公司一樣，與其他科技公司競爭。以汽車業為例，德國汽車製造商最迫在眉睫的挑戰，就是該如何利用能讓自動駕駛車性能大增的軟體堆疊。在自動駕駛車驅動的生態系統中，最大的挑戰，就是要避免成為經濟中處於堆疊底層無用的商品化硬體，如果你還記得，這就像馬克．安德森所說的，軟體正在吞食這世界。因此，對於賓士和BMW來說，現在最危險的長期競爭者來自矽谷，他們的存亡威脅是，他們會被Google、特斯拉（Tesla）或蘋果的演算法生吞活剝，而不是豐田（Toyota）或福特（Ford）汽車。

二〇一三年，為駁斥來自數位專家傲慢的嘲笑，梅克爾使用可能是從莫爾的《烏托邦》借來的語言，將五十年歷史的網際網路稱為Neuland——意指「新土地」或「未知領域」。從某方面來看，梅克爾說對了。如果德國要贏回下半場比賽，則網路需要再度成為未知領域，它所有的正統觀念都要受到挑戰。就像網際網路曾顛覆了舊有工業，如今，在熊彼得派（Schumpeterian）資本主義經濟的不斷創造風暴當中，外來者也該掀起一場屬於網路自己的大破壞。

回到我和提姆・舒馬雪在科隆大教堂廣場的會面。遺憾的是，廣闊的科隆廣場最近成為地球上最惡名昭彰的地方。二〇一五年十二月三十一日晚上，一群非法移民在此發生暴動，竟集體性侵在當地慶祝新年的女性。此時除了騎著單車的孩童、亞洲旅行團，和身穿黃色T恤的國際奎師那知覺協會（Hare Krishna）會員以外，還有一整隊的藍色警車停在廣場中央，在這個寒風冷冽的春天下午維持秩序。

我們一起喝茶，這位態度謙遜、說話柔和的德國企業家告訴我，網際網路正興起一種新的出版生態系統，它出現在Adblock Plus、瑞典的內容分享平台Flattr和德國的新搜尋引擎Cliqz等平台上，反映了布拉德・伯恩漢從下創新的新時代願景，沒有傳統商業模式或科技包袱的小公司將大顯身手。

舒馬雪是個連續新創企業家，他賣掉了他最早在九〇年代末期創立的網域名稱公司後，積極尋求新的創業機會，並於二〇一〇年無意間發現了被他稱為「璞玉」的Adblock Plus軟體。這套最早由一位摩爾多瓦籍工程師所創造的開放資源碼科技，是由志工執行、由社區支援、毫無商業模式的計畫。它提供銷毀開關，駭進火狐（Firefox）或Chrome等瀏覽器，把網站上所有的廣告替換成空白框。它徹底顛覆整個數位經濟。使用者不再一直被廣告商監督、糾纏，終於取得優勢，能夠封鎖廣告、追蹤和小型文字檔

（cookie）通知，甚至能關掉那些在網路上一直追蹤我們的社交媒體開關。只要點指一按，Adblock Plus就能摧毀網路的主要商業模式。

舒馬雪接手整合這家公司，募得二十萬歐元的種子資金，然後開始發展業務。二〇一一年八月，該軟體有一千五百萬名使用者，到了二〇一六年三月，用戶人數已經上億，讓它成為全球最大的廣告封鎖軟體公司，目前市場每年成長百分之五十，而舒馬雪估計到了二〇二〇年會有十億名使用者。的確，Adblock Plus非常成功，就連線上廣告大亨Google都宣布，二〇一八年它要在自己的Chrome瀏覽器建立自己的廣告封鎖器。[6]德國在數位競賽的上半場也許表現不佳，但如今像Adblock Plus的產品在全球有十億用戶，下半場的成績亮麗可期。

舒馬雪望著一塵不染的教堂廣場，以及在廣場中央維持秩序的警察車隊，他告訴我，他讓人們能自行刪除充斥於許多網頁上所有討厭的廣告，其實就是在協助清理網路。所以說，Adblock Plus可以被想成網路時代解決數位汙染的綠化方法。舒馬雪告訴我，他老家在德國西南邊的斯瓦比亞（Swabia），當地以極度乾淨聞名，因此，他半嚴肅半開玩笑地說，他現在利用Adblock Plus所做的，就是以斯瓦比亞人的標準來再造網路。

我們當然急需清理這個被舒馬雪形容成「無法無天」的線上廣告業，數位廣告除了有令人討厭的監視問題之外，內容還充滿虛假承諾和公開詐欺，也是個日益腐敗的產業。「數位透明時代和困惑時代總是亦步亦趨」，英國作家暨溝通專家伊恩．萊斯利（Ian Leslie）抱怨道，言詞中對線上廣告完全沒有可信度充滿感嘆。⑦全球媒體帝國新聞集團（News Corp）執行長羅伯特．湯姆森（Robert Thomson）對於他所謂臉書和Google的「數位雙壟斷」有諸多抱怨，「非但未能完全精準，」他說，「還發生令人不服氣的模糊仲裁。」讓廣告商往往在不知不覺中贊助了低級色情、新法西斯主義和軍事伊斯蘭網站。⑧

美國國家廣告協會（ANA）與White Ops於二〇一六年做了一項研究，預測當年花在網路廣告的七百七十億美元當中，會有近一成（七十二億美元）投資在詐騙產品。⑨ANA研究指出，這些詐騙多半是利用機器人模擬真人的瀏覽習慣，藉此創造出的產業，有高達百分之三十七的目標群眾其實是網路殭屍。而且，《金融時報》商業專欄作家約翰．蓋波（John Gapper）表示，網路廣告業「複雜到爆」。他說，事實上，它複雜到連「監管者都無法封鎖詐騙廣告」。⑩因此，解決辦法不大可能是有形之手，也許要靠市場的無形之手，由消費者對Adblock Plus這樣的數位清理服務表達需求，點指一按，就可以把垃圾從螢幕上刪除。

舒馬雪宣稱Adblock Plus正在為網路創造一個健康的新出版生態，他是真心這麼認為。可是，許多出版商完全不認同——指控這項廣告封鎖軟體破壞了他們以廣告維生的事業。有些出版商，包括《富比士》（*Forbes*）、《連線》、《商業內幕》（*Business Insider*），以及最值得注意的，臉書，甚至不讓Adblock Plus使用者看到他們的內容。以施普林格（Springer）為首的德國六大出版公司還對Adblock Plus提告，宣稱該軟體修改了網站，因此應該被判違反著作權法。

我和《紐約時報》執行長馬克．湯普森（Mark Thompson）談話時，他說他「極度反對廣告封鎖軟體」。他把Adblock Plus形容成「狗屎生意」，堅稱那是一種「意圖剝削」的新式保護費勒索。湯普森強烈反對的是Adblock Plus創造的商業模式，需要大型出版商付費，才能加入「合格廣告」的白名單。在湯普森心中，這家德國公司已變成網路最大的守門人，而且正利用他的新勢力向《紐約時報》這樣的大型出版業者索取費用。Adblock Plus顛覆性的成功迫使湯普森重新思考他的事業。二〇一六年六月，他證實《時報》將推出收費比一般網路訂戶要高的無廣告數位版。[11]不過，廣告封鎖科技似乎沒有傷害到《紐約時報》銷售高品質內容訂閱的商業模式。自從川普於二〇一六年十一月當選總統以後，《時報》的訂閱銷售暴增十倍以上，總訂戶提高為兩百五十萬人，每年增加三千萬美元的營收，如今，訂閱收入已占該公司營收的百分之六十。⑫

不過，舒馬雪認為Adblock Plus的角色是「消費者受託人」，讓用戶能自行配置這個平台。他堅稱，「我們在這個無法無天的業界建立新規則。」在這些新規則的規範下，他還與瑞典小額捐贈工具Flattr結盟，企圖率先建立新的網路出版商業生態，創造一個內容生產者和消費者共襄盛舉的分權市場。該計畫將Adblock Plus結合Flattr的二十萬用戶與三萬出版業者——剔除中介者的角色，讓這些消費者直接付費給無廣告的線上內容，尤其是新聞業。馬克・湯普森備受推崇的《紐約時報》，有專業的記者撰寫極具啟發性的內容，並由編輯與事實查核團隊做最後把關，舒馬雪的新事業當然無可比擬。但它卻充分體現出布拉德・伯恩漢的信念：透過自由市場無形之手、由下而上創造數位創新。

Flattr的創辦人是彼得・桑德（Peter Sunde），這位瑞典籍數位積極分子還曾創立爭議性頗大的網路「海盜灣」（The Pirate Bay）——架構於BT種子點對點協定上的數位內容索引，事實上，可以說是一個盜版商品的交換平台。舒馬雪苦笑著向我保證，這次桑德是帶著「前科犯的熱情」與Adblock Plus合作。這話一點都不誇張。桑德被控協助海盜灣用戶違反著作權法，而在瑞典入監服刑一年。所以，他和Adblock Plus的合夥案等於是修復他以前參與破壞的網路內容業，重建一個合法的生態系統。

我在二〇〇七年《你在看誰的部落格？》的論述中，大力抨擊像海盜灣這樣的點對點網路，指控它們助長線上內容偷竊，因而毀了音樂家、攝影師、作家和電影製作人的生計。多年來，我和桑德在盜版議題上一直是站在對立面，有時甚至在討論著作權法和網路盜版的（不）道德性時，還會針鋒相對。

可是，當我和彼得．桑德在哥本哈根共進晚餐、談論Flattr和Adblock Plus的合夥案時，我發現，他在努力改造網路的同時，也改造了他自己。桑德不再對海盜灣的對錯感興趣，他告訴我，他現在把心思都放在獎勵創意人士，創造能取代Google和YouTube的分權網站。

「我們需要對創意人士提供永續的資助，」他說，「並確保他們能獲得報酬。」

彼得．桑德已從年少輕狂學到教訓。現在他不再參與扼殺文化的盜版事業，反而致力讓文化重生。他也許得花點時間才會領悟莫爾定律，但他在再造自己和網路的過程中，已成為人類隊中的重要一員。

任何速度都不安全

之前提過在慕尼黑舉行的數位生活設計研討會（ＤＬＤ），歐盟反托拉斯局長瑪格麗特．維斯塔格在會中坦承，之前未留意到網路碎片化的問題。在這場歐洲最具盛名的科技聚會上，與會者臆測德國是否能在控制網路的工業4.0比賽中扳回一城。討論集中在國內業者該如何成功邁入全球平台資本主義。

可是，ＤＬＤ會場中有多位美國與會者，尤其是矽谷人士，依舊不認為德國有能力轉敗為勝。有位來自沙丘路（帕洛奧圖市緊鄰史丹佛大學的一條路，是創投公司的代名詞）的投資人告訴我，德國沒有天使投資網路，對於無法成功「網路化」也欠缺文化接受度。還有人抱怨德國企業太過保守，資深主管缺乏冒險精神。不過，現場人士的批評主要還是聚焦在當地文化——ＤＬＤ會場多位美國人觀察到，德國人多半瞻前顧後，只顧他們複雜的歷史，而不重視未來。那位從沙丘路來的創投資本家諷刺道，德國人至今還是把心思都放在修復過去，根本無心修復未來。

還有人更尖酸刻薄。「德國人製造很棒的汽車，」舊金山一家人工智慧新創公司年輕傲慢的創辦人在慕尼黑午餐席間告訴我。「這是他們的強項，但對新創企業根本不擅長。」

這些批評當然部分為真。和矽谷相比，德國的企業文化的確相當保守。可是，DLD會場上的美國人，尤其是年輕傲慢的新創企業家，忽略了從歷史的角度放眼未來往往是明智的做法，而且具有重大的經濟價值。

之前提過，聯合廣場創投共同創辦人布拉德・伯恩漢認為，我們現在所處的「新」創新時代和一九九五年的情況很類似。可是，二十世紀期間，還有另一段時代對我們的二十一世紀未來也有極高的參考價值，那就是一九六五年。

一九六五年，高登・摩爾在《電子學》（*Electronics*）雜誌發表了一篇標題為〈讓積體電路填滿更多的元件〉（Cramming More Components onto Integrated Circuits）的文章，文中對未來做出預測，並首次提出以他的名字命名的定律。⑬不過，一九六五年在積體電路的科技白皮書上是乏善可陳的一年。當時凡是對新科技有興趣的人，都會去買一本書，這本書在當年的影響力凌駕其他任何科普書籍，同時也改變整個全球產業，那就是羅夫・納德（Ralph Nader）所著的《任何速度都不安全》（*Unsafe at Any Speed: The Designed-In Dangers of the American Automobile*），當初瑞秋・卡爾森在一九六二年以暢銷書《寂靜的春天》讓民眾注意到食物中含有農藥和有毒化學物的危險，同樣的，納德這本一九六五年的著作也點出美國汽車致命的危險。

ＤＬＤ會中最有趣的演講，來自於一名叫做馬克・艾爾哈姆斯（Marc Al-Hames）的德國年輕企業家，他是新網路瀏覽器與搜尋引擎Cliqz的共同執行長之一。艾爾哈姆斯的講題借用納德在一九六五年的暢銷書書名，也叫做「任何速度都不安全」。艾爾哈姆斯給現場觀眾看的第一張幻燈片是一輛全新的科維爾（Corvair）兩門紅色敞篷車，該車款是美國汽車公司雪佛蘭（Chevrolet）於一九六〇到一九六九年間製造。

「這是你在一九六五年夢寐以求的車，它有個大引擎、超強的加速性能、鋁合金車身。可是，這輛車有個問題，」艾爾哈姆斯說。這台酷炫的科維爾是雪佛蘭著名的Corvette和Bel Air兩種車款的結合。

「問題出在，」艾爾哈姆斯解釋道，「這輛車在任何速度都不安全。」

五〇年代中期，美國三大汽車製造商福特、通用（ＧＭ）和克萊斯勒（Chrysler）掌控百分之九十六的美國市場。隨著競爭越來越激烈，這些車商推出像科維爾這種吸睛但不耐用的俗豔車款，來滿足大眾對於新奇、小配件和太空時代設計的胃口。某業界主管指出，其目的就是要讓消費者每年換新車。安全考量頂多淪為事後補充，讓這些沒有安全帶的車子簡直就是線條優美的鋁合金行動棺材。一九六一年，全美車禍死亡人數是三萬八千人，到了一九六六年暴增至五萬三千人，才不過五年時間，就增加了百分之三十八。

於是，當時的年輕律師納德寫了《任何速度都不安全》這本書，成為探討汽車安全議題最有影響力的書。「當代生活的重大問題，」納德寫道，「是如何控制在應用科學與科技時罔顧人命的經濟利益力量。」該書主旨是控制那些利益。

他的第一章主題是「科維爾跑車：車子本身就會造成意外」，內容揭露科維爾車款有懸吊系統問題，使得這輛車不容易駕馭。書中巨細靡遺地列出科維爾設計的可怕缺陷——像是方向盤有個死亡陷阱，遇撞時不會退後脫落，因而讓駕駛直接撞擊方向盤，造成死亡或毀容。該書指控雪佛蘭故意忽略該車浮誇的設計與缺乏安全性能之間的關聯。可是，這本書也廣泛喚起人們注意到「公路屠殺」，納德指出，以一九六四年為例，因車禍導致的財產損害、醫療花費、薪水損失和保險費用就高達八十三億美元（相當於今日的六百六十多億美元）。⑭《任何速度都不安全》對美國企業來說，是一大公關災難，可以說一直到最近才因伊隆．馬斯克的電動車新創公司特斯拉崛起，才扭轉劣勢。特斯拉這家位於矽谷的創新公司於二〇一七年四月超越通用汽車，以五百二十七億美元的市值，奪下最有價值的汽車製造商寶座。

就像美國食品業一樣，自從納德發表他的著作後的半個世紀，在政府規範，競爭性創新，由公民、勞工和消費者選擇而承擔的社會責任和教育等五大力量的敦促之下，汽車市場已經大幅改變。納德扮演了負責公民的角色，教育大眾科維爾車款的危險之處，開啟了美國汽車為期五十年的安全改革過程。《任何速度都不安全》於一九六五年出版時，每一億英里就會有五人死於車禍。到了二〇一四年，已經降為一人⑮——死亡率減少了八成之多。

怎麼會有這樣的好結果呢？政府規範清理了美國食品業，也一樣對汽車業造成效果。納德的著作致使美國政府在一九六六年頒訂「公路安全法」（Highway Safety Act）和「全國交通與汽車安全法」（National Traffic and Motor Vehicle Safety Act）。同一年，運輸部成立。新法案和新部門訂出了新安全標準，像是一九六六年立法強制所有汽車都要裝置安全帶。之後陸續又有十七項安全性能規定，包括新車需要配置軟墊座椅和儀表板，並改善車門鎖。一九六六年到一九八〇年代後期，超過八千六百萬車輛因為新聯邦法而被召回。包括紐約在內的幾個州於八〇年代頒布自己的安全帶州法後，使用安全帶的比例從七〇年代的百分之三到十，大幅提升到一九九四年的百分之七十三。

不幸的，至少對底特律來說，德國車廠也改造他們的產品和行銷手法，以滿足消費者對於更安全的車款的需求。戴姆勒—賓士（Daimler-Benz）的安全框架於一九五一年取得專利權，到了一九五九年正式用於賓士車款，在前座與後座都設置了「變形吸能區」。德國車廠在一九六六年以後出廠的汽車加設的其他創新，還包括擋風玻璃使用安全玻璃、「防衝撞」車鎖、防撞保險桿、頸椎防護頭枕，和可潰縮式方向盤柱。一九六七年，福斯（Volkswagen）的電子控制汽油噴射系統正式亮相，大幅減少有毒氣體排放，並降低耗油量。一九七〇年，戴姆勒–賓士推出防鎖死煞車系統。種種創新導致消費習慣出現巨變。五〇年代中期，國產車獨占百分之九十六的市場，到了二〇一七年，三大巨頭克萊斯勒（百分之十三點二）、福特（百分之十五點六）和通用（百分之十七點一）只共同擁有百分之四十五的市占率。如今美國人大買德國高檔車，氣得川普總統威脅要對從德國流入美國的「百萬台汽車」大課百分之三十五的關稅。

讓我們快轉半個世紀。你也許納悶，一九六五年那本控訴科維爾車款的書和今日德國的網路瀏覽器和搜尋引擎到底有何關聯？根據艾爾哈姆斯在DLD的演講，其關聯是，這兩個產業——美國汽車業和美國網路業——在「任何速度都不安全」。當然，現今網路科技並非真的危害使用者的生命，但艾爾哈姆斯表示，矽谷目前的處境很像六〇年代中期的汽車業，已經失去了消費者的信任和忠誠。艾爾哈姆斯呼應提姆．伯納–李和布魯斯特・卡利等數位先驅的看法，認為只有一半的網頁是安全的，追蹤者在每個網頁監視我們——其中百分之二十五的網頁有十個以上的網路間諜——沒有人知道我們的資料到哪去了，而且有百分之四十九的使用者不信任網路。艾爾哈姆斯說，目前的網路在監看式廣告至上的生態系統中，就像雪佛蘭科維爾車一樣，「撐不了多久」。

這也是Cliqz在二〇一五年創立的原因，這是最近歐洲最有野心、資金最豐的數位媒體新創企業。Cliqz擁有德國第三大媒體公司布爾達媒體集團上千萬歐元的早期投資，目前雖然沒有營收模式，但員工已達上百人。布爾達集團充滿創意的執行長保羅－伯恩哈德・卡倫（Paul-Bernhard Kallen）私下說明，為什麼布爾達會對Cliqz投注大量時間與資金。他在DLD會場上告訴我，網路「似乎有些不對勁」。卡倫也像現今網路社會許多批評者一樣，認為中心問題出在缺乏信任，而在他看來，缺乏信任主要是因為「太多人連結太多數據」。他說，布爾達負有道德責任，不只要獲利，還要設法再讓人們信任媒體。卡倫解釋道，要做到這一點，我們就得「重新思考」和「重新創造」資訊經濟的核心：搜尋。

Cliqz是由布爾達集團前任首席科學家瓊－保羅・舒梅茲（Jean-Paul Schmetz）所創立，是搜尋引擎和網路瀏覽器的創新結合，公司宗旨是「透過設計保護隱私」。它被設計成，或更精準的說，是被重新設計成反Google。新網路瀏覽器的內建搜尋引擎經過精心設計，永遠不會搜集或販賣使用者的資訊。不過，Cliqz並不像芮娜特．山森的同事在倫敦向我介紹的那些數位寄物櫃產品，沒有從歐盟的新數據法規中占便宜。這家德國新創公司相信光靠消費者選擇較優的產品，他們就會成功——也就是說，透過市場無形之手。Cliqz已經準備好正面迎擊Google這樣的矽谷巨獸，因為馬克．艾爾哈姆斯和瓊－保羅．舒梅茲都堅信，他們擁有市場上最優質的產品，至少對關心隱私的用戶來說是如此——事實上，這就包括了德國內外每一個人。有鑑於川普總統已經在二〇一七年四月簽訂廢除網路隱私保護法，美國對於Cliqz這樣的產品需求一定終將大於歐洲。

對此，丹妮兒．狄克森－泰兒（Denelle Dixon-Thayer）絕對會認同。狄克森－泰兒是網路第三受歡迎（僅次於微軟的網路探險家和Google Chrome）的瀏覽器莫斯拉（Mozilla）首席法務和商務長。「我們熱愛他們所做的，熱愛他們努力尋找『搜尋』的不同做法，」我們談到莫斯拉與Cliqz的策略性合夥關係時，她告訴我。

「網路的商業模式並未破碎，」狄克森－泰兒補充道。「我們只需要更透明、更誠實。」

這正是Cliqz能發揮的地方。「我們也許沒有發明網路，」艾爾哈姆斯在ＤＬＤ演講的結論，居然和Adblock Plus的提姆．舒馬雪說過的很類似，「但我們加以清理，讓它一天比一天更好。」

幾週之後，我和艾爾哈姆斯在慕尼黑見面吃早餐，我對他提出我問過布拉德．伯恩漢和蓋瑞．瑞巴克的問題，歷史是否重演，只不過，這一次我把時間從一九六五年換成一九九五年。

艾爾哈姆斯是個活力充沛又深思熟慮的人，他聽到我的問題，用力點頭承認一九六五年和今日有諸多類似之處。他說，矽谷對於未來完全措手不及。六〇年代短視的雪佛蘭主管天真地以為，他們可以一直賣這些鋁合金棺材給毫無戒心的消費者，同樣的，今日的美國科技公司也認為，目前的數據生態系統理當永遠不變。但他堅稱，當前追蹤使用者的系統把網路變成一座大型檢驗所，已經「失控」，而且「最後必須改變」。消費者就是不想要了。布拉德．伯恩漢之前預測消費者會反抗像Uber或亞馬遜這樣一再增進營收的贏者全拿型企業，同樣的，艾爾哈姆斯也相信我們終將見到消費者起而反抗矽谷越來越貪得無厭的大數據公司。他說，這就是歷史對未來的啟示。故事總是相似，結局總是類同。

艾爾哈姆斯解釋道，一九六五年的時候，誰會想到汽車設計會越來越重視複雜的安全性能，還會立法要求汽車配備安全帶，⑯因而讓美國的車禍死亡率降低八成呢？在一九六五年，誰又會想到當時才剛把人見人愛的金龜車進口到美國的福斯汽車，如今會在田納西州砸下十億美元建造生產設備呢？或者，一九六五年汽車三大巨頭之一的克萊斯勒，居然會在二〇〇九年申請破產，如今被併入問題多多的義大利車廠飛雅特（Fiat）旗下呢？

艾爾哈姆斯說，未來世代回頭看我們時也會不可置信，就像我們回頭看一九六五年一樣，不敢相信多數人開車時不繫安全帶。他預測，再過五十年，未來世代對於我們居然毫不在乎地洩漏個資，讓那些總部位在世界其他角落的不能信任又不透明的跨國公司大占便宜，也會大感震驚。

數據支持艾爾哈姆斯的觀點。皮尤研究中心（Pew Research Center）指出，百分之八十六的美國網路使用者曾經設法掩飾他們的數位足跡，而且有百分之九十一的人認同消費者已經無法控制個資被企業使用。⑰就像一九六五年的美國汽車製造商三巨頭一樣，今日的大數據網路公司顯然在任何速度都不安全。

「太平無事，太平無事，太平無事……然後，驚天動地」，這是聯合廣場創投的布拉德．伯恩漢形容重大經濟或科技變化時所說的話。這種情況曾發生在食品業和汽車業，如今，在艾爾哈姆斯這樣的創新者及維斯塔格這樣的監管者的共同努力之下，最後也會發生在數據產業。誠如莫斯拉的狄克森－泰兒提醒我們，監視終究不是個好商業模式。若說歷史能教我們什麼，那就是：不好的商業模式終將滅亡。

8 行動地圖三：社會責任

無時的觀點

有時候，未來從最古老的地方出現。那天我和劍橋大學伯特蘭羅素講座哲學教授休．普萊斯共進午餐，他曾與楊．塔林和馬丁．里斯合創劍橋存在風險研究中心。我們坐在三一大廳，建造這座劍橋學院交誼餐廳的是十七世紀都鐸王朝君主亨利八世——這位暴君因為大臣湯瑪斯．莫爾拒絕承認亨利八世與第一任妻子凱薩琳離婚的合法性，而下令將莫爾處死。

「這是劍橋大學最著名、最有錢的學院，」普萊斯告訴我，言詞中也透露自己身為三一學院教授的驕傲。

五百年來，三一學院已成為全世界最得天獨厚、最有勢力的學術俱樂部——教育出一代又一代的菁英分子，包括地心引力理論發明者艾薩克・牛頓（Isaac Newton）爵士；經驗主義之父法蘭西斯・培根（Francis Bacon）；三十一位獲得諾貝爾獎的科學家；多位英國君主與首相；甚至新加坡總理李顯龍也於一九七四年自三一學院取得數學與電腦學位。

普萊斯真是個謙謙有禮的主人，這個身材瘦長、個性務實的澳洲人身上唯一的裝飾，就是手腕上看起來很昂貴的一只手錶。我們在這古老的餐廳吃著新鮮水煮鮭魚和沙拉，談及人工智慧潛在危險與我們管理這個新科技的道德責任。

在三一大廳裡思索未來真有點奇怪。我們倆在這深暗的大廳面對面坐在古老的座椅上，完全被包圍在過去的氛圍裡。這是一幅令人昏亂的古老畫面，我們身後掛著十六世紀漢斯・霍爾班為驕傲、虛榮的亨利八世所畫的真人尺寸肖像——寬闊的胸膛、修長的雙腿、曲線畢露的小腿和緊握的雙拳——這幅畫於一五三七完成，以慶祝君王殷殷盼望的長子的誕生。之前提過，霍爾班是文藝復興時代的藝術家，曾畫出知名的湯瑪斯・莫爾肖像，而且可能也是烏托邦書中地圖的執筆者。

休・普萊斯是在波羅的海郵輪上舉行的研討會場認識楊・塔林。三一大廳和未來格格不入，同樣的，和普萊斯談論未來也很奇怪，那是因為他是個哲學家，對於時間這個概念抱持懷疑態度。借用愛因斯坦的相對論來形容，普萊斯是「塊體宇宙論」的支持者，認為時間本身也許是個「以人為中心」的概念。①普萊斯認為，時間——我們自以為是連結昨天、今天和明天的時刻連結——其實是一種錯覺。②

「過去、現在和未來毫無差別，」普萊斯解釋道。「把未來想成是開放性的，是一大錯誤。」

我一面大啖水煮鮭魚，一面禮貌性地點頭，心想，如果時間不存在，他又何必戴著那麼新潮的手錶呢？

不過，平心而論，塊體宇宙論也許不像它聽起來那麼不符合科學精神。普萊斯引述愛因斯坦寫給剛過世友人的家人的信：「凡是相信物理學的人，」愛因斯坦安慰悲傷的家人，寫道，「過去、現在和未來的區別只不過是個固執的錯覺。」

不管從科學的角度是否可信，這項理論絕對富於超現實的含義。普萊斯在他知名的論述《時間的箭頭與阿基米德支點》（*Time's Arrow and Archimedes' Point*）一書中提到，時間的箭頭——也就是時間的方向——可以往前指，也可以往後指。因此，他提出了一個看起來很荒謬的想法：「反向因果」，並認為這是完全符合邏輯的真理。如果普萊斯的看法為真，時間真的是向後進行，那麼我和他——在我戲稱為「抽象的」大廳、空虛的氛圍下共進午餐——也許其實是影響宗教改革、文藝復興和啟蒙運動的「歷史性」人物。如果時間的箭頭真的向後指，那麼懷舊未來就完全合邏輯，傑倫·拉尼爾將不是唯一懷念未來的人。

古希臘數學家阿基米德認為，只要有個宇宙中的施力點，也就是後人所稱的阿基米德支點，就可以客觀檢視實體世界——有位當代哲學家稱它為「憑空的觀點」——普萊斯也相信物理學家和哲學家需要建立起類似的權威立場，自外於時間的一點，讓我們可以思考當前的世界。他把這個立場——沒有昨天、今天也沒有明天——稱為「無時的觀點」。③

不過，和其他受時間約束的人相比，普萊斯自己也沒有厲行這種無時的觀點，至少在哲學以外的人生是如此。他把自己珍貴的時間分為在劍橋教書——他說這是「全世界最棒的工作」——和努力修復未來。普萊斯是人類隊的重要角色，他既是存在風險研究中心主任，也主持另一個劍橋傑出的新單位，李佛修姆未來智慧中心（Leverhulme Centre for the Future of Intelligence）。他主持的這兩個研究機關是在未來發生之前先加以研究，他們請來最優秀的科學研究人員，以找出新科技對社會有何衝擊，尤其是人工智慧。

「為什麼要擔心未來呢？」我問。「你讓世界更美好的動機是什麼？」

事實上，促使他關心未來的正是時間，他之所以展開改善世界的使命，是當時的時機。普萊斯說，二〇一一年，他首度升格為祖父，孫女在澳洲雪梨誕生。「我此生第一次，」他坦承，「領悟到二十一世紀末還會有我關心的人存在。」

普萊斯告訴我，他想要為人生做點「有用」又「實際」的事。他擔任這些研究中心的主任，把自己視為一種啟發者，才能的協調者，自認為是「二十一世紀人類網路的建造者」。這種務實的做法就是他設法改變職責、為孫女留下更美好世界的方式，這是屬於他自己的莫爾定律。他也像楊．塔林一樣，相信智慧機器對人類是潛在威脅——這位澳洲哲學家生動地將它形容成「嶄新的惡魔」。他對於投注在新創人工智慧事業的巨額資金——光是二〇一四到二〇一六年間就有六十億美元——感到憂心，尤其是，只要一點科技優勢就能創造幾十億美元的價值。可是，普萊斯從未忘卻哲學，尤其是道德倫理。所以，他告訴我，創投資本家一定要用道德標準來為AI領域的投資做決定，這一點「非常重要」。他說，如果要維持對智慧機器的控制，則這種道德人類判斷非常重要。

可是，儘管普萊斯這麼擔心人工智慧惡魔般的潛質，但他對未來並不悲觀。例如，他非常樂見DeepMind公司三位共同創辦人在道德方面非常成熟，特別是劍橋畢業的年輕執行長德米斯．哈薩比斯（Demis Hassabis）。這是一家二〇一一年成立於倫敦的科技新創公司，投資人還包括楊．塔林和伊隆．馬斯克，二〇一四年被Google以五億美元收購。二〇一六年，DeepMind特別設計的演算法AlphaGo在圍棋比賽上，擊敗南韓的世界棋王，因而聲名大噪，圍棋是有五千五百年歷史的中國棋盤遊戲，是人類史上最古老、也是最複雜的遊戲。不過，普萊斯也說，除了人工智慧的商業發展以外，DeepMind創辦人——以及微軟、臉書、IBM和亞馬遜等科技龍頭——正致力協助在整個科技業樹立智慧科技的道德準則。

這項自我管制（self-policing）運動有個奇怪的名字，叫做「人工智慧造福人類社會的合夥關係」（the Partnership on Artificial Intelligence to Benefit People and Society），於二〇一六年九月正式推出，旨在讓世界更美好。參與聯盟的公司表示，「信任我們」，並信誓旦旦提出一大串感覺良好的議題，包括「道德、公平和包容性；透明、隱私和互通性；人類與AI系統互相合作；以及科技的誠信、可靠性和穩健性」。④

他們說，信任我們會照顧未來。的確，信任我們成為科技界常見的承諾。DeepMind發起的這項自我管制策略，聽起來很像同樣是理想主義者的馬斯克成立的新創公司——

OpenAI，這家位於矽谷的非營利研究公司推廣的是人工智慧科技的開放資源碼平台。和馬斯克一起合創OpenAI的山姆．奧特曼（Sam Altman）年僅三十一歲，執掌矽谷最成功的種子投資基金Y Combinator。OpenAI在多位矽谷大老包括億萬富翁雷德．霍夫曼和彼得．提爾等的資助下，於二〇一五年成立，掌門人是前Google機器學習專家，員工都是來自頂尖科技龍頭的電腦科學家。

「這真是個空前的時代！」奧特曼指的是人類與智慧機器「合一」終於發生的網路時代。他警告奇點即將來臨，就連我們存滿資訊的智慧手機「都已經控制我們」。他認為我們面臨一個嚴重的存在性抉擇。「不合一的版本一定有衝突……我們奴役AI，或AI奴役我們。這種合一的最瘋狂版本就是我們把大腦上載到雲端。我會樂見這種情況。我們需要提升人類地位，因為，我們的下一代不是征服了銀河系，就是從宇宙永遠滅絕，」他說，他口中超級智慧威脅的情況真像《星艦迷航記》（*Star Trek*）裡的情節。⑤

我問普萊斯，像DeepMind的哈薩比斯或Y Combinator的奧特曼這樣有錢又天才的年輕企業家，需要在他們自行決定的道德準則中加入什麼。我想知道，二十一世紀的新一代該怎麼想，才能確保他在澳洲的孫女能夠順利看到二十二世紀的來臨？

這些「道德標準」從哪裡來呢？我很想知道。我們如何能確定這些世界的新主人翁真的在為人們努力、為社會謀福利呢？

當下那一瞬間，普萊斯轉變了身分，從新創企業家又變回劍橋大學伯特蘭羅素講座哲學教授。他提醒我啟蒙時代的核心道德原則是「定然律令」，提出者是十八世紀的普魯士哲學家康德——康德的生活習慣十分規律，據說柯尼斯堡市的居民會依照他午餐散步的時間來調校手錶。

「康德強調，有能力就會有責任，」普萊斯解釋道。

康德把行動和責任連在一起，可說是莫爾定律的啟蒙時代版，也是史帝芬．沃爾弗蘭和艾妲．洛夫拉斯對生而為人定義的道德指南。有能力、有目標、並率先行動之前，一定要能分辨對錯。而且，雖然之前提過康德的人性曲木論，但他也說過，身為人類，就表示天生便能做好事，至於誰能從行動中獲利都不重要。儘管謙遜的休．普萊斯不以自己為例，但他選擇為公共利益而擔下兩大劍橋研究機構的主持重任，可以做為康德口中負責任的公民典範。

超級公民

當然，如果科技大廠裡的每個人都像休．普萊斯那樣，是位道德哲學家，那就太好了。的確，倘若真是如此，就沒有出版這本書的必要，因為那些矽谷的哲學王會借重公民演算法自動修復未來。這樣的想法是所有想像社會中、首部最具影響力的著作柏拉圖的《理想國》（*Republic*）的前提，也是此後許多書籍探討的主題，其中也包括被霍爾班畫成骷髏頭形狀的想像之島，莫爾的《烏托邦》。

「Memento mori...Respice post te. Hominem te esse memento，」羅馬奴隸在將軍凱旋歸來的慶祝遊行中叫道。「沒錯，你也不免一死，但在那之前，要記得你是人。」

休．普萊斯的時間塊體宇宙論從某方面來說是正確的。萬物都不曾真正改變。莫爾定律——主張我們對社會的責任——適用於古代、十六世紀的英國、十九世紀的美國、還有今日。挑戰一直都一樣，那就是讓那些畢業於三一學院的各界菁英了解，能力越強、責任越大。

這對矽谷這個網路時代的權力中心來說，是一大問題。我撰寫至此，時序來到二〇一七年六月底，科技界爆出一連串性騷擾女性的醜聞，為此，500 Startups的戴夫．麥克盧爾（Dave McClure）和賓納瑞創投（Binary Capital）的賈斯汀．加德貝克（Justin Caldbeck）因持續且證據確鑿地騷擾女性創業家而黯然下台。六月稍早，Uber共同創辦人兼執行長崔維斯．卡拉尼克（Travis Kalanick）也因為長期在這家共乘公司裡的道德爭議，從多次性騷擾女性工程師、到威脅記者、甚至暗中監視顧客，而被迫辭職。

「最有趣的是，矽谷還一直處於認知泡泡裡，不願意正視讓大眾憂心的獨占、隱私和科技工作缺乏保障，更別提它自己的文化了，」《金融時報》的拉娜．福洛荷於二〇一七年七月針對矽谷最新發生的一連串醜聞評論道。⑥

所以，是的，現在網路天啟四騎士中，已經有三者——臉書、亞馬遜和Google——加入自我管制的科技龍頭聯盟，承諾在發展ＡＩ產品時要兼顧「道德、公平和包容性」，這當然不是件壞事。可是，我們能指望這些億萬公司展現出多少自動自發的道德呢？尤其是他們目前被指控在世界各地從事大量不道德的行為，包括壟斷市場、剝削使用者資訊、不繳地方稅等等——更別提公司內部一再傳出不可告人的醜聞。雖然這些公司本質不壞，但他們畢竟是營利事業，眼裡只有股東或投資人。不管他們做出什麼吸引人的承諾、說出什麼不要當惡魔這類的口號，在矽谷內或矽谷外，對營利公司來說，絕對沒有道德這種事情。無論是好是壞，這些私有超級勢力的目標都是占據市場，而非分享市場。他們的目標是盈利，不是道德。

還好，振奮人心的是，像伊隆・馬斯克、雷德・霍夫曼和彼得・提爾這樣的矽谷投資大亨貢獻鉅資，來發展開放資源碼的ＡＩ平台，以確保它不會被單一數據穀倉所擁有或操作。可是，我擔心矽谷沒有太多人像LinkedIn共同創辦人霍夫曼那麼有責任感。堪稱公民道德模範的霍夫曼，於二〇一六年美國總統大選期間公開承諾，如果川普公開他的所得稅申報單，他就自掏腰包捐五百萬美元給退伍軍人慈善機構。

雖然霍夫曼是OpenAI投資人，他卻不大相信矽谷那些自以為能自外於歷史、修復整個世界的傲慢企業。他並沒有因此變得樂觀，他說這未免太短視，甚至幼稚。「他們那麼有野心很好，」霍夫曼對《紐約客》（*New Yorker*）表達他對山姆・奧特曼和幾個他在Y Combinator計畫的看法。「可是，矽谷的傳統是，當有人想要改造某個領域，總是不得善終。」⑦

霍夫曼質疑OpenAI宏偉的承諾，也許因為如此，他才會大手筆投資二〇一七年由非營利的奈特基金會（Knight Foundation）推出的「人工智慧與社會基金」。該基金合夥人還包括ＭＩＴ媒體實驗室和哈佛大學柏克曼中心（Berkman Center），之前提過的約翰・博斯威克則擔任顧問，它成立的宗旨是——和劍橋大學的存在風險研究中心一樣——結合研究人員、倫理學家和科技專家致力研究ＡＩ對社會的衝擊。和DeepMind或OpenAI聯盟相反的是，奈特基金會的這項計畫不全是依靠科技專家來做道德決策。

「我的看法是，這是個巨大的轉變，將實際影響人類的未來，」霍夫曼講的是ＡＩ革命。「可是，我們可以透過智慧和勤奮，帶領未來靠近烏托邦，遠離歹托邦。」⑧

約翰．布拉肯（John Bracken）長期擔任非營利事業主管，如今由他負責奈特基金會的這項計畫，他告訴我，霍夫曼對於這項新基金的影響力「尤其重要」。「我們信任雷德．霍夫曼，」曾與霍夫曼共事的布拉肯告訴我。我們信任他深知能力越強，責任越大。

那麼，科技龍頭其他億萬富翁——庫克、祖克柏、貝尼奧夫、貝佐斯、佩吉和布林——的道德水準如何呢？當然，沒有人像卡拉尼克那麼不成熟，但他們也不像霍夫曼那麼的有康德風範。反之，他們的道德是個複雜的問題。有時候我們可以信任這些財閥，有時候又不行。像是亞馬遜創辦人兼執行長傑夫．貝佐斯，本書撰寫期間，他的淨資產高達八百三十億美元，僅次於比爾．蓋茲，名列全球第二大富豪，他既是精明的商人，也是無私的慈善家。一方面，貝佐斯在這家半壟斷的電子商務公司裡，是個令人畏懼的領導者，對待員工的方式非常令人質疑，更長期壓榨出版商；⑨另一方面，他又是熱心公益的媒體老闆，擁有備受尊崇的《華盛頓郵報》，在批評媒體是「人民公敵」的川普政權下，依舊是美國自由媒體和民主的強大捍衛者。

二〇一七年六月，貝佐斯推文為慈善「徵求構想」。「我一般會為長遠目標努力，但我正在思索一個和這個習慣相反的慈善策略。在慈善事業上，我發現我比較想採取另一極端的做法：把握當下，」貝佐斯指的是他的慈善計畫。「如果你有任何構想，」貝佐斯以慣有的雙關語氣做出結論，「請回覆這段推文……」⑩

再舉個例子，馬克．貝尼奧夫（Marc Benioff）——軟體供應公司Salesforce.com執行長、架式十足、神似亨利八世——對許多崇高的社會事業慷慨支持，可是對於掛名支持這件事太過迷戀，像是舊金山就有一家醫院叫做貝尼奧夫兒童醫院。至於蘋果公司執行長提姆．庫克，我上次在維斯塔格位於布魯塞爾的辦公室看到他，當時他正想說服執委，該公司只付給愛爾蘭政府十萬分之五的稅金符合公共利益。可是，庫克又一直公開維護移民和少數民族的權利，並大力抨擊假新聞對我們政治文化的腐敗影響。

真的，就是那麼複雜。誠如《金融時報》的約翰．索恩希爾（John Thornhill）所寫，今日的科技富豪「公開宣稱擁有比賺錢更高尚的抱負，把觸角伸到運輸、健康和教育」。⑪儘管他們也有人性的缺點，但庫克、貝尼奧夫和貝佐斯這些人都是極度聰明、而且也算是負責任的人，和比爾・蓋茲及其他科技大亨一起，積極加入慈善行列，成為二十一世紀初的卡內基、史丹佛、洛克斐勒、范德比爾特和福特。也別漏掉了馬克・祖克柏，他在二〇一五年十二月宣布將在此生捐出百分之九十九的個人財富。

十九世紀的強盜式資本家也像蓋茲或祖克柏一樣，不能說是道德典範。加州鐵路大亨利蘭・史丹佛（Leland Stanford）就是個例子，他後來還當上加州州長與美國國會議員。在網路天啟四騎士之前有「四巨頭」——十九世紀中央太平洋鐵路（Central Pacific Railroad）幕後的北加州四大富豪——馬克・霍普金斯（Mark Hopkins）、查爾斯・科洛克（Charles Crocker）、柯里斯・杭廷頓（Collis Huntington）和史丹佛。史丹佛真是政治談判和賄賂的黑色藝術大師，剝削中央太平洋鐵路的壟斷規模經濟，中飽私囊，成為美國最富有的運輸界大亨。他的生意夥伴、同時也是四巨頭之一的查爾斯・科洛克則壓榨中國鐵路勞工，要他們去做其他人不願意做的危險工作。

不過，史丹佛慷慨捐出他在帕洛奧圖市八千八百畝的農地來興建大學，這是私立大學所接獲最高額的捐贈。從一開始就以科技為主的利蘭史丹佛初級大學（Leland Stanford Junior University）於一八九一年正式招生，學費全免，孕育了一代又一代的企業家。惠普電腦（HP）創辦人、同時也是矽谷財務與科技生態系統創立人威廉・惠列特（William

Hewlett）和大衛・普克（David Packard）於一九三〇年代自該校畢業，自此，史丹佛的科技授權辦公室資助了許多創新，包括數據分析、基因重組，和Google的搜尋引擎等。

微軟共同創辦人兼執行長比爾・蓋茲也可以說是現代史丹佛。他在前半生往往不擇手段，甚至透過非法的方式來打敗對手，爬上全世界首富的地位，下半生則捐出十幾億美元的財富來幫助那些比他不幸的人。如今，蓋茲被《慈善內線》（*Inside Philanthropy*）網站編輯與二〇一七年的《施予者》（*The Givers*）作者大衛・卡拉漢（David Callahan）譽為「新鍍金時代」的「超級公民」——成為一個極有權力的慈善家，還能夠影響世界各國的教育、健保和經濟政策。

「科技大亨似乎逐漸取代凋零的石油大亨，成為世界中流砥柱，」[12]《金融時報》安嘉娜・阿胡雅（Anjana Ahuja）寫道。而蓋茲是他們當中最強大的中流砥柱——他和他的朋友華倫・巴菲特（Warren Buffett）一樣，決意要在死前捐出所有財富。卡拉漢也在《施予者》書中提到，比爾・蓋茲和他的蓋茲基金會已成為「破壞者」的模範，破壞者指的是新一代年輕科技超級公民，包括臉書的幾位億萬富翁，像是前任總裁西恩・帕克（Sean Parker）、共同創辦人達斯汀・莫斯科維茨（Dustin Moskovitz）和祖克柏自己。[13]

今日的科技富豪該透過何種方式來慷慨解囊呢？在這個新鍍金時代，又該如何當個優良的矽谷超級公民呢？

事情很複雜

事情絕對很複雜。市面上有一大堆書籍介紹史丹佛、卡內基、洛克斐勒和范德比爾特這類人在道德層面上極其複雜的慈善事業，同樣的，也該有本專書（絕對會有人出版）來探討馬克・祖克柏對公共利益大放厥詞、且爭議性極大的評論。是的，二〇一五年，三十一歲的祖克柏和他的妻子普莉希拉・陳（Priscilla Chan）承諾捐出當時四百五十億美元身家的百分之九十九做「公益」，各界一片叫好。後來才發現，他們會把財富放在一家有限公司的名下，而該公司甚至不被國稅局歸為慈善事業——他們因此能以低稅率將資金投資於營利事業。例如，Biohub科學研究中心網羅了灣區最優秀的研究員，致力發展愛滋（HIV）和茲卡（Zika）等傳染病毒的疫苗和藥物，而普莉希拉・陳投資了六億美元，因而有資格擁有這家實驗室，理論上，也能從中獲利。

《金融時報》的愛德華・路斯（Edward Luce）解釋道，祖克柏是個有抱負的超級公民，他成就了「非凡事蹟。他先確保轉移他四百五十多億美元財產時、不會被課稅，同時又能獲得『慷慨捐贈』的讚譽」。⑭之後，祖克柏又在二〇一七年二月發表六千字的使命宣言，宣布臉書將致力解決許多全球性問題，其中也包括地方新產業的經濟危機。⑮有些人將這份宣言解讀成祖克柏進入政壇的序曲。也許他會像利蘭・史丹佛，有一天成為加州州長或國會議員。祖克柏絕對已經具備史丹佛的道德曖昧。聯邦通信委員會（Federal Communications Commission, FCC）前主席顧問史蒂芬・沃德曼（Steven Waldman）指出，祖克柏這份冗長的使命宣言大都在保守地宣傳臉書應該有的道德功用，完全沒有提到臉書應該在危機中扮演中心角色，也沒有提及解決的辦法。

沃德曼把祖克柏和鋼鐵大亨安德魯・卡內基（Andrew Carnegie）相比較。「十九世紀的強盜式資本家安德魯・卡內基，在後半生捐出了他大部分的財產，還蓋了近三千家圖書館。馬克・祖克柏、賴瑞・佩吉（Larry Page）、謝爾蓋・布林（Sergei Brin）和蘿倫・鮑威爾（Laurene Powell，賈伯斯的遺孀）唯一需要做的，就是資助三千名記者，」沃德曼觀察道。「如果這些企業領導人各自拿出百分之一的獲利，連續五年資助記者，那麼，美國新聞界將在下個世紀改頭換面。」⑯

沃德曼用卡內基做為二十一世紀科技大亨的典範相當適切，卡內基於一八八九年寫出了〈財富的福音〉（The Gospel of Wealth）一文，是號召富人出錢改善社會的一種莫爾法則。在商場上，卡內基絕不是天使，他的鋼鐵工廠是十九世紀末期勞工暴力爭執的場所。他們的工廠一向打壓工會，他的合夥人亨利・弗瑞克（Henry Clay Frick）甚至在一八九二年雇來武裝民兵，鎮壓賓州霍姆斯特德市工廠的勞工抗議；那一次的衝突導致十八人死亡。然而，卡內基卻在退休後將畢生賺得的財富全數捐出，這項善舉為今日的比爾・蓋茲和馬克・祖克柏所效法。這位白手起家的鋼鐵大亨畢生資助建造了兩千五百間以上的公立免費圖書館，包括舊金山和奧克蘭的圖書館，帕洛奧圖第一家公立圖書館也在一九〇四年落成。卡內基於一九一九年去世前，總共捐出了三點五億美元給慈善機構、基金會、學校和圖書館，占他個人財富的百分之九十，相當於今日的四十八億美元。

不過，多少錢並不是最重要的，重要的是卡內基如何捐出財富，這才是今日的科技富豪該學習的地方。他在〈財富的福音〉裡提到，改善社會是富人的責任。「他們握有的勢力中伴隨責任，必須窮盡一生行善，為大眾謀福祉，自己也活得有尊嚴。」這段文字道出富人有幫助不幸人士的責任。

卡內基堅決相信，能力越強，責任越大。他大手筆投資興建圖書館，便是這種社會責任的體現。首先，他在全美廣蓋免費圖書館，把錢投資在同胞身上，讓他們也能像他年輕時從蘇格蘭移民過來的時候一樣，有受教育的機會。他說，他的圖書館的服務對象是「勤勞、有抱負的人；不是事事需要他人代勞的人，那些有渴望、能幫助自己的人值得、也終將受惠」。其次，卡內基投資的是社區和公共空間。他的策略是，只要地方政府能提供土地和後續的圖書館人事成本，他就提供興建的資金。他最偉大的事蹟之一，是蓋出許多都市建築佳作——從巴洛克、西班牙文藝復興到義大利文藝復興風格——也美化了美國許多都市。

今日科技富豪的慈善事蹟缺乏這樣的公民參與。這些富豪互相比較誰捐的錢多，有一種軍備競賽的煙硝味。可是，他們並沒有學習卡內基審慎地把錢用來改進社會的做法，而似乎只是反映捐贈者或捐贈者的妻子有多熱心。例如，馬克．祖克柏浪費了五億美元去投資紐澤西州的公立學校之後，似乎又認定應該要投資三十億美元在「治療、預防和管理所有疾病」的高難度研究工作上。⑰傑夫．貝佐斯則熱中於太空移民，他甚至已經計畫要在月球上的「未來人類殖民地」設置亞馬遜式的宅配服務。⑱而Google共同創辦人謝爾蓋．布林投資了一億到一點五億美元來建造全世界最大的飛機，專為人道任務運送補給。不過，也會用來做為布林親友的洲際「飛行遊艇」，滿足他們奢侈的需求。⑲要是卡內基聽到珍貴資源被浪費至此，絕對會從墳墓中跳出來。

那麼，布林、貝佐斯和祖克柏該如何把財富投資於社會呢？也許他們該採取柯林・鮑爾（Colin Powell）將軍知名的戰爭觀點：「你打破它，它就是你的。」史蒂芬・沃德曼說資助三千名記者能拯救美國新聞業的建議，很可能是因為布林，因為他的搜尋引擎要為傳統報紙商業模式遭摧毀負起絕大部分的責任。之前提過，布林的公司甚至還企圖利用他們占盡優勢的地圖軟體將地理學私有化，而布林可能會效法卡內基，拿出部分財產來興建公共空間。可是，雖然卡內基把財富投資在城內圖書館的實體建築上，但布林應該思索如何創造隱私受保障、沒有廣告的數位公共空間。這對他來說應該不會太難，畢竟，這是他和賴瑞・佩吉於一九九八年還是史丹佛研究生時、創造的最初Google搜尋引擎版本。

與其資助太空旅行，傑夫・貝佐斯應該把錢投資在自動化未來中人類的就業機會上面，這也是亞馬遜——已投資數十億美元建造無人機送貨及機器人物流中心——所擅長的。這將是二十一世紀最大的問題，而貝佐斯既有金錢資源、又有專業知識，能夠處理這極端複雜的問題。我感覺貝佐斯現在才開始步上公眾人物的正軌。他像史蒂夫・賈伯斯一樣，是個擁有超人類野心和能力的人。和蘋果公司相比，貝佐斯於一九九四年成立的亞馬遜網路公司依舊略勝一籌，是半世紀以來最了不起的美國公司。但如果貝佐斯想被未來世代記得，就應該操心電子商務以外的事情。建造「什麼都賣的商店」是一回事；修復未來又是另一回事。

所以，我建議貝佐斯的慈善世界推文應該這麼寫：「確保我們未來都有工作，傑夫。超簡單。」

與其投注數十億美元在不切實際的長生研究上，馬克・祖克柏若能處理全球科技行為成癮的問題，應該更能造福人類，紐約大學心理學家亞當・奧特提出「臉書圈套」和「ＩＧ圈套」，讓人類的專注時間比金魚還要短。例如，祖克柏可以花點時間和資源在崔斯坦・哈里斯的「光陰不虛度」事業，該運動旨在為軟體開發者推出一套新行為守則（希波克拉底宣言），防止他們再發展出像臉書、Snapchat和ＩＧ這類會上癮的應用程式。

二〇一七年七月，雷德・霍夫曼和他的友人馬克・平克斯（Mark Pincus，網路遊戲開發商Zynga創辦人），成立一個致力改造民主黨的團體，叫做「贏得未來」（Win the Future, WTF）。根據網路科技網站「重新編碼」（Recode）的說法，該團體的目標是「強迫民主黨員在每件事情重新找回他們的哲學核心，從他們的政策主張到推出選舉候選人等」。[20]可是，ＷＴＦ卻本末倒置，霍夫曼和平克斯不該忙著把矽谷的創造性破壞文化引進政壇，他們的資源應該用在為科技對社會造成破壞負起責任。我剛剛建議貝佐斯應該從他龐大的財富中拿一些出來，研究人類在自動化未來中能夠做什麼工作，至於像霍夫曼和平克斯這樣的矽谷名人，若能與傳統政客密切合作，則不失為明智之舉，像是現任加州副州長葛文．紐森就是適合的人選，他曾公開警告數位革命將造成失業與不平等「大海嘯」。

「你打破它，它就是你的」模式已經被矽谷最有責任感的科技慈善家搶先執行。一九九五年，前ＩＢＭ程式設計師克雷格．紐馬克（Craig Newmark）創立「克雷格清單」（Craigslist）網站，讓住在灣區的人們可以免費上網買賣服務與產品。如今該網站市值已高達十多億美元，業務橫跨二十個國家，每個月有兩百億頁的瀏覽量。不過，克雷格清單免費讓使用者刊登廣告，無意間損害了地方報紙的分類廣告商業模式。針對克雷格清單的成功，反造成無心的悲慘後果，紐馬克的回應是拿出一筆錢成立基金會，幫助新聞業在數位時代進行改造。例如，二〇一六年十二月，他的克雷格紐馬克基金會投資一百萬美元資助大學新聞道德講座。㉑紐馬克的基金會——以及約翰．博斯威克的貝塔公司（說句公道話，其實還有祖克柏的臉書）——貢獻了一千四百萬美元來資助紐約城市大學，該校在知名的新聞系教授傑夫．賈維斯（Jeff Jarvis）的帶領下，致力提升新聞的可

信度，打擊假新聞。㉒

我不確定紐馬克是否會認同卡內基無情的自助信念，可是，他的確和卡內基一樣，取之社會、用之社會。史克特·費茲傑羅（F. Scott Fitzgerald）寫過一句知名的話，「美國的人生沒有第二幕。」可是，這卻不適用於那些成功的科技企業家的人生。矽谷需要更多像克雷格·紐馬克這樣的人，願意把人生的第二幕貢獻在能贏得未來的務實計畫。

憑空的觀點

許多灣區居民為了逃離矽谷失控的房租和長年的交通問題，紛紛越過海灣大橋，來到奧克蘭市，這個工業港如今已經變成灣區最熱鬧的城市，但可能也變成灣區的良知。「那裡沒有那裡了，」二十世紀初期的美國作家葛楚·史坦（Gertrude Stein）曾如此描述她的家鄉，從矽谷俯瞰海灣的新興工業港，奧克蘭。

之前提過，休·普萊斯想要追求哲學上的阿基米德支點和其權威性的「憑空觀點」——不僅能客觀看待世界、還能改變世界的施力點。來自二十一世紀初期奧克蘭市的看法也許可以代表憑空觀點。我們要找出一個理想的支點，從這裡不僅能誠實看待矽谷，還能著手建造一個對社會更負責任，由投資人、科技專家和新創企業家組成的生態系統。

我在八〇年代初期第一次來到東灣，進入加州大學柏克萊分校就讀，當時奧克蘭市大部分的地區——尤其是市區百老匯上已經在一九七〇年歇業、擁有三千五百個座位的裝飾風格的舊派拉蒙戲院附近，環境殘破不堪，燒毀的建築、用木板封住的辦公室、廢棄的工廠，還有犯罪猖獗的街道，根本就像戰場。然而，如今奧克蘭市區已經重建，就像愛沙尼亞和新加坡一樣，從沉睡的落後地區轉型成全球數位創新樞紐。創新的新事業、新面孔和新構想，將這個腐朽的工業軀殼再造成全美最周全連結的文化與經濟中心。不過，和舊金山灣區，尤其是矽谷，不一樣的是，並非每個搬進奧克蘭的人都想成為科技富豪。

如今，派拉蒙戲院周遭被稱為上城，是個熱鬧繁榮的地區。一九三一年建造的宮殿式舊劇院曾是西岸最大的戲院，現在則被改建成非營利的奧克蘭東灣交響樂團與奧克蘭芭蕾舞團總部。這個上城地區——安德魯．卡內基於二十世紀初資助建造的奧克蘭市立圖書館也坐落在此，現則轉型成非裔美國人博物館暨圖書館——全是時髦的餐廳、工業風公寓、科技新興商業區，以及成功的都市改造所具備的一切條件。十六世紀的劍橋大學三一學院大廳——文藝復興特色五百年無變——和這個十年間就完全改頭換面的奧克蘭市區，絕對是天南地北。

奧克蘭嶄新面貌最引人注意的是派拉蒙戲院北邊幾條街外的百老匯和二十一街口，角落有一棟經過翻新的三層樓建築——翻修的程度也許遠甚於灣區任一建築——正在繪製修復未來的務實地圖。一九二〇年到二十世紀末之間，這棟建築不過是被遺忘的城市廢墟裡另一棟無名的辦公大樓。然而，這棟建築在二〇一二年被兩位科技界最創新的思想家買下，改造成新科技生態系統的代表作，對今日社會的價值，和十九世紀末的卡內基圖書館一樣可貴。

我在《網路不是答案》中提到舊金山有一棟四層樓高的私人俱樂部，叫做貝特利（Battery），儘管它宣稱一視同仁，對外開放，事實上卻是個極端排外的紳士型休憩場所，只接待以白人為主的科技新貴。這棟經過翻新的四層樓建築豎立在奧克蘭市區、俯瞰海灣，似乎完全符合貝特利俱樂部的描述，事實不然。此處創辦者是米契・卡波爾（Mitch Kapor）——曾創辦蓮花（Lotus）軟體公司，一九九五年IBM以三十五億美元收購——和他那長期擔任科技激進分子與改革者的妻子芙瑞達・卡波爾・克蘭（Freada Kapor Klein），既是創投資本公司、科技激進分子非營利集會中心、當地學生與傑出商人場地資源，同時也是開放給大眾的社區中心、餐廳和咖啡廳。

總面積為四千五百平方英尺的建築經過兩年的時間，依循結合「高科技與人性」的設計理念，從一個完全損毀的辦公大樓重新改建成寬敞的工作空間，它在二〇一六年七月正式啟用，成為卡波爾科技與社會影響力中心（Kapor Center for Technology and Social Impact）。裡面進駐米契和芙瑞達的三個「科技為社會謀福利」單位：卡波爾創投、卡波爾社會影響力中心與公平競爭環境協會（Level Playing Field Institute）。

這些單位都不是新創。社會影響力中心是個已有十年歷史的非營利機構，當初成立的目的，是要透過奧克蘭市內的多項活動來打擊社會和經濟不公義，以鼓勵各類型的科技新創企業、增加資金來源，並改善STEM（科學、科技、工程和數學）教育。公平競爭環境協會是芙瑞達．克蘭於二〇〇一年所成立的管道計畫，目標在於透過市內數學與科學榮譽計畫夏令營（Summer Math and Science Honors program, SMASH），將地方弱勢孩童送進科技公司。卡波爾創投則是營利和非營利科技新創企業的種子投資者；二〇一五年至二〇一七年間，該公司共投注四千萬美元在少數團體的教育上面，七十九件教育投資案中，有四十四件（占百分之五十九）由女性或有色人種為創辦人；百分之二十八的創辦人來自於少數族群。矽谷有太多新創企業對廣大社會沒有明顯益處，相較之下，卡波爾創投所有的投資對象都擁有社會目的。例如，由更生人弗瑞德瑞克・哈森（Frederick Hutson）所創辦的白鴿公司（Pigeonly），專門協助犯人從監獄打電話。還有法特新創企業（Phat Startup）則專門幫助那些認同都市文化的年輕中產階級發展科技事業。也有的是專攻老人照護的新創企業，例如榮譽公司（Honor），以及像益流公司（BeneStream）這樣協助員工了解複雜的「可負擔健保法」（Affordable Care Act）條款的健保科技公司。

卡波爾集團網路的這三大部分在東灣形成制衡力量，抵抗矽谷對於自己破壞全球的腐敗冷漠態度。「你知道，在大橋的另一邊有新創公司努力想解決富人的問題。我們旨在確保奧克蘭成為為人們解決這類問題的中心，」卡波爾創投合夥人班・傑盧斯（Ben Jealous）指出，傑盧斯是NAACP前執行長，也是全美科技、政治與商業議題的重要思想家。「我們的宗旨是確保奧克蘭變得更科技，而科技變得更奧克蘭。」[23]

二〇一六年十二月一個晴朗的早上，我來到奧克蘭上城百老匯街的卡波爾中心，面對大街的大門印了加州新科議員卡瑪拉・哈瑞斯（Kamala Harris）說過的一段話。一個月前，奧克蘭市——其實是整個灣區——還對川普當選總統感到頭暈目眩，所以不需要提醒大家，這世界並沒有在二〇一六年十一月八日終結，引述哈瑞斯的話內容如下：**我們不得被擊倒或放棄。此時該捲起袖子，為堅持做自己而戰。**

在卡波爾中心內，戰鬥已經白熱化。卡波爾中心正在進行由科技新創公司為弱勢者創造工作機會的駭客松。新大樓地下室的劇場擠滿年輕的科技企業家以及卡波爾管理團隊，包括米契．卡波爾、班．傑盧斯、芙瑞達．卡波爾．克蘭，以及他們的另一位合夥人，創投資本家鮑康如（Ellen Pao），後者曾於二〇一五年高調控告矽谷績優公司凱彭華盈（Kleiner Perkins Caufield & Byers）性別歧視，順便一提，這家公司的共同創辦人是聲名狼藉的冷血科技富豪投資人湯姆．柏金斯（Tom Perkins），他在二〇一四年寫給《華爾街日報》的信函中，直言改革派人士是納粹。

十萬美元的駭客松獎金由來自芝加哥的年輕女子蒂芬妮．史密斯（Tiffany Smith）奪得。史密斯是西北大學企管所研究生，擁有一間名為提爾塔斯（Tiltas）的營利新創公司，這是一個線上社群平台，服務項目是為每年出獄的六十五萬人——她稱他們為「更生人」——提供工作機會。史密斯之前已經在芝加哥西部某監獄主持過先導計畫，她告訴我，她之所以成立提爾塔斯公司，是因為看到許多朋友在出獄後完全找不到工作。參與該駭客松的其他計畫，還包括能把雇用決策中的偏見移除的App、讓雇主為新職位創造多元人才庫的平台、幫助新創企業創辦人計算出員工公平待遇的工具，以及將仲介獨立勞工和傳統產業時薪工作相連結的手機平台。

駭客松比賽之後，我見到了芙瑞達．卡波爾．克蘭和她的先生米契。芙瑞達．克蘭已成為大力反對矽谷發展過度的鍍金時代的實質發言人——你也可以說她是革命的良心。例如，她雖然是Uber早期的投資者，但後來卻公開抨擊Uber對待女性員工的爭議。二〇一七年二月，一位前Uber女性工程師在部落格寫了一篇點閱率極高的文章，揭露該公司的系統性性別歧視主義和性騷擾，卡波爾夫婦二人甚至寫了一封「致Uber董事會與投資人的公開信」，稱這家共乘新創公司擁有「有毒」文化，在網路上得到熱烈迴響。㉔ 500 Startups公司執行長戴夫．麥克盧爾爆出對女性創業家持續性騷擾後，身為該公司投資基金有限合夥人的米契．卡波爾甚至公開揚言要拿回當出投資的金額。㉕「科技必須改變，」頗具影響力的TechCrunch新聞網站記者賈許．康斯丁（Josh Constine）寫到Uber內部的腐敗文化時指出，「我們需要更多像卡波爾這樣的人為改變挺身而出。」㉖

卡波爾．克蘭每次出現總是愛狗不離身，她告訴我，她出生於洛杉磯一個激進派家庭，在反主流文化盛行的七〇年代進入加州大學柏克萊分校就讀。一九八四年她進入蓮花軟體公司工作，負責創造「美國最支持改革的雇主」。她在蓮花公司與人合創了一個性騷擾調查團體，堪稱全美先驅。她代表蓮花資助了一九八四年的「為愛滋而走」活動——蓮花公司是美國第一個具名打擊愛滋的企業。

我問她，一九八四年到二〇一六年間發生什麼事，使得他們認為需要成立卡波爾中心。

「有許多進步，」她坦承，「也有幾個大退步。」

她說，那些「大退步」包括了矽谷超級自私地迷信它「完美的菁英管理」。她說，矽谷中沒有一個人發現自己能處於人類史上最富有的泡泡中是多麼的幸運。「只要多一點人性，就很有幫助，」她指的是海灣另一頭像山姆．奧特曼那種不可一世的年輕人。

她說，矽谷也完全找不到同理心，尤其讓幾乎清一色的白人男性來負責科技泡沫的「不預期後果」，結果完全失敗。科技泡沫造成收入差距加大、無家可歸，和由少數人主導全局的經濟錯位，將舊金山半島轉變成十九世紀極度不平等的戲劇性場景。

我問她，她和米契與矽谷其他富豪有何不同。他們也都對卡波爾中心投資了數千萬美元，可是金錢不是唯一評量標準，畢竟，理論上，馬克．祖克柏也捐出了四百五十億美元的個人資產來做「功德」。而且，每一位矽谷科技名人──甚至包括爆出性騷擾醜聞的前Uber執行長崔維斯．卡拉尼克──在尊重少數族群和女性議題上，都滿嘴仁義道德。可是，卡波爾．克蘭在奧克蘭市所做的事情，尤其在串連地方社區方面，似乎要比祖克柏俗不可耐的利他主義更真心誠意。

「我為什麼要相信你們？」我問道。

「我們沒有忘本。而且我們設身處地為不同的環境著想，」卡波爾．克蘭指的是他們這項遠大計畫的宗旨。她說他們離開舊金山高級的太平洋高地區別墅，搬進奧克蘭市傑克倫敦廣場上的公寓，新家離百老匯街的辦公室只有一哩之遙。

信任我們，這是她的言下之意。我確實相信她。他們當然要比謝爾蓋．布林、傑夫．貝佐斯或馬克．祖克柏更值得信任。芙瑞達．克蘭、米契．卡波爾、班．傑盧斯、鮑康如和他們的團隊所做的，是成立卡波爾中心、設置卡波爾創投資金，並投資像蒂芬妮．史密斯的提爾塔斯公司那樣極具社會價值的新創企業。不過，卡波爾中心也種下了東灣反文化革命的種子，對抗普遍缺乏同理心和責任心的新美國統治種姓。

該中心正在協助建立一個不同於矽谷的創新生態系統。卡波爾．克蘭說她的SMASH夏令營已經連續開出十三堂專為低收入和弱勢兒童設計的課程，後來他們全都進入大學就讀。其他的創新網路也紛紛在奧克蘭嶄露頭角，依米契．卡波爾的話來說，其目標是「用不同方式做科技」，㉗其中包括雇用低收入有色人種青少年建造小型網站、為他們的科技職涯做準備的「駭進家鄉」（Hack the Hood），還有專門改善年輕女性STEM技巧的「黑人女孩程式碼」（Black Girls Code）等組織。二〇一七年二月，卡波爾中心和奧克蘭市合作，推出了奧克蘭新創企業網路，來資助該市的科技創業家。此舉獲得有名望的考夫曼基金會的支持，合力將奧克蘭市建立成多元化創業的楷模，並提供可複製的計畫給其他地區參考。

奧克蘭市於二〇一七年所展開的，是一種道德科技的運動，和海灣另一邊的矽谷正好成對比，相當於鄰近的柏克萊市在七〇和八〇年代在更健康的食物經濟上所扮演的角色。之前提過，戰後美國的食物多半是經過加工、口味一致又不健康。但在一九七一年，政治活動分子愛麗絲・華特斯（Alice Waters）在柏克萊市開了一間名為帕尼斯之家（Chez Panisse）的餐廳，主打採用當地新鮮有機食材、以慢速烹飪為主要調理方式。自此，其他東灣居民陸續有人加入華特斯的行列，包括食物作家麥可・波蘭（Michael Pollan），一起推動柏克萊食物運動。如今，華特斯和波蘭發展出來的新鮮、高品質地方農產品已成為一大主流，就連亞馬遜也展露興趣，於二〇一七年以一百三十億美元併購了有機連鎖超時「全食」。希望米契和芙瑞達夫婦「以不同方式做科技」的構想，也能在幾年後一樣在各地開花結果。

還記得希臘數學家阿基米德提出的「憑空的觀點」：「給我一個支點，我就能舉起地球。」卡波爾中心和當地合夥人網路努力在建造一個不同於矽谷的生態系統，其實就是在創造一個支點。當然，無論是奧克蘭市還是卡波爾中心都不是獨一無二，例如，前美國線上執行長史蒂夫·凱斯就透過他的革命創投基金，把社會投資的構想推廣到美國其他地方，而全美各地都有類似的創新企業家努力創造一個比矽谷更有社會責任的生態系統。凱斯曾向我介紹一位非常傑出的年輕社會創業家羅斯·貝爾德（Ross Baird），他在華府創辦的村莊創投（Village Capital）是專門投資由少數族群和女性創業的科技新創公司。

不過，由於地理環境和歷史因素，奧克蘭市依舊很特別。葛楚·史坦寫出對家鄉無情的描述，一個世紀以後，這個位於舊金山灣另一頭的城市已經改頭換面，如今，那裡已經有了那裡，可以在老派拉蒙戲院北邊幾條街的上城找得到。

9 行動地圖四：勞工與消費者選擇

罷工

在地圖上，矽谷到好萊塢並不遠。此時我正前往好萊塢的電影界「六巨頭」之一、二十世紀福斯（20th Century Fox）公司片場。從舊金山搭機到洛杉磯只要五十分鐘，然後再坐計程車，很快就會到達比佛利山西邊幾英里處的世紀城——最初由福斯電影企業於一九一六年開發洛杉磯三百畝農地而來——二十世紀福斯公司就坐落在此。

不過，地理也是會騙人的，從矽谷的科技業到好萊塢的內容製造業距離其實遠得多，無法用英里測量。資深科技作家麥可．馬隆（Michael Malone）於二〇一七年寫道，這是一種「瀕臨破裂」的關係，「是無法和解的意見不合的受害者」。① 在盜版這類議題上僵持不下，馬隆解釋道，致使好萊塢和矽谷之間「產生不信任」。不過，馬隆說，最大的問題出在科技大廠「史無前例的成功」，而電影公司卻面臨經濟日落西山的窘境。「在目前法規之下，好萊塢不可能贏。」馬隆說，他觀察到新數位發行系統都是由亞馬遜、Google/YouTube和蘋果等公司獨占。馬隆還在不甚樂觀的結論中提到矽谷對於其他創意產業的衝擊——尤其是二十五年來全球營收已經減半的唱片事業。

我坐的計程車進入二十世紀福斯片場，經過一個個描述好萊塢歷史的電影場景，其中甚至還有一個看起來像是十九世紀工業紐約小石子街道的場景——就是那種可以想像有人身穿顯目的服裝、或者肉品包裝工遭遇資本主義老闆雇用的暴徒襲擊的髒亂街景。在好萊塢，十九世紀的場景真的會充滿二十一世紀的物品。

我來世紀城是為了見身兼電影製作人、音樂宣傳和創業家的強納生・塔普林，我在九〇年代中期就認識他，那時他創立了第一個提供網路影片點播服務的網路娛樂人（Intertainer）公司。我們坐在福斯食堂外——這是好萊塢歷史最悠久的員工餐廳，八十年以來服務過無數大牌明星，包括瑪麗蓮・夢露（Marilyn Monroe）、伊莉莎白・泰勒（Elizabeth Taylor）和理察・波頓（Richard Burton）等等。員工餐廳本來叫做巴黎咖啡，最初只是個餐廳場景，裝置性的建築依舊留著一九三五年秀蘭・鄧波兒（Shirley Temple）和威爾・

羅傑斯（Will Rogers）的原始壁畫。

在這個戲劇性的場景，塔普林也有一樣戲劇性的消息要告訴我，那是關於創意產業對於YouTube普遍被認為剝削的商業模式有何反應。「你得發誓不告訴任何人，」他說。「這是個祕密，還沒有人知道。」

「絕對保密，強，」我回答，一面還開玩笑地拍著胸脯。「我是說，我能告訴誰呢？」

事業全在洛杉磯的塔普林——這位連續創業家曾製作馬丁．史柯西斯一九七三年的突破性經典作品《殘酷大街》（*Mean Streets*）、管理過巴布．狄倫早期幾場巡迴演出以及喬治．哈里森（George Harrison）的孟加拉演唱會——認為數位革命引發「巨額財富重新分配」，將每年創意產業的五百億美元移至YouTube和臉書這類贏者全拿的網路公司。塔普林像芙瑞達．卡波爾．克蘭一樣，是日益壯大的矽谷反對勢力的中心人物。同時，他也像那位奧克蘭科技激進分子一樣，曾經參與六〇與七〇年代的反越戰活動和人權抗爭。不過，卡波爾．克蘭的目標是建立不同於矽谷的投資生態系統，而塔普林鎖定的則和政治更直接相關。他在二〇一七年出版的著作《快速行動、打破成規》（*Move Fast and Break Things*），書名就是借用馬克．祖克柏聲名狼藉的口頭禪，盡量破壞，又不用為所造成的損害負責。塔普林把最犀利的批判保留給矽谷的自由論意識型態：它崇拜自由市場的力量，讓新經濟能夠對舊商業模式和經濟措施造成重大破壞。他已成為非正式的勞工動員者，鼓勵音樂與電影工作者反抗這些具爭議的新模式和做法。

「這是藝術家的罷工，」塔普林故意放低音量說道。我們索性就坐在二十世紀福斯片場的十九世紀紐約電影場景裡，密謀勞工對抗惡老闆的罷工行動。塔普林提議音樂工作者全面罷工，抗議YouTube經濟學付給藝術家的報酬只有蘋果和Spotify的六分之一。罷工方式會仿效泰勒絲（Taylor Swift）的模式，她在二〇一四年把她所有的音樂作品從Spotify撤掉，並於二〇一五年決定把她的暢銷專輯《1989》從蘋果音樂移除，因為這項新的串流服務在成立的最初三個月並不打算付錢給演出者。②

幾百年來，勞工罷工一直是員工迫使工作環境和報酬獲得改善的最有效方法。例如，如果我們回到十九世紀末和二十世紀初的紐約市，會看到罷工常常引起勞資雙方致死的暴動。一八七七年夏天，紐約市民走上街頭支持全國鐵路工人罷工，當局擔心爆發勞工革命，召來國民警衛隊用槍棍伺候抗議者。一八八六年，電車司機走上街頭爭取一天工作十二小時加晚餐時間，眼看警察打人，就放火燒了他們的電車。更惡名昭彰的事件發生於一九〇九年，紐約三角製衣公司（Triangle Shirtwaist Company）的女性服裝勞工上街爭取較短工時、較佳報酬和工作安全，成為美國史上最大的停工事件。結果，私家偵探動員破壞罷工，雇主還請來妓女與罷工的勞工發生肢體衝突。勞工群集於第七街上的柯柏聯盟學院（Cooper Union college）發出支持的吶喊，克拉拉・萊姆里奇（Clara Lemlich）激勵現場抗議者：「這不是罷工，」她喊道，「這是揭竿起義！」

泰勒絲當然不是克拉拉・萊姆里奇——不如她勇敢，也不像她有經濟上的需求。但是，原則上泰勒絲把作品從Spotify撤除，和萊姆里奇鼓吹勞工從三角製衣公司出走，並沒有那麼大的不同。在以上兩例中，勞工都已祭出最後手段，為了改革系統而離開勞動市場，他們都在利用我們的五大工具來修復他們的未來，也修復勞工和表演者的未來世代。

撰寫至此，是二〇一七年六月，塔普林密謀的藝術工作者全面罷工——大規模將作品從YouTube、Spotify和其他串流服務下架——尚未發生。可是，全球知名的創作型藝術工作者，尤其是音樂家，在喚起大眾認知由YouTube寡占的不公平娛樂經濟上，扮演重要角色。二〇一六年六月，就在我和塔普林會面的幾個月後，一千名世界知名的音樂人——包括阿巴合唱團（Abba）、酷玩樂團（Coldplay）、紅髮艾德（Ed Sheeran）和女神卡卡（Lady Gaga）——寫信給歐盟委員會主席尚－克勞・榮科（Jean-Claude Juncker），抱怨YouTube「不公平地壓榨」藝術工作者和歌曲創作者。③九寸釘（Nine Inch Nails）樂團創辦人特倫特·瑞茲諾爾（Trent Reznor）下結論說，YouTube一直用「免費、偷來的內容壯大自己」。

就在同一個月份，一百八十位藝術工作者——包括泰勒絲、保羅·麥卡尼（Paul McCartney）和卡洛·金（Carole King）在內——也簽了一份請願書，呼籲改革一九九六年的數位千禧年著作權法（Digital Millennium Copyright Act, DMCA）——這項美國法提供YouTube這些主要網路服務商「安全避風港」，只要他們有依所有權人請求、將內容撤下，就不會有侵害智財權的問題。當臉書、YouTube、推特和Instagram貼出攻擊性、不實或偷來的內容時，這些網路公司是否該負責，而DMCA的避風港條款往往是被各界砲轟的對象。避風港條款讓臉書或YouTube這類市值數十億美元的網路出版商依法不被視為「出版商」，無意間讓這些公司不需要為他們非法的內容負法律責任。

「互動式電腦服務的供應商或使用者都不該被視為他人提供的資訊的發布者或講者，」這是DMCA具爭議性條款的內容。

《快速企業》（*Fast Company*）雜誌的克里斯多福·札拉（Christopher Zara）口中的「科技界最重要的法律」，已經變成「特權保護者」，他說，因為DMCA並未規定網站要為轉貼第三方非法內容負起法律責任。④網路歷史學家約翰・諾頓說，DMCA是個帶來一堆不預期後果的悲劇法案，簡直就是網路本身的放大版。就像美國在一九二〇到一九三三年間的禁酒令致使組織犯罪大增，諾頓指出，同樣的，DMCA也造成「仇恨言論、騷擾、霸凌、情色報復、假新聞，和其他數位科技濫用驚人地暴增」。⑤去吧！快速行動、打破成規，這是DMCA所傳達的含義。去吧！盡量從網路上貼出的內容獲利。可是沒關係，不用擔心貼出這內容會有任何後果，因為在法律保護之下，你不用負任何責任。

諾頓提到的「其他濫用」，指的是貼出與交換非法、多半是盜版的內容。包括塔普林在內的藝術工作者，將網路視為財富從創意產業跑到矽谷的「巨額重新分配」，抵制DMCA成為他們發自內心的吶喊。二〇一六年六月在華府的藝術家請願活動，參與者包括《政客》（*Politico*）、《國會山報》（*The Hill*）和《點名》（*Roll Call*）等出版同業，共同譴責DMCA「放任科技龍頭能夠讓消費者以簡單的方式下載史上所有歌曲，這些公司的營運規模和利潤持續提升，而歌曲創作者和藝術工作者的收入卻一直減少」。⑥

還有其他許多藝術工作者都公開呼籲修法，包括凱蒂・佩芮（Katy Perry）、克魯小丑樂團（Mötley Crüe）的共同創辦人尼基・希克斯（Nikki Sixx）和七〇年代新浪潮樂團

「金髮美女」（Blondie）主唱黛比・哈利（Debbie Harry）。黛比・哈利表示，問題出在，DMCA有個「漏洞」——讓YouTube能發布大量非法內容，又「適當補償藝術工作者」的「不可能執行」條款。哈利說，雖然「金髮美女」的音樂影片在YouTube上獲得好幾億人次的點閱率，「卻沒有一位團員從這幾億次的播放中接獲應得的版稅。」[7]

名人對於DMCA和YouTube的抵制，也許不像進步時代的紐約街上製衣勞工和工廠老闆雇來的暴徒發生衝突那麼震撼，但卻代表網路時代一種新的罷工手法——混合了直接政治行動、結盟、對立法與執法當局施壓，並威脅要聯合抵制。

另一個反對Google和YouTube商業壟斷的產業聯盟也打出抵制牌。Google和YouTube在反猶太主義或伊斯蘭國和青年黨（al-Shabaab）宣傳影片這類的攻擊性內容旁自動打出廣告，讓廣告業者非常氣憤。這是這些富有的惡勢力企業不為自家網路上的內容負責任的另一個例子。這個廣告問題最令人不安的地方是，Google和YouTube居然還從那些極端種族歧視和暴力的影片與令人作嘔的不當內容謀得利潤。

二〇一七年三月，有好幾家績優公司——包括麥當勞英國辦公室、萊雅（L'Oréal）、福斯汽車、奧迪汽車（Audi）、沃達豐（Vodafone）、天空（Sky）、匯豐銀行（HSBC）、勞氏銀行（Lloyds）和蘇格蘭皇家銀行（Royal Bank of Scotland）——停止在

Google和YouTube上刊登廣告，因為他們的廣告出現在前三K黨領袖大衛・杜克（David Duke）的仇恨演說影片旁邊。[8]全球第六大行銷公司、法國的哈瓦斯集團（Havas）甚至還將它所有的英國客戶的廣告從Google撤下，企圖迫使這家矽谷公司對於自家平台上的內容更嚴格把關。這些來自歐洲的杯葛上了新聞的幾天之後，好幾家大型美國廣告，包括星巴克、AT&T、沃爾瑪百貨（Walmart）、威瑞森（Verizon）和嬌生（Johnson & Johnson）也加入抵制行列，終止撥款在Google登廣告，直到該系統更負責任為止。[9]

這些行動無異支持馬丁・索瑞爾（Martin Sorrell）爵士的評論。索瑞爾是全球最大行銷公司WPP的執行長，他認為Google和臉書身負「和其他媒體業相同的責任」，不能「偽裝」只是個科技平台。[10]多年來，我和索瑞爾針對這個責任和當責的問題進行過多次長談，他的看法是對的。有問題的不光是Google和YouTube，還包括臉書、Instagram、Snapchat和多家矽谷公司，他們都不願意長大，負起媒體業的複雜責任。他們不僅要確保網站上的內容不是偷竊而來或有仇恨意味，還要向廣告商保證他們的廣告不會出現在攻擊性或非法內容旁邊，以免玷汙了他們的品牌。

以上所有產業的結盟——從氣憤的音樂工作者，到完全灰心的廣告商和行銷公司——意義重大。政治和商業壓力一定要雙管齊下，才會促使私有超級勢力改變他們的行為和商業模式。壓力夠大，情況就會改變；否則他們依舊將我行我素。於是，就在二〇一五年泰勒絲威脅要杯葛蘋果音樂的二十四小時之內，該公司宣布改變政策，答應串流會付費給表演者，即使在免費試用期間也一樣，掌管蘋果音樂的艾迪・庫伊（Eddy Cue）甚至在他的個人推特上發文道歉。

庫伊在泰勒絲威脅杯葛他的服務的隔天，推文寫道：「我們聽到了，@泰勒絲和獨立音樂人。愛你們的，蘋果。」

二〇一七年三月廣告界聯合杯葛YouTube後，Google商務長宣布「擴大保障」來保護廣告業者，做法包括「雇用大量人員」來執行通知／取下流程，並利用人工智慧來加速標記冒犯性內容的流程。⑪杯葛行動還促使Google為顧客推出所謂的第三方「品牌安全」特性，讓顧客能夠追蹤他們的廣告，看它們出現在YouTube的哪個頁面上。⑫到了二〇一七年六月，Google的法務長宣布YouTube打擊網路恐怖威脅的四項步驟，包括更積極找出並取下有冒犯性意味的影片，給予廣告商更多權限來控制廣告出現的地方，並隱藏有問題的內容，讓它不被提及或推薦。⑬

雖然仍有廣告業者對於這些政策改變持懷疑態度，但這次的杯葛行動顯示，施壓的程度夠大，Google和YouTube就會試圖處理問題，負起更多責任。的確，誠如羅布．諾曼（Rob Norman）——全球最大網路媒體買家，WPP旗下的M集團的數位長——所坦承，過濾不當內容是個「複雜的問題」，可比「拿線穿針孔」。不過，諾曼有把握Google可以解決問題。「他們是全球傑出的科技公司，」他說，「若有人能做到，他們也能。」⑭

現今每十人就有六人從社交媒體獲得新聞，臉書遲遲不願意為他們網路上的內容負責，因而備受嚴厲抨擊。假新聞的問題一直是個特別考量，馬克．祖克柏甚至還在批評者的壓力下，被迫否認臉書與川普當選總統有關。「不，我們是科技公司，不是媒體公司，」祖克柏在二〇一六年十一月美國大選結果揭曉後立即表示。⑮可是，儘管祖克柏睜著眼睛說瞎話，臉書還是——如我稍早所言——越來越像個典型的媒體公司，積極嘗試修復假新聞的問題，二〇一六年十二月，它宣布與獨立事實查核機構合作，過濾動態消息上的假新聞，並在二〇一七年三月推出第三方事實查核工具，提醒使用者哪些是「爭議性內容」⑯——Google早幾週也推出同樣的功能。⑰到了二〇一七年四月，就在德國總理梅克爾批評假新聞有危險的政治後果之後，臉書——擁有兩千九百萬德國使用者——甚至在德國最大的報紙上刊登全版廣告，說明要如何打擊不當內容。⑱

杯葛、政治壓力、公開批評、甚至威脅罷工等，的確迫使矽谷公司採取行動來彌補他們的服務所造成的傷害。誠如M集團的羅布・諾曼所說，這不是簡單的問題，而且沒有簡單的答案。但若有人能解決假新聞和廣告出現在冒犯性內容旁邊的問題，則非臉書和Google不可。不過，要讓這種事情發生的唯一方式，就是挑戰他們的利潤。只有在危及營收時，這些市值數十億美元的企業才會採取行動。否則，他們根本不在乎。

所以，眼前的挑戰，我們的挑戰，是繼續針對這些議題進行公開對話，讓每一個人——從廣告商、政府到消費者——都覺悟到這個系統已變得多麼不負責任。不過，對話才剛開始，我們需要努力堅持下去，還得要有個夠瘋狂的人，才能隻手修理這個億萬產業。

性、毒品和莫爾定律

下了舞台，搖滾樂手往往不像在台上那麼叛逆。但大衛・羅利（David Lowery）——創立九〇年代搖滾團體「貝多芬露營車」（Camper Van Beethoven）和「餅乾」（Cracker）的吉他手、作詞作曲者和主唱——是個例外。他不只唱出革命，還實際登高一呼，率領叛軍抵抗這個新古老政權。

羅利是個不折不扣的反叛者——是個可以隻手修理整個億萬產業的瘋狂人物。就像《紐約時報》說的，他「能夠代表數位時代音樂家的憤怒」。⑲燃起憤怒的，是強納生．塔普林所說的「巨額財富重新分配」，為矽谷創造難以想像的巨額財富，而全球唱片業的營收在過去十五年來比減半還慘，從一九九九年的一百四十六億美元，降為二〇一五年的七十點二億美元。

沒錯，商業模式和產業不斷改變，沒有什麼會恆久不變，今日持續進行的熊彼得式數位破壞性風暴更是如此。沒錯，像是Spotify、蘋果音樂、YouTube和Rhapsody等串流服務的成功——現今占整體營收的百分之三十四點五——似乎在這幾年終於止住唱片經濟的死亡螺旋。例如，二〇一五到二〇一六年，全美音樂串流增加百分之六十八，訂閱服務營收多了百分之一百一十四，為二十五億美元。⑳可是，這種付月費就可以享受吃到飽的串流內容的新商業模式，雖然對消費者和唱片公司很有利，但對創意產業工作者來說，卻不是一個理想的解決方案。

就像黛比．哈利、凱蒂．佩芮和女神卡卡所提醒我們的，問題出在有許多串流服務付的版稅少得可憐，尤其是YouTube和潘朵拉（Pandora）。《紐約時報》對於串流市場也指出，「音樂產業辛苦地賺蠅頭小利，卻流失大錢。」情況已經扭曲為：高利潤的黑膠唱片利基市場為整個音樂產業創造的營收，居然高於YouTube的數十億瀏覽人次。「串流崛起之際，」《時報》總結道，「音樂界損失數十億美元。」㉑大衛．羅利也以一貫的尖酸口吻在部落格寫道，「我的歌在潘朵拉播放了一百萬次，我只得到十六點八九美元，比我賣出一件T恤賺的還要少！」㉒

於是，在喬治亞大學教授音樂經濟學的羅利便成為代表憤怒音樂工作者的公眾面孔。他公開批判網路業龍頭，因而創造事業的第二春——《告示牌》（*Billboard*）雜誌指他二〇一二年在舊金山音樂科技高峰會上的演說為「當代聞名」，演講題目為「見見比前老闆更差勁的新老闆」㉓——他一個人奮力反抗一切不公，從潘朵拉和YouTube的剝削商業模式，到不道德的網路音樂盜版。《彭博》（*Bloomberg*）報導指出，他是獨力對付「整個串流音樂產業」的「任性搖滾魂」。㉔

大衛．羅利也像塔普林一樣，目標是喚起大眾認知到新經濟系統的不公不義，看清音樂人和作詞作曲者是如何被無情剝削。不過，羅利並非光是生氣地繞著新數位公司怒吼。二〇一五年下半，他代表詞曲創作者，對Spotify這家市值八十億美元的瑞典串流服務提出一點五億美元的侵害著作權法集體訴訟。羅利根據自己苦心研究的結果，指控

Spotify對多數串流的音樂取得的都是機械許可證。羅利說，Spotify是偷竊他們這些詞曲創作者作品的「著作權破壞機器」。[25]幾個月後，他又對Rhapsody提出類似控訴，要求該網站也得付使用費給詞曲創作者和藝術工作者。就像廣告業杯葛Google一樣，羅利想辦法要這些串流公司為自己的行為負責。他迫使一個到處犯規的產業承擔後果。

這些訴訟都還在進行中，而羅利的重砲攻擊，激發年輕藝術家相信他們也能改變體制。音樂界知名律師克里斯・卡梭（Chris Castle）表示，羅利讓世人看到，改變體制的唯一方式是告上法庭——至少在美國——因此已經「改變對話」。辦公室在德州奧斯汀市的卡梭告訴我，「立法不再能解決問題。」唯一能強制實行著作權法的，只有創作者他們自己。卡梭指出，在這方面並沒有守護天使存在，華府也沒有像維斯塔格這樣的人物。

索尼音樂（Sony Music）全球數位業務總裁丹尼斯・庫克爾（Dennis Kooker）也同意卡梭的看法。「在羅利的努力下，其他藝術工作者可以安全地跟著跳入，」庫克在他位於曼哈頓的辦公室對我說。藝術家尤其需要大聲說出ＤＭＣＡ避風港的「瑕疵」，庫克爾堅稱，不過，他認為改革潮流主要會來自歐洲。庫克坦承，雖然蘋果音樂和Spotify付費訂閱人數增加，但這對音樂產業、尤其是藝術工作者來說，是「殘酷的十年」。他說，改變的唯一方法，就是由像大衛．羅利這樣的藝術家投身政治行動。

我離開庫克爾絢麗的索尼辦公室後，搭火車到費城與羅利見面，地點是離費城火車站幾條街之遙的一個小型現場音樂表演場地。骯髒的窗戶上貼著自製的宣傳標語，**要韻律不要演算，要社區不要商品、要策展不要編碼**，顯示他們正與數位音樂打仗。

我在費城見到了正在巡迴的羅利——他才剛離開匹茲堡，接下來要前往克里夫蘭。我請他到隔壁的餐廳吃肋排。當晚他要趕兩場私人企業宴會的演唱。他告訴我，他通常一年有上百場的現場演唱，來自音樂的年收入約十萬美元——五萬來自巡演、五萬來自版稅，而版稅多半來自於他唯一的百萬暢銷單曲一九九三年餅乾樂團的〈消沉〉（Low）。魅惑富有的搖滾人生就值這幾個錢。

「音樂生意越來越偏離巡迴表演，要盡量打入各種市場，讓部落客介紹你，」他告訴我。「丟失的是中間階級。」

羅利的不凡之處，在於他平凡的美式作風和長相。他的不理性讓人覺得非常合理。如果好萊塢要拍他的奇遇，吉米．史都華（Jimmy Stewart）還在世的話，絕對是飾演這位謙卑普通的反叛者的最佳人選。我問他在氣什麼，是什麼迫使他獨自挺身而出對付Spotify和潘朵拉這些億萬公司？為什麼他花那麼多時間嘗試拯救唱片業的未來？

「我祖母說過，紅髮的人都很瘋狂，」如今已滿頭灰髮的羅利坦承。「一定是愛爾蘭或蘇格蘭基因在作祟。」

瘋狂，也許吧！但也很聰明。二〇〇六年，當時羅利還是個數學人才，同時也已經是個搖滾新星，他在芝加哥一場派對上遇到一個叫做布拉德・基威爾（Brad Keywell）的人，拿著一本納西姆・尼可拉斯・塔雷伯（Nassim Nicholas Taleb）的《黑天鵝效應》（*Black Swan*），那是一本講述極端不可能的暢銷書。兩人聊了起來，之後，居然發生了如黑天鵝般極端不可能的事，羅利成為基威爾新創公司的顧問，這家公司是特價電子商務網站，後來發展成團購網（Groupon）。羅利的薪資以公司股票支付，二〇一一年團購網公開發行後，成為暨二〇〇四年Google公開發行後的最大網路首次公開發行（IPO），羅利也跟著大賺百萬美元。

「該公司股票上市時，市值兩百一十億美元，」羅利說，他放下啃了一半的肋排，揮舞手臂描述二〇一一年團購網的IPO荒謬天價。「那真是他媽的毫無道理。」

在矽谷有一種說法，「去你的儲備金」，意指你手頭上有個千百來萬——像彼得・提爾一樣——想做什麼就做什麼，甚至公開支持川普都行。可是，大衛・羅利需要十萬美元買回他的自由。是這樣的，他的團購網IPO賺了一百萬美元後，他撥出一成，就像私人稅的概念，留著做善事。結果，這筆錢不僅讓他能在法庭上對抗Spotify和Rhapsody，還讓他從搖滾樂手搖身一變，能夠以肉身對抗整個串流商業。

「大樓著火了，」羅利苦笑著說，他指的是串流商業模式當道，消費者每個月付不到十美元，就可以聽到所有專輯與音樂。「我的工作就是轉敗為勝。」

可是——無論是聯盟藝術工作者、在法庭上打擊科技公司，還是在網路上吵翻天——都沒有特效藥或單一方法可以修復音樂產業的未來，這也是羅利坦承不諱的。他說，一方面目前的訂閱服務無法提供藝術工作者足夠的報償；另一方面，他還冀望YouTube最後會讓內容從免費變成付費訂閱。所以，訂閱既是問題又是答案，取決於由誰付費多少。

然而，還有一件事是羅利很肯定的，他堅稱「這套系統的存在性風險就要出現了」。諷刺的是，它認為封鎖廣告會加速它的腳步。一旦「廣大」民眾開始使用提姆・舒馬雪的Adblock Plus這類破壞性的服務來封鎖網頁廣告，以廣告為生的公司，尤其是YouTube，就會被迫向使用者收取訂閱費。所以，到最後，市場和消費者需求會迫使付費模式重新出現。屆時的挑戰就將是確保每次某首歌曲的聆聽率達百萬次時，藝術工作者獲得的報酬要高於賣掉一件T恤。

如果羅利所說的依廣告獲利的模式終將式微，那麼，我們將需要創新的新網路事業，像是彼得．桑德的Flattr，能夠讓藝術工作者和消費者建立起更個人化的商業關係。Flattr——就像美國的創意平台Patreon，還有人稱新聞界的iTunes的荷蘭小額支付新聞網路Blendle——超越Spotify和Netflix這類網路的中心商業模式，讓藝術和新聞工作者能和他們的消費者建立直接的商業關係。這些都是布拉德．伯恩漢「分權化市場」的典範，共同響應他和提姆．伯納-李讓網路「重新分權化」的號召。

「你獲得你付費的經濟，」羅利告訴我。不過，他注意到年輕世代的音樂愛好者慢慢發現付費獲得內容的重要性。「我的學生都懂，」他告訴我，此時他終於展開笑容。「他們了解沒有任何事是免費的。」

《紐約時報》科技專欄作家法哈德．曼鳩也和羅利一樣，對於付費網路內容開始重生抱持樂觀看法。「事情出現轉變；在未來人類心中，我們的時代也許不會是個死亡期，而是回春與重生，」曼鳩表示，他指的是像Patreon這樣的分權化訂閱平台，二〇一六年，該平台讓三十五位藝術工作者每件作品都獲得十五萬美元以上的報酬。

曼鳩認為，網路也許在「拯救」文化，而非「扼殺」文化。㉖「我不需要上路巡迴，或到酒吧演唱，」有位在Patreon每個月賺兩萬美元的阿卡貝拉歌手告訴曼鳩。「我

可以當個稱職的父親和丈夫。這讓我的事業正常化。它讓藝術家這個職業也能過上正常生活，藝術家以前從沒有過正常生活。」㉗

如果曼鳩提到的這種文化復興真的出現，那麼，部分功勞應該要歸於大衛・羅利，因為他也許要比其他音樂同業更勇於直接面對科技龍頭，為藝術工作者爭取公平報酬。羅利逼著幼稚的串流經濟負起責任，他強迫他們長大成熟。

律師出手反擊

羅利的費城演唱會隔天早上，我又搭乘火車前往波士頓。我從我位於車站附近的旅館叫了Uber載我到李區坦與里斯－利歐丹法律事務所（Lichten and Liss-Riordan），事務所位於博伊斯坦街，此處是這個新英格蘭城市的主要商業區。我叫的車幾乎是立刻就到，我iPhone上的App電子地圖顯示車子一路穿過波士頓街道，已經快要到達。對於常需要旅行的人來說，Uber和Lyft這種共乘服務是在國內外非常方便、便宜的選擇。它們也像YouTube上的「免費」影片一樣，似乎美好到不真實，許多新數位產品真的很難令人置信，至少從勞工的角度來看是如此，這裡講的勞工，就是提供他們核心價值的創意藝術工作者和司機。

過去一世紀以來，勞工的意義大幅改變。工業時代有「無產者」——工廠裡領死薪水的勞動大眾。然而，如今在貧富越來越不平等的網路時代，則有「不穩定無產者」——透過Airbnb分出家裡多餘房間、在Instacart代購服務宅配雜貨，或開著自己的車幫共乘公司載客的暫時性員工。網路經濟裡的勞工操作系統正以令人眼花撩亂的速度不斷變化，預計二〇二〇年將有四成的全美勞工加入該系統。㉘可是，不幸的是，法律的腳步卻望塵莫及，無法保護這些待遇低、無保障的勞工不被Uber這類貪婪的超級私有強權壓榨。

《紐約時報》二〇一七年四月的社論談到零工經濟，文中提出警告：「這些公司發現他們能利用軟體和行為科學的優勢，來進行舊式的勞工剝削……因為員工沒有相關法律來保護他們。」㉙

我的Uber司機開著一塵不染的白色豐田普銳斯（Toyota Prius），是個有禮貌的巴基斯坦年輕人，他告訴我，他兼職開車是為了付他在波士頓大學工程研究所的學費。我問他為這家市值七百億美元的共乘公司工作是否開心，畢竟，於二〇一七年二月成立這家公司的崔維斯・卡拉尼克曾被拍到對一位貧窮的Uber司機爆粗口，嫌他不夠獨當一面。我司機的回答毀譽參半。的確，他承認他很喜歡能夠自己選擇時間的自由性；但他說他的收入沒有原本預期的那麼多——尤其是扣掉保險、汽油、折舊，和他這台普銳斯的其他成本。他不諱言地說，事實上，生意不好的那幾天，他的所得可能還不如麻州的十一美元基本時薪。

「Uber公司不提供任何福利嗎？」我問。

「不，什麼都沒有。我是獨立合約員工，」他有點難過地告訴我。「我為我自己工作。」

Uber借用矽谷保障絕對個人自由的自由主義幻想，成為共乘經濟與零工經濟的先鋒，該公司宣稱授權人們自由決定工作時間與地點，沒有一般全職工作完全被綁住的限制。雖然從某些地方來看的確是如此，但實際上，對於全世界七十個國家的一百五十多萬Uber司機來說，完全沒有被授權的感覺。沒錯，司機們不需要對Uber承諾固定工時，但Uber同樣也沒有對司機們承諾什麼。這象徵著一個越來越不平等的經濟，在這經濟當中，像Uber和Lyft這樣的百萬新創企業完全不把他們的高市值與員工分享。二〇一七年七月，由英國國會議員法蘭克．菲爾德（Frank Field）所做的零工經濟報告顯示，英國有些為包裹力（Parcelforce）和售車網站webuyanycar.com工作的自雇司機一小時只賺二點五英鎊。[30]

《紐約時報》二〇一七年那篇社論指出，「在現實中，Uber、Lyft、Instacart和Handy這些公司沒有烏托邦的存在，他們的勞工往往被壓榨，不但工時長、薪水低，還得不斷尋求下一個客人或工作。」[31]或者，就像《紐約客》記者吉雅·托倫提諾（Jia Tolentino）在評論自由接案市場Fiverr這種隨選服務公司盛行的情況所說的，「零工經濟表彰工作到死。」[32]

我這個重度Uber服務使用者的個人經驗和這些結論一致。我為了本書做研究走遍了全世界，和許多司機談到Uber的價值。很少有幫這家矽谷新創公司說好話，多數都承認他們正在找其他工作來增加收入。例如，我在新加坡遇到曾擔任新加坡航空行銷主管的退休人士，因為被兒子趕出家門，而被迫開Uber營生。他一週工作六十個小時，只賺五百新加坡幣（約三百五十美元）——「比清潔工還不如，」他對我嫌棄他不到六塊錢的時薪。

當然，這些都是閒談——是我從計程車後座進行的老式研究方法——但這些結論有數據加以證明。紐約市有個Uber司機團體估計，五分之一的團員在扣除汽油、維修和保險費用之前的年收入不到三萬美元。《情報》（*The Information*）雜誌二〇一七年從網路科技資源整理出的報告發現，Uber的司機在開始工作一年以後還留在這個平台的只占百分之四。[33]

我說過，問題出在法律。或者，更明確地說，是出在既有法律無法適用於零工經濟。這也是我來波士頓造訪李區坦與里斯－利歐丹法律事務所的原因。我們抵達博伊斯坦街後，我向我的司機道謝，並在iPhone上給他五顆星的評價。我希望我可以給他小費，但Uber App不讓我這麼做——應該是因為小費會直接進入司機的口袋，Uber拿不到的關係。

湯瑪斯．莫爾的《烏托邦》裡當然沒有零工經濟，也沒有律師。自嘲又詼諧的莫爾自己在十六世紀的倫敦是執業律師，但卻不准他們出現在他的島上。「在烏托邦，每個人都是法律專家，」他如此介紹一個法律已經極端民主化的想像社會，「法律內容並不多……任何法律，人們認為最顯而易見的解釋才是最公平的。」[34]不過，在真實的世界裡，尤其是美國，既不乏專業律師，也不缺複雜的法律給他們解釋。不過，要是國家的政治體系持續崩壞，這也許不是件壞事。像羅夫．納德這樣勇於突破的律師，在改革美國資本主義上扮演具歷史性的重要角色。音樂產業律師克里斯．卡梭以大衛．羅利對Spotify和Rhapsody提出集體訴訟為例，向我說明法律也許是現今讓娛樂公司更負責任的最有效途徑。你應該還記得在九〇年代美國政府控告微軟違反反托拉斯法訴訟當中，矽谷律師蓋瑞・瑞巴克所扮演的中心角色吧！——這個案子最後助長了Google和臉書充滿創新構想的網路2.0革命。

我來波士頓是為了見一位曾被委託人稱為「大錘香儂」的律師，根據《瓊斯夫人》（*Mother Jones*）雜誌的說法，她是「Uber最可怕的惡夢」。㉟香儂・里斯－利歐丹（Shannon Liss-Riordan）是哈佛畢業的律師，過去五年來，主攻零工經濟對勞工的不平待遇。《政客》把她列入二〇一六年全美五十大最具影響力的人物，而《舊金山》（*San Francisco*）雜誌則把她形容成「矽谷被罵得最兇的女性」，這也讓她「成為暨羅夫・納德控告通用汽車之後，法律界的隱形名人」。㊱

身材嬌小的里斯－利歐丹怎麼樣都不像個大錘，她帶我進她的辦公室——室內貼了同樣是零工經濟批評者、也是她的政壇聯盟，麻州議員伊莉莎白・華倫（Elizabeth Warren）的大事紀㊲——她坦承，數位革命讓人們工作更有效率。「我喜歡科技為我們做的事，」她告訴我，言談之間聽起來很像瑪格麗特・維斯塔格。「但它不該被濫用。」

我們不妨將香儂・里斯－利歐丹和羅夫・納德比較一番。之前提過，納德一九六五年的暢銷書《任何速度都不安全》揭露了雪佛蘭車廠的科維爾車款有致命的瑕疵，最後進而瓦解了美國汽車產業在全球的主導勢力。五十年後，里斯-利歐丹則發現美國最新自動創新中固有的危險——線上共乘業。不過，納德發現的是美國汽車的瑕疵設計，而李斯-利歐丹大力討伐的則是美國零工經濟中有瑕疵的雇用結構。

二〇一三年，里斯-利歐丹代表加州Uber司機提出集體訴訟，指控Uber誤將旗下司機歸為獨立合約員工，而事實上他們應該是正式員工，依法享有補償、失業和社會安全等福利。控訴內容還宣稱Uber先是承諾小費內含，制定訂價後，又沒有把額外金額交到司機手中。二〇一五年，里斯-利歐丹與Uber達成和解，為加州三十二點五萬名、麻州六萬名司機爭取到八千四百萬美元，換得這家矽谷公司繼續以獨立合約的方式來雇用旗下司機。她另外也對其他網路公司提出集體訴訟，包括Lyft、送餐服務公司DoorDash和Grubhub、雜貨採買App Instacart和購物App Shyp。二〇一五年七月，家庭清潔零工新創公司家悅（Homejoy）宣布歇業，這是《富比士》雜誌稱為「幸運兒」的一家很高調的公司，㊳依該公司執行長的說法，里斯-利歐丹的集體訴訟是讓他們選擇停止營業的「決定因素」。㊴

里斯-利歐丹也像大衛．羅利一樣，希望這些新公司勇於負責。「我是個代理監管者，」她說，並強調她的工作只是協助執法。「舊規則依舊適用，工作性質並未改變。

面對雇主，人們依然需要法律的保護。」

里斯－利歐丹的主要成就在於強迫零工經濟長大、成熟。例如，她對Instacart和Shyp的控訴，讓這兩家公司改變他們的雇用政策，從合約員工改為全職員工。她引述二〇一五年的全國就業法計畫（National Employment Law Project, NELP）告訴我，有越來越多的隨選經濟企業開始尊重勞工權利，包括送餐服務Sprig和Munchery、個人助理Hello Alfred、代客停車服務Luxe和清潔服務MyClean等。

努力修復這個問題的不只有里斯－利歐丹，許多創業家、監管者、消費者、教育工作者和勞工也正齊力建造一個創新與公平並存的隨選經濟。之前提過，到了二〇二〇年全美國十個人當中將有四個人是不穩定無產者——這樣的預測涵蓋娛樂與媒體、交通、教育、法律和健保等所有產業。[40]因此這是我們這個時代的一大議題。要是現在能把它導正，就能保證未來世代會有優質的工作品質。

要毀謗像前Uber執行長崔維斯．卡拉尼克這樣的公眾人物（pantomime figure）當然很容易，這位自由派富豪曾在推特上炫耀艾茵．蘭德（Ayn Rand）的照片。不過，還好還有其他創業家像成熟大人一樣勇於當責，負起責任。西雅圖的網路公司Redfin執行長格倫．凱爾曼（Glenn Kelman）就是個很好的例子。這家公司專門提供線上房地產資料庫，旗下經紀人有一千多位，二〇一七年七月首次公開發行非常成功。凱爾曼以兩億美元賣掉之前的網路新興事業，於二〇〇六年成立Redfin，堅持這家新公司完全不雇用合約員工，所有的房產經紀人都是全職員工，享有健保福利和401(k)退休金提撥。格倫・凱爾曼的理由是——除了全員共享Redfin創造的財富以外——還可因此提供更佳的顧客服務。凱爾曼率先創造這種不一樣的新創公司模式，甚至還被《紐約時報》譽為「民間顧問」，可以指導其他有興趣的新創企業家來改變現有的獨立合約雇用制，以符合道德與倫理。㊶就像那份NELP隨選經濟報告的副標一樣：「將勞工視為員工對事業有百利無一害的原因」。

有些經濟學家相信我們需要改掉全職員工制和獨立合約制的二分法。前美國總統歐巴馬的經濟顧問委員會主席、目前在普林斯頓大學教授經濟學的艾倫・克魯格（Alan Krueger）認為，我們目前的處境和十九世紀末期工業勞工補償制度興起的情況很類似。不過，克魯格在二〇一五年的一份白皮書中指出，㊷我們需要一個新的勞工類別，既不是自由工作者，又不是全職人員。這位普林斯頓大學的經濟學家將這種新混合類別稱為「獨立工作者」，他認為Uber或Lyft的零工經濟勞工應該要獲得舊制的部分勞工福利——「但不包含那些不合理的部分。」㊸

雖然克魯格的提議聽起來非常合理，但是，在這個充滿敵意的政治環境中實在很難付諸實行，政府監管者和法庭忙著對抗像Uber或Airbnb這些科技破壞者。就像反托拉斯法一樣，最後還是需要透過法律規範來防護隨選經濟可能造成的最壞後果。世界各地政府都在致力發展能保護勞工和消費者的點對點經濟。例如，二〇一五年，西雅圖市議會匿名投票通過，讓使用即時叫車服務App的司機能夠籌組工會。㊹二〇一六年倫敦就業法庭通過一項法案，讓這些司機依法擁有勞工權利，包括國家最低薪資和有薪假期。㊺二〇一六年，洛杉磯與舊金山市控告Uber誤導顧客對於司機背景調查有「錯誤的安全感」，這家共乘公司因而付出了兩千五百萬美元的和解費。㊻在德州奧斯汀市，選民拒絕了Uber和Lyft自我規範他們的服務的提議。「信任我們」是二〇一六年公投案的訴求。「不信任」是選民的投票結果。㊼

世界各地的政治人物也盡責地規範共享經濟的其他領域。香儂・里斯－利歐丹的政治夥伴，麻州議員伊莉莎白・華倫盯上了Airbnb，指稱這家市值三百一十億美元的住宿分享新創公司強迫調漲大城市的住宿費用。二〇一六年十月，華倫聯合十幾個城市的律師，敦促聯邦貿易委員會「協助各個城市保護消費者」，並研究短租市場對整體租屋市場有何影響。㊽二〇一六年十一月，紐約市與舊金山的監管者成功地讓Airbnb針對新屋主訂定「一位屋主、一間房子」的規定，做為防止租金上漲的機制。為維護合理房價，柏林和巴賽隆納都嚴格管制Airbnb，柏林禁止將公寓出租給觀光客，而巴賽隆納則積極取締非法出租。[49]就連冰島也為了控制當地市場價格，而立法限制Airbnb上物件出租的天數。[50]

不穩定無產者為了改變體制也走上街頭。二〇一六年八月，Uber的送餐服務Uber-EATS的司機包圍倫敦餐廳，要求Uber付給他們倫敦的保障最低時薪，九點四英鎊（十二點一美元）。[51]二〇一六年十一月，美國有一場Uber司機全國大遊行，要求時薪十五美元的最低薪資。[52]同時，在二〇一六年五月，紐約市三萬五千名Uber司機同意成立名為「獨立司機工會」（Independent Drivers Guild）的組織，附屬於更傳統的工業勞工工會。[53]事實上，該組織首次採取行動是在二〇一七年四月，由一萬一千名司機簽名連署，要求Uber在它的App上加入小費選項。[54]於是，我最近若遇到像上次那位在波士頓載我去找香儂·里斯-利歐丹的巴基斯坦年輕人那樣的司機，已經能夠用電子付費的方式給他小費了。

消費者也團結起來，迫使Uber更勇於當責，負起責任。二〇一七年初，Uber執行長崔維斯·卡拉尼克被延攬進入川普政府的經濟委員會後，推特上出現#DeleteUber（刪除Uber）運動，結果有二十多萬名Uber顧客（占四千萬用戶的千分之五）關掉他們的帳戶。

「改用Lyft。坐計程車、公車或火車，」《紐約時報》的法哈德．曼鳩建議大家剔除Uber，斷絕該公司永不停止的毒害。「豁出去了，乾脆雇個加長禮車、還有戴金頂帽的司機。」[55]

就連Uber員工也加入抗議，內部流傳一封「致崔維斯的信」，說他對川普的支持讓公司染上反移民的色彩。此次抗議非常有用，二〇一七年一月，卡拉尼克終於屈服於各界的壓力，辭去川普的顧問委員一職。[56]

雖然以上這些勞工活動都有顯著成效，但有一個問題——這個瑕疵是個死亡陷阱，就像科維爾汽車的機器缺陷一樣會致命。大家都以為人力——司機、泊車小弟、清潔工和雜貨代購人——會一直是二十一世紀點對點經濟的核心。可是，這也許是錯的。想想看，要是機器人取代這些勞力，要是人力因為史上最具破壞性的科技革命而變得多餘，那該怎麼辦？

這不是好萊塢拍的反烏托邦電影的科幻惡夢。二〇一五年一月，Uber「侵入」卡內基美隆大學的機器人實驗室，「偷走」了研究自動駕駛車的五十人團隊。[57]我撰寫至此，這件事發生已經兩年多了，Uber分別在賓州和亞利桑那州都已進行過無人駕駛車的實驗。Google、蘋果和其他許多傳統汽車公司也都在進行類似的試驗。等到你閱讀本書的時候，我們距離無人駕駛車實際上路可能又更近了一點。

各界大筆投資自動駕駛車——尤其從Uber的觀點來看——原因昭然若揭。「Uber的未來主要仰仗解決無人駕駛的問題，」科技網站《重新編碼》解釋道。「讓司機出局，還能增加公司獲利：無人駕駛車把車費全數交給Uber，公司不用再分錢給司機，而且一天可以營運二十四小時。」㊽

之前提過的哥倫比亞大學經濟學家傑弗瑞．薩克斯警告我們，科技失業的問題迫在眉睫，不光是交通，而是所有經濟部門。等到Uber這樣的私有強權用智慧機器取代一千五百萬司機，獲利百分之百歸為己有，我們該怎麼辦呢？演算法不僅將取代大批勞動階級，還將做起律師、醫生和工程師的工作，我們該如何修復這樣的未來呢？

這是地平線的彼端最嚴重的長遠問題，目前已快速成為二十一世紀的大哉問。可是，這並不是需要全新解決方案的全新問題。事實上，早在五百年前，湯瑪斯．莫爾——面臨十六世紀農業經濟的破壞性改變，創造出「貪婪」與「兇猛」的羊群，據他生動的描寫，還會「吞噬人類」㊾——已經提出解決這個問題的方法了。所以，要開始談這個問題前，先讓我們回到烏托普斯國王建立的島國風光——那個熟悉的、偏僻的烏有之鄉。

10 行動地圖五：教育

生活之樂

在湯瑪斯．莫爾的烏托邦中，沒有「無精打采的閒人」、沒有「無用的滋事分子」、沒有「懶散的僧人術士」、沒有「壯年乞丐」。①每一個人都工作，包括女人在內；可是，沒有人一天工作超過六個小時——早上三小時、下午三小時。根據莫爾的說明，其他時間則讓「每個人自行安排」，社會規範包括不得「飲酒喧鬧」或「無所事事」，因此人們多半利用休閒時間來從事「智力活動」，例如參加教育性公共演講，或進行他們自己的「事業」。到了晚上，全員共享晚餐後，人們「花一個小時來休閒」，像是園藝或運動等等。最後，在上床前，烏托邦人會演奏音樂、玩遊戲或聊天。②

莫爾的意思是，在理想中的社會，工作很重要——可是休閒更重要。「休閒的主要貢獻是，至少在公眾需求允許之下，所有人民在勞動之後，都應該要有足夠的時間留給心靈的自由和文化，」他解釋道。「因為，他們認為那才是人生之樂。」③因此，烏托邦的生活目的是讓人們能夠從日常的苦差事脫身，有更多時間自我成長。這很類似卡爾・馬克思早期的願景，他在《德國意識型態》（*The German Ideology*）中提到，創造一個利用技術解放人們的後革命社會，我們因而有時間早上去打獵、下午去釣魚、晚上養牛群、飯後批判家事國事。其目的是培養出會去從事園藝、運動、演奏音樂、與人交談的人民。這才是莫爾的想像之島上的真正工作。最終目標是付錢讓人們什麼都不做，只要讓自己成為更好的公民就可以了。如此一來，烏托邦是讓人們精益求精的一所永遠不會畢業的學校。而《烏托邦》作者莫爾本身也是個老師，他喚起讀者的自覺——鼓勵我們去想像一個人們可學會如何精進自己的地方。

《烏托邦》出版五百年後，莫爾的文藝復興人本主義——強調實現「人生之樂」——又重新流行起來。當然，它其實從未遠離。青年馬克思在十九世紀就不斷提醒它的存在。只不過如今它不叫做烏托邦或共產主義，而是頂著「全民基本收入」的名稱，其概念是，在這個科技性失業與不平等不斷加劇的時代，無論是否工作，政府都會給所有人民——無論貧富、老少或男女——足以維生的基本補助。「不勞而獲」是某家媒體為全民基本收入下的標題。[4]還有一篇名為「渴望天堂的到來」的報導將未來描述成「人手一個科技聚寶盆，上班領薪變得可有可無」。[5]

不管是不是天堂，看起來，今日矽谷內外人人都把全民基本收入描述成無工作可做的可怕危機，擔心人類會在智慧機器時代變成尤瓦爾・諾亞・哈拉瑞（Huval Noah Harari）所謂的「無用階級」。[6]全民基本收入支持者包括Y Combinator執行長山姆・奧特曼，以及較傳統的改革派，像是服務業雇員國際工會（Service Employees International Union）前總裁安迪・史坦恩（Andy Stern）等。奧特曼資助奧克蘭試辦全民基本收入，而史坦恩則是著書倡議在全美國實行。[7]全球各國與地方政府——從加拿大、芬蘭，到巴西、荷蘭和瑞士——都透過公投或試驗計畫，來重建工業時代的社會安全系統。《金融時報》創新版編輯約翰・索恩希爾將之描述為工業與數位時代操作系統的轉換，是「有現代吸引力的舊構想」，舊構想指的是五百多年來讓莫爾、湯瑪斯・潘恩（Thomas Paine）、約翰・斯圖亞特・彌爾（John Stuart Mill）、弗瑞德里希・海耶克（Friedrich Hayek）和米爾頓・傅利曼（Milton Friedman）等思想家印象深刻的觀念。[8]

全球宣傳全民基本收入最成功的倡導者，是瑞士政治激進分子丹尼爾・斯托布

（Daniel Straub），鑑於烏托邦如此重視創新教育，斯托布以前當過老師這件事也不令人意外了。他曾任教於蘇黎世一間蒙特梭利學校，該校採行二十世紀初期義大利教育改革者瑪麗亞．蒙特梭利（Maria Montessori）的教學理念。蒙特梭利批判工業時代義大利傳統學校裡嚴格的紀律和死背的學習方法，率先創造讓孩子透過創意活動來主動探索的教育系統。湯瑪斯．莫爾強調實踐式學習的價值，同樣的，蒙特梭利也相信孩子透過心智和感官的訓練來發展，成效最佳。她於一九〇七年在羅馬創立她的第一間學校。她的革命性學校不分年級、沒有課桌椅，也沒有傳統的教室，而是安排了手作藝術課程——園藝、在模型廚房裡做家事、體操和創意式遊戲——旨在自然培養學生一輩子的自律能力。該系統最初被傳統教育人士歸為「烏托邦派」，但今日在全世界一百一十個國家共有兩萬多家蒙特梭利學校，其中，最知名的蒙特梭利畢業生是Google創辦人謝爾蓋．布林和賴瑞．佩吉。

「我們的學校來自工業時代，是兩百年以前的產物，這真令人震驚，」斯托布說。他也有小孩，他抱怨瑞士的傳統學校鼓勵學生順從。相較之下，他在蒙特梭利教書的經驗符合他對人類天性的信念。他告訴我，蒙特梭利學校的孩子一點都不被動。反之，他表示，「他們發自內心想動手去做。」

我在斯托布狹窄的二樓辦公室與他見面，樓下是一家基督教圖像商店，店外是奧古斯丁街，這是一條位於蘇黎世舊城的石子路。他告訴我，這棟舊建築建於一三六五年，最初是一位喇叭樂手的家，可是宗教改革全面禁止音樂——自此，奧古斯丁街上的這棟房子也像蘇黎世其他地方一樣，整個十六世紀都保持安靜。

宗教改革期間，最大的爭論是自由意志，而非全民基本收入。十六世紀整個歐洲北部——從英格蘭、比利時、德國到日內瓦、巴塞爾和蘇黎世等瑞士大城——都在談論人類能動性。伊拉斯謨、莫爾和霍爾班這些文藝復興人物，因而槓上馬丁．路德和在蘇黎世發起宗教改革的烏利希．茨溫利（Huldrych Zwingli）等平民主義倡議者。之前提過，這是一場人本主義者和宗教狂熱分子之間的爭論，前者認為我們能自由創造我們的歷史，後者則相信預定論的存在權力剝奪觀念。如今，五百年以後，同樣的辯論再度出現，一邊是技術決定論者，另一邊則是像愛德華．史諾登這樣相信人類有能力決定未來的人。

丹尼爾．斯托布本身是人本主義，相信我們能自由創造未來。二〇〇七年，他突然頓悟——是中歐人的那種正面方式——受到「感召」，要透過追求全民基本收入來提高「人類意識」。「人們多半將高失業率視為問題，」斯托布告訴我。可是，對他來說，智慧機器其實解放了人類。「機器讓我們有餘力去做我們想要的事，」他表示，這也呼應了莫爾在《烏托邦》裡提到休閒重於工作的概念。他說，它們可以幫我們讓生活再度響起音樂。

斯托布指出，科技大幅改變工作和就業的性質。「我父親一輩子都做同一個工作。而我先後做過六份工作。我的孩子則可能會同時做六份工作，」他解釋道。他認為，這就是我們需要全民基本收入的原因。它能給我們一個「平台」或「基礎」，發揮創意來瀏覽這個動盪的新工作環境。

於是，丹尼爾・斯托布開始修復未來。他的目標可以說是讓整個瑞士轉型成蒙特梭利學校，讓每個人都能自由地把工作變成認真的遊玩。就像莫爾的烏托邦一樣，斯托布也想在瑞士創造一個追求「生活之樂」的環境。二〇一二年，他和一小群激進同好展開無條件基本收入試驗計畫的公民連署。依瑞士憲法規定，舉行公投需要十萬人簽名，他們在二〇一三年達標了。最後，總共有十二萬人在請願書上簽名——占瑞士總人口的百分之二。二〇一六年六月，瑞士人進行公投要求全民每月獲得基本收入，成人兩千五百瑞郎（兩千五百一十四美元）、孩童六百二十五瑞郎（六百二十九美元），堪稱全球創舉。

你會以為湯瑪斯・莫爾口中的烏托邦經濟一定是「生活必需品缺乏」，因為人們工作時間不長，又沒有私有財產或金錢。可是，事實上他向我們保證，烏托邦的「必需品富足，生活也很便利」，因為島上每個人都為公共利益齊心協力。⑨斯托布提案的經濟原理也很類似。至於改革的經費，他提議動用瑞士國內生產毛額的三分之一——另外三分之二則「不動用」。因此，就像烏托邦一樣，每個瑞士人都對公共利益有所貢獻。

二〇一六年的公投斯托布輸了，有百分之七十七的反對票，儘管如此，他還是把此次投票視為一大勝利。首先，他提醒我，還是有些地區壓倒性地支持這項提案。其次，也是最重要的，他成功喚起在二十一世紀改造社會的意識。斯托布也像湯瑪斯．莫爾一樣，把烏托邦標上地圖。他告訴我，在公投之前，全瑞士沒有人聽過全民基本收入，他露出燦爛的笑容，說，如今「大家都聽過了」。

總之，斯托布預測社會改革是遲早的事，因為工業時代的福利制度早已過時。他說明，問題是經濟成長趕不上生產力。「我堅信，」他說，「基本最低收入一定會實現。」

許多思想家也都像斯托布一樣，相信我們的工業社會安全系統遲早要徹底改革。我離開蘇黎世後，飛到阿姆斯特丹拜訪歐洲另一位基本最低收入的倡導者，羅格．布雷格曼（Rutger Bregman）。布雷格曼來自於烏得勒支市，這個荷蘭城市於二〇一七年率先無條件支付市民每月生活津貼。他著有《改變每個人的三個狂熱夢想》（*Utopia for Realists: How We Can Build the Ideal World*），⑩這是一本倡議全民基本最低收入的暢銷書，已被翻譯成二十幾個語言。我們在意外溫暖的四月午後坐在阿姆斯特丹中央車站外的咖啡店，年輕的布雷格曼對我娓娓道來基本收入的理念。他重申他書裡的中心思想，強調我們需要「控制未來」，他也像丹尼爾．斯托布一樣，高興見到讓人類變笨變累的「狗屎工作」終將消失，不過，最重要的是，我們住在一個極度破壞性的時代，想要成功重建工業福利制度，就需要所謂的「大創意」。他告訴我，舊制留下來的是心智破產，這也許能說明為什麼有許多傳統的社會學家，尤其是工會裡的那些人，還不能接受全民基本收入的觀念。

許多科技專家和創業家也認同全民基本收入的構想，認為這是明日網路社會的重要特性——甚或是社會安全的中央支柱。Zipcar和Buzzcar前執行長蘿賓．崔絲（Robin Chase）是全民基本收入的倡議者，她告訴我，這構想是一種「發掘人們才能」的投資。她向我保證，這項構想實施後，一定會「釋放出大量的快樂、創意和生產力」。史都．波伊德（Stowe Boyd）話說得更重，他是波士頓很有影響力的科技評論家與研究人員，將自己形容成「後未來學家」。他對我提出警告，要是我們未能實施全民基本收入，街上就會有「成千上萬的無業遊民」。更糟糕的是，波伊德預測，如果不處理這個問題，到了二〇二〇年代中期就會爆發他稱為「人類春天」的民眾革命。

馬丁・福特（Martin Ford）是科技性失業議題的世界權威，他依據自己在矽谷的觀察，寫了《被科技威脅的未來：人類沒有工作的那一天》（*Rise of the Robots: Technology and the Threat of a Jobless Future*），⑪獲選為《金融時報》二〇一五年度最佳商業書。我們在矽谷的桑尼維爾一家科技人喜愛光顧的希臘餐廳吃午餐，福特告訴我，他認為再過十五、二十年，會爆發大規模失業潮，高低收入的工作全都會受到影響，尤其是司機、商店助理和辦公人員這類服務性質的工作。「這不是什麼祕密，」他指的是智慧科技對就業的影響。「政治人物一直在說工作機會會回來，」他直言不諱，「但其實不然。」所以，他也像其他人一樣，相信「最簡單、最務實的解決辦法」就是全民基本收入。他認為需要從小規模的試驗性計畫做起，再透過全面加稅，包括碳稅和增值稅在內，來分階段實施。他說，並非每個人都會成為創業家，「但如果你給人們一個安全網，他們就願意承擔更多風險。」

每個地方都傳出一樣的訊息，但很少有人像艾伯特・溫格（Albert Wenger）那麼理想化。溫格是布拉德・伯恩漢在聯合廣場創投的合夥人——另外還有伯恩漢自己和約翰・

博斯威克——是紐約市最有先見之明的新創科技投資人之一。出生於巴伐利亞、在美國受教育的溫格將全民基本收入稱為「經濟自由」，並在二〇一六年的著作《資本後的世界》（*World After Capital*）中，把它列為三大基本「自由」之一。⑫不過，溫格說，給人民每月津貼的做法本身並非解決方案，還必須伴隨著其他兩大自由。一個是「資訊自由」，指的是以點對點公司為主的「重新分權」的網路，像是為創意買賣提供平台的小額支付網Patreon就是最佳範例。另一個則是「心理自由」，這來自於他所說的「自我規範」——也就是駕馭自己的能力。因此，在艾伯特・溫格的烏托邦裡，「經濟自由」給我們創作的時間；「心理自由」給我們創作的紀律；「資訊自由」則給我們買賣創意的操作系統。重要的是它們要一起存在，這才是溫格對於「資本後世界」所設想的理想操作系統，他信誓旦旦的說，在這樣的世界中，「唯一珍貴的事物」會是「我們的注意力」。

溫格也像丹尼爾・斯托布一樣，將教育系統的再造視為修復短期未來的重要方式。我去紐約市百老匯的聯合廣場創投辦公室拜訪他時，他告訴我，駕馭自己的能力、平衡腦中的理性和感性「超級重要」，尤其是在充滿無限自由假象的網路世界裡。他跟斯托布都相信目前的教育系統已「支離破碎」，因為它無法教導孩童如何達成這種心理自由。因此，他的三個青少年子女——全都由溫格和他的妻子、連續科技創業家蘇珊．丹吉格（Susan Danziger）親自教育，在家自學——喜歡閱讀斯多葛哲學、神經可塑性和佛學方面的書籍。

不過，許多雙薪家庭無法讓小孩在家自學，而且很少有父母能像溫格和丹吉格那樣提供經濟資源或知識優勢。那麼，我們該如何修復破碎的教育系統呢？孩子們未來將可能面對永久性失業、依靠每月全民基本收入津貼，或者同時做著六份工作，我們又該教導什麼，才能讓他們為未來做好準備呢？

人類擅長什麼？

終於，我們要探討教育的問題了。

人們總是說教育是答案，特別是那些未從事教職、也不在學校工作的人對此堅信不疑。教育是人們應該如何為在新經濟工作重新受訓的方式。教育是孩童發展溫格的「心理自由」、破除網路成癮的地方。教育是——借用斯托布的話——我們學會當人類的地方。雖然以上說法都沒錯，但教育成了每一件事的預設解答。當我們不知道該如何解決某個大問題時，總是把它丟進教室，讓那些低薪超時的老師負責修復。問題越大、越不定型，我們就越常把它丟給學校來處理。

例如，MIT經濟學家艾瑞克・布林優夫森（Erik Brynjolfsson）和安德魯・麥克費（Andrew McAfee）合著的《第二次機器時代》（*The Second Machine Age*），探討摩爾定律的經濟衝擊，他們在這本精彩的暢銷書中，將教育列為解決美國未來的頭號政策建議。「把小孩教好」，是布林優夫森和麥克費的結論，並提出調高老師待遇，讓他們教學更負責，尤其是那些「像創造力和非結構式問題解決等難以評量的技巧」。兩人還建議，老師應該利用磨課師（MOOCs）這類新科技，「以低成本來複製優秀老師、內容和方法」。⑬

然而，事實是，孩童並沒有被教好，至少在美國是如此。二〇一七年五月皮尤研究中心報告《未來工作和工作訓練》（*The Future of Jobs and Jobs Training*），向一千四百零八名美國資深主管、大學教授、AI專家提出，一連串關於在自動化世界裡教育人們的挑戰。報告結果發現，百分之三十的受訪者對於中小學、大學和工作訓練內容會迅速進化、跟上下一世代的勞工需求表示「沒有信心」。⑭「老闆認為你的工作技能很快就毫無用處」，《華盛頓郵報》對於這份報告結果下了殘酷的結論。⑮

該報告的合著者、同時也是皮尤研究中心主任李・雷尼（Lee Rainie）針對這份報告指出：「人們一直在苦思這個基本的形而上問題：人類擅長什麼？找出這個問題的答案很重要，因為機器與人類混合的世界已經到來，而且將加速發展。」⑯

那麼，人類到底擅長什麼呢？特別是，和那些李・雷尼口中「正在吃掉人類工作」的智慧機器相比。⑰

我把這個問題拿去問尼古拉斯・卡爾（Nicholas Carr），他是美國專門探討數位革命中人類成本極受敬重的作家，著有被提名普立茲獎的《網路讓我們變笨》（*The Shallows*），以及其他關於科技的重量級著作。我來到卡爾的家鄉，科羅拉多州的波德市，與他在一間古怪的塔吉克斯坦餐廳吃著中亞食物，他對我高談形而上學。

儘管他承認當人們給他貼上「人本主義者」的標籤時他會生氣，但他還是生動地區分出人類和智慧機器的不同之處。「電腦沒有瘋狂地帶，它們不能矛盾，也無法設計去處理模稜兩可的情形，它們也沒有直覺，」他解釋道。

之前提到過，史帝芬・沃爾弗蘭不認為電腦會有「目標」，卡爾也一樣，認為要讓智慧機器變得有自覺、有意識，「簡直難以置信」。「和機器人相比，人類意識最偉大的地方，」他喝口啤酒，說，「是我們可以同時做不同的事情。」

可是，我們該如何把孩童教好呢？我問他。我們該教孩子哪些技巧，讓他們不只有工作可做，還能適應李．雷尼所說的「機器和人類混合的世界」呢？

卡爾談到豐田汽車最近宣布，在日本某些工廠將以資深技術人員取代機器人。豐田發現這些員工有多年的經驗，能處理工作上不願遇到的模糊地帶。有多年診治病患實務經驗的醫生也具有這樣的直覺。他說，這種直覺絕不可能被演算法取代。卡爾特別提到另一位美國人氣作家馬修．柯勞佛（Matthew Crawford）筆下的「摩托車修理店的未來工作哲學」。⑱卡爾也像湯瑪斯．莫爾一樣，認為人類獨特的價值在於實行，因此，卡爾認為，教育不應該光是知道，還要包括動手去做，這一點和蒙特梭利不無類似。

所以，根據尼古拉斯．卡爾的說法，這就是人類在智慧機器日益當道的時代所擅長、能發揮的地方。因此，教育工作者面臨的挑戰（或契機），就是教會學生機器人或演算法做不到的每一件事情，在卡爾看來，這包括培養直覺、模稜兩可和自我意識，而他認為電腦的局限性很大。曾在蒙特梭利學校教書的斯托布認為，人類擅長的是自覺和「感召」的觀念。而有三個在家自學的青少年子女的艾伯特．溫格則認為是「心理自由」成就的自我駕馭。

這正是五百年前莫爾在《烏托邦》裡陳述的人本主義教育理想，著重的是無法量化的知識：如何與同儕說話、如何領會自律、如何享受休閒、如何獨立思考、如何當個好公民。然而，這種創新教育如今真的存在嗎？或者，也像莫爾的想像之島一樣，只是個無法實現的虛構想法？

避免穀倉效應

我和馬丁・福特在桑尼維爾的希臘餐廳用餐結束後，往北開上美國一〇一號公路，來到帕洛奧圖高中。這間公立學校和史丹佛大學位於同一條路上，坐落於世界冒險之都——矽谷的中央。像史蒂夫・賈伯斯這樣的科技巨擘都會把子女送到這間學校。

二〇一七年皮尤中心公布一項令人不安的報告結果，指出美國教學品質惡劣，儘管如此，還是有一些勇於創新的學校老師成功地幫助學生為智慧機器主導的未來做好準備。我來帕洛奧圖高中找一位馳名加州的老師，想了解她的教學方法。埃斯特・沃西基（Esther Wojcicki）——人稱沃J——自一九八四年一直待在帕洛奧圖高中教新聞學。她在該校成立了面積兩萬四千平方英尺的媒體藝術中心，如今有六百名學生，並出版九份刊物，是全美規模最大的數位媒體計畫。她曾於二〇〇二年獲選為加州年度優良教師，並贏得無數地方與全國性的教育獎項。她與人合著的《教育創新計畫》（*Moonshots in Education*）於二〇一四年出版，[19]特別請到演員詹姆斯・法蘭柯（James Franco）撰寫前言，提倡學生應該分配百分之二十的時間來從事獨立專題的構想。她的學生當中，為人所知的除了法蘭柯之外，還有賈伯斯的長女麗莎・賈伯斯（Lisa Jobs）。

沃西基不僅教科技貴族的子女，本身更是矽谷知名科技家庭的家長。她的三個女兒都已成年：蘇珊、安妮和珍奈特。一九九八年，還是史丹佛研究生的賴瑞・佩吉和謝爾蓋・布林創辦Google，就是在蘇珊租給他們的車庫裡。如今，蘇珊・沃西基擔任YouTube執行長，是全球最有勢力的娛樂界大人物之一。她的妹妹珍奈特在加州大學舊金山分校擔任傳染病學教授。最小的妹妹安妮則是基因圖譜新創公司23andMe的共同創辦人兼執行長，她的丈夫就是大名鼎鼎的Google共同創辦人謝爾蓋・布林。所以，布林是埃斯特・沃西基的女婿，她告訴我，她和女婿關係友好。

我們剛好遇上沃西基的學生所謂的「創新日」——媒體藝術中心每週一次提供學生設備和資源，讓他們從事自己的專題。這座造價數百萬美元的中心排放著最新的iMac，感覺就像高科技新聞中心，而不像教室。不時有沃西基的學生來問問題，打斷我們。她對他們講話的方式很鋒利又挑釁，和傳統的老師很不一樣，感覺更像是報紙編輯或生活教練。我看著沃西基與學生互動，又哄騙又鼓勵，一直企圖挖掘他們的才能，我突然覺悟到，她由無數獎項與榮譽加持出來的輝煌名聲，全都歸功於她改造自己，與學生亦師亦友、亦父母亦老闆的關係。《金融時報》美國主編吉蓮・邰蒂（Gillian Tett）在她二〇一五年影響甚巨的著作《穀倉效應》中指出，[20]未來最成功的人將是那些能逃離傳統的制度與職業分類的人。沃西基跳脫傳統的專業分工教學穀倉，把學生看成小大人，幫助他們做好準備，面對斯托布所預測的、同時做六份工作的世界。

沃西基強烈認為，學校在教育學生面對二十一世紀上面徹底失敗，這並不令人意外。「我們教學生面對的是二十世紀。教學法還是一樣。我們訓練的不是思想家，而是聽從指示的人。我們正在創造羊群之國，」她說，她指的是全國多數學校的教學方式，其中也包括她在帕洛奧圖中學幾位同事的做法。「我們要停止叨念學童該做什麼，我們需要以自己希望被對待的方式來對待他們。」

她說，在AI時代，若想讓孩童了解自己的潛力，就特別要讓他們「感到被授權」。所以，她告訴我，她的教學目標是創造出對科技精通、自信的孩子，讓他們願意冒險，不怕失敗。就像本書一再提及的，重點在於信任。她說，信任這些孩子很重要。我們必須信任他們自己去犯錯。「任何孩童，無論資質，」她說，「都能從錯誤中學習。」

沃西基說，她也是秉持這個信念教育她自己的三個女兒。「我信任我的女兒，給她們很大的自由，」她坦承。「我以身作則。我自己很叛逆，她們依循我的身教，而非言教。」事實上，沃西基自誇，Google最有影響力的構想，有些可能源於她教養子女的策略。例如，「賴瑞和謝爾蓋從我女兒身上學到她們的百分之二十定律，」她說，她指的是Google要求員工分配百分之二十的時間進行「創新」專案，像是無人駕駛車、送貨無人機、智慧住宅和機器人等等。㉑

可是，對她來說，謝爾蓋·布林和賴瑞·佩吉兩人也是冒險犯難、「跳脫框架來思考」的典範。「謝爾蓋和佩吉都上蒙特梭利學校，他們總是想要達成別人認為做不到的事情。」沃西基告訴我，她自己也很欣賞瑪麗亞·蒙特梭利的教學方法。所以，她認為創新的新創企業家和受過成功教育的學生有許多相似之處：獨立、愛冒險，並且願意重新思考傳統假設、勇於創新、修復未來。

重回烏托邦

若說有哪個國家在全民教育方面可做為成功典範，那應該就是位於麻六甲海峽南端、致力成為全球第一個智慧國家的那個小小熱帶島嶼。和美國正好相反的是，新加坡的教育非常成功。它已經是全世界網路最普及的國家，同樣的，它可能也是全世界教育最普及的城邦。經濟合作暨發展組織（ＯＥＣＤ）每三年一次針對全球七十個國家、五十多萬名學生進行國際學生能力評鑑計畫（Programme for International Student Assessment, PISA），最新的調查結果指出，新加坡在數學、閱讀和科學等三項學科總排名第一。㉒相較之下，美國學生在任一學科的測驗結果都沒有進入前二十名——數學落在第三十五名、閱讀第二十五名、科學第二十四名。㉓

「教育是我們僅有」以及「人力是我們唯一的資源」是島上常聽到的說法，你應該還記得，此處的天然資源非常少。新加坡五百萬人口當中，有九成擁有高中以上的學歷——百分之二十五的人上大學、百分之四十上理工學院、百分之二十五進該國的三大科技教育學院（ＩＴＥ）就讀。從很多方面來看，這些ＩＴＥ學院都是新加坡最厲害的成就。三大ＩＴＥ學院相當於德國備受讚譽的學徒制度，提供兩年的數位媒體課程，讓那些拙於念書的人能學得一技之長。這三大學院共有五萬多名學生，多數領有政府津貼，每年獲得五百到九百美元不等的教育補助費。九成的ＩＴＥ畢業生在六個月內找到工作，還有很多人前往越南和柬埔寨從事社區服務。

我花了一個下午的時間參觀偌大的ＩＴＥ學院，見到許多熱情洋溢的學生，之後，我與這套教育系統的執行長、前惠普工程師傅玉發（Bruce Poh）會面。「政府必須發揮領導作用！」傅玉發大聲疾呼，他說，為了創造精通數位的人才，新加坡政府每年在這三家ＩＴＥ學院投資四點七億美元。「沒有技術就沒有工作——沒有教育，人們將流浪街頭，」他告訴我，並特別強調，在日益自動化的時代中，政府投資的協作機器人（co-bots）將協助人力，而非取代人力。

有個美國人對於新加坡的教育制度非常了解，那就是前ＭＩＴ工程學院院長湯姆．瑪格南提（Tom Magnanti），他住在新加坡已經超過二十年。當初瑪格南提來到新加坡是為了主持ＭＩＴ與國立新加坡大學的合作方案，如今當上了新加坡科技設計大學（ＳＵＴＤ）校長，這間成立於二〇一二年的新大學擁有三點二五億美元的雄厚資金與一千三百名學生。ＳＵＴＤ是ＭＩＴ與新加坡政府聯合成立，被譽為「新加坡的新ＭＩＴ」。它著重的是和ＩＴＥ學院完全相對的領域，不教基本技術，而是培養出二十一世紀優秀的領導者。

「我將自己視為學術創業家，」瑪格南提告訴我。我們會面的地點就在ＳＵＴＤ閃閃發亮的高科技校園，它坐落在同樣閃閃發亮的高科技樟宜機場附近。然而，瑪格南提這位學術創業家想要創造的不是金錢利潤，而是人力資本。身為ＳＵＴＤ創始校長，他致力投資二十一世紀通曉科技專業知識和負責任的領導者。就像埃斯特．沃之希基在帕洛奧圖中學所做的一樣，瑪格南提的目標也是挖掘學生的才能，而他的大學也像沃之希基的媒體藝術中心一樣，都是改造網路時代教育思維的創新計畫。

他說，ＳＵＴＤ無論在學年行事曆安排或創新的課程內容上，都在挑戰一般科技大學的傳統。該校企圖跳脫一般科技大學的學術穀倉，不提供像是電子或機械工程等科技的傳統學位。跨學科課程的主旨是：「這世界需要什麼產品、服務和系統？」瑪格南提說，這些課程的設計不僅對於科技價值、也對藝術和人文價值「創造出魔法感」。

瑪格南提告訴我，這世界絕對需要的是領導人。這才是這所新大學的真正宗旨。他提到班哲明．富蘭克林（Benjamin Franklin）曾說最佳領導人需要了解科技，並補充說他們也該了解其他事情。而那正是他在ＳＵＴＤ的目標：在我們越來越想知道人類擅長什麼的世界裡，「訓練人民」成為「未來領導者」。事實上，該大學的使命宣言是「培養具科技基礎的創新者，以滿足社會需求」，入學者條件除了具備正規學術資格以外，還得附上夠水準的作品、推薦信和自傳。

瑪格南提並不像ＭＩＴ的布林優夫森和麥克費那麼推崇MOOCs和線上教育。「實體教育很重要，」這位夢想進紅襪隊打右外野手的老波士頓迷告訴我。「我愛這些孩子，看著他們入學，然後在三、四年後離開，我總是倍感悸動。這就是教育的真諦。」

瑪格南提對ＳＵＴＤ全心奉獻，讓人難忘又感動。他在波士頓有個四十五歲、重度殘障的兒子，因此他需要常常往返於麻州和新加坡，來回兩萬多英里的航程至今已經飛了一百多次。領袖會召來更多領袖。湯姆．瑪格南提不僅是人類隊最頻繁的飛行常客，也是最有價值的一員。

莫爾定律的心得

在矽谷，「教育問題」的答案——至少乍看之下——很簡單，那就是更多科技。蘋果公司執行長提姆．庫克告訴川普總統，改革美國教育系統的最佳方法，就是「讓程式語言變成每間公立學校必修」。

庫克的願景正透過Code.org逐漸實現，這個非營利組織是在二〇一二年由幾位成功的新創企業家向微軟、臉書、Google和Salesforce共募得六千萬美元聯合創辦。Code.org的宗旨是讓電腦科學像閱讀、寫作和算術一樣成為必修課程。現在全美有二十四個州都已加入這項計畫，Code.org提供免費的線上課程，在全球已有上億學生試用過，另外也提供已有五點七萬名老師參加過的訓練研討會。㉔

不過，科技大廠希望進駐每間教室的不只是程式語言課程。「才不過幾年時間，」《紐約時報》娜塔莎．辛格（Natasha Singer）報導，「科技巨頭已開始全面改造學校教育的性質，而且用的正是和他們控制美國經濟一樣的手法。」例如，Netflix共同創辦人兼執行長瑞德．哈斯汀（Reed Hastings）就主導將一種叫做「夢盒子」（Dreambox）的演算數學教學計畫引進到德州、馬里蘭和維吉尼亞等許多地方。Salesforce執行長馬克．貝尼奧夫則提供十萬美元的「創新補助款」，改造中學校長對於新創企業創辦者的不良印象。馬克．祖克柏更是在全美一百多間學校測試以使用者為中心的軟體，這套軟體由臉書協助開發，能讓孩童在老師的輔導下，自己控制自己的學習進度。㉕

在現今的數位時代，古老的教育系統當然需要大幅改革，可是，科技大廠企圖顛覆傳統教育系統的做法有三大問題。首先，公共利益和企業與個人私利的界線往往模糊不清，尤其是在一個到二〇二〇年預算會增為兩百一十億美元的教育市場。因此，舉例來說，瑞德．哈斯汀不僅是夢盒子軟體的宣揚者，但也是《時報》記者辛格所稱的該公司的「守護天使」，於二〇〇九年自掏腰包捐了一千一百萬美元給一間非營利的特許學校，讓他們能夠購買這套演算平台。

其次，哈斯汀、貝尼奧夫和祖克柏這種慈善行為，被娜塔莎．辛格指為「個別教育實驗，讓數百萬名學生成了他們用來測試構想的白老鼠」。美國教育系統等於是依矽谷的形象來重新改造。如此一來，貝尼奧夫拿出十萬美元「創新補助款」的目的，是把舊金山學校轉型成舊金山新創事業。而馬克．祖克柏在那一百間學校測試以使用者為中心的軟體，則是企圖將學校變成臉書。「它看起來比較像Google或臉書，不像學校，」試用祖克柏的軟體的某特許學校網執行長表示。㉖

可是，最大的問題在於，更多科技是否能解決教育的問題。別人的小孩在臉書式的教室裡接受電腦教學都很好，但等到他們自己的小孩要接受教育時，許多成功的矽谷創業家對於數位科技並不那麼熱中。紐約大學心理學教授亞當．奧特在他二〇一七年的暢銷書《欲罷不能》（*Irresistible*）中指出，許多「全世界最偉大、最知名的科技專家」——包括史蒂夫．賈伯斯、推特的共同創辦人伊凡．威廉斯，和前《連線》雜誌編輯克里斯・安德森（Chris Anderson）——「私底下也都是最大的科技恐懼者。」[27]賈伯斯甚至要他的孩子少用iPad或iPhone。

我在蘇黎世的時候問過丹尼爾・斯托布——他除了當過蒙特梭利學校的老師之外，也曾在IBM擔任業務發展主管——數位科技在瑞士的教育危機中扮演什麼角色。是問題還是答案？我問。要協助孩童發展成負責任的成人，需要更多科技還是更少科技？

「科技進展快速，我們在後方苦苦追趕，」斯托布說，語氣聽起來很像另一位頗具影響力的二十一世紀教育改革者魯道夫・史坦納（Rudolf Steiner），他一手創辦了不鼓勵使用電子螢幕的華德福（Waldorf）學校，如今成為日益受歡迎的教育系統。「坐在沙發上看電視或上網一整天，都不符合人類天性。」

史坦納是世紀之交的澳地利哲學家暨社會改革者，他發明了叫做「人智學」的教育理念，是受到歌德（Goethe）和尼采（Nietzsche）影響的一種抽象的人本主義，強調孩童發展中的獨立精神、想像力和意志。一九一九年，德國在第一次世界大戰戰敗以後，魯道夫・史坦納到他學生埃米爾・莫特（Emil Molt）位於斯圖加特的華德福-阿斯托里亞（Waldorf-Astoria）雪茄工廠發表演講，談論人智學。會後莫特延請史坦納根據人智學的構想，為他工廠的員工創設一間免費公立學校。

儘管史坦納於一九二五年辭世，但華德福學校運動也像蒙特梭利系統一樣，成為取代傳統教育越來越受歡迎的另一系統。如今，全世界六十個國家共有一千家獨立的華德福學校。華德福教學法和蒙特梭利很像，也強調培養幼兒的創意和道德發展。不過，蒙特梭利是讓孩子邊玩邊學，而華德福傳統則強調孩子的創意、情緒與美學發展。在華德福體系的幼稚園裡，讀和寫會等到一年級以後才開始教，就像在莫爾的烏托邦一樣，孩童專心於互動式遊戲、音樂、創造力和運動。等到升上一年級，華德福學校則強調他們所謂的「社會教育」，群體價值優先於個別競爭。

在美國，華德福教育最為人所知的一點，就是它對科技的爭議性態度，尤其是螢幕媒體，電視和網路即使沒有被完全禁止，也是非常不建議，尤其是對低年級的學童。舊金山灣區的華德福學校越來越受歡迎，特別是在矽谷，像是Google、蘋果、雅虎和惠普等科技公司的資深主管都把子女送到這些學校。㉘

在這個網路成癮、青少年網路霸凌和社交媒體自戀日益嚴重的時代，華德福教育受到歡迎的原因之一，是它著重發展孩童的自我控制力和社會責任。「意志」的發展——意指培養個別孩童的毅力、自我控制和承擔——是華德福教學法的核心。若說華德福學校教的是莫爾定律可能有點誇張，但是，莫爾在《烏托邦》裡倡議的那種義不容辭的人本主義，在華德福學校裡一點都不突兀。

我和尼古拉斯．卡爾在科羅拉多共進晚餐時，我問他是否認為像華德福這樣的另類方式，能幫助孩童更負責任地管理自己的網路行為。他回答，雖然數位媒體不算是科技版的脂肪或糖類，但孩童越來越難控制自己的網路使用量。卡爾坦承，要修復越來越嚴重的網路依賴和分心問題，終究得靠使用者自己，而非政府。所以，他給了我肯定的答案，父母若擔心孩子使用數位媒體不負責任或無法控制，應該要考慮華德福的教育模式。不過，埃斯特．沃之希基倒是沒有像卡爾那麼深信另類教育的成效，她雖然認同華德福教育的某些理念，但卻強烈反對他們禁止在課堂上使用科技的做法，她身為帕洛奧圖中學媒體藝術中心主任，會這麼想也不令人意外。

我自己為人父母，也是個評論家，我對於華德福的態度也是很矛盾。不過，我的兩個小孩都上過灣區的華德福學校。我兒子的脾氣像他老爸一樣古怪，無法忍受每天強調手作、唱歌和「律動」（華德福系統創造的抽象柔軟體操），很快就轉學了。我自己也不是個稱職的華德福家長，有次我去參加兒子六年級的班親會，學校問我們在家的「媒體政策」，家長輪流回答，紛紛吹噓自己完全禁止讓小孩在家接觸任何媒體，只有一對誠實的北加州父母坦承他們偶爾會讓孩子聽廣播上的古典音樂。輪到我的時候，我告訴大家，我積極鼓勵我的孩子在家多看電影。自此，沒有家長再與我攀談。

不過，我那有讀書天分又主動的女兒在華德福系統下如魚得水，目前她就讀位於羅奈特公園這個平凡小鎮的克雷多中學，在舊金山北邊約五十英里處。克雷多是全美第二大公立華德福高中，創辦人是奇普・羅默（Chip Romer）。羅默曾是勵志作家，也是一家喜劇俱樂部的合夥老闆，他最初是因為身為家長，而投入華德福運動。我們約在該校位於市郊工業區的新校區。克雷多和帕洛奧圖中學不一樣的地方是，這裡沒有充滿科技配備的新媒體中心，也不像湯姆・瑪格南提在新加坡閃閃發亮的新大學，背後並沒有數億美元的政府投資。

羅默告訴我，在校學習很「嚴格」但「有意義」，百分之九十四的克雷多準畢業生符合競爭激烈的加州大學系統的申請條件。相較之下，一般的公立學校只有兩成的學生有條件申請加州大學。他說，該校的教學重點是發展「創意思考者」，以便迎接他所謂的「自由工作者社會」——也就是丹尼爾・斯托布所說的我們得同時做六份工作的世界。

我們談到華德福哲學的「意志」觀念。我問到能否將它解釋成本書一直提到的「主動權或能動性」——愛德華・史諾登在柏林舊地毯工廠的螢幕上、對那些決心改變科技以造福人類的成員演講時，就提到這個字詞。

「是的，能動性是描述我們哲學的適當字眼，」他證實。「它強調建立你達成任何目標的能力。可是，它也涵蓋責任感——特別是對他人和善尊重。本校有困難的孩子都是因為缺乏能動性。」

「那麼，能動性要如何培養呢？」

「它來自實務和經驗，」他回答。「它就像肌肉一樣，越用越結實。」

若要奇普・羅默回答「人類擅長什麼？」的問題，我猜想他會說人類擅長於長大成為負責任的公民與體貼之人。這也是華德福教育的目標，將每個孩子都視為個別的創新計畫。因此，如果我們要解決橫阻在前方的諸多挑戰——從全面失業，到社交媒體文化無所不在的特性所造成的疏離感和孤獨感——支持像克雷多這樣的學校不失為好辦法。華德福學校絕不完美——就像我之前警告過的，教育不該被視為數位疾病的靈丹妙藥，但既然要解決這些問題沒有捷徑，那麼，像克雷多這樣的人本主義學校——加上它烏托邦式的課程——就是著手思考如何修復未來的最佳不完美地方。

結論

為了我們的下一代

「十九世紀的文明已經瓦解，」卡爾．波蘭尼在《鉅變》開宗明義指出，這也是他分析農業社會轉型到工業市場社會的結論。①如今，偉大的科技轉型正在進入下一章——在網路的推波助瀾之下，二十一世紀初從工業社會轉型到網路操作系統。從某些方面來看，如今正在瓦解的是二十世紀的文明。

我們眼見網路帶來的破壞性改變——新智慧機器、新生產模式、新經濟富裕與匱乏類型、新工作模式、新文化形式、新教育系統、新的不公不義、新的富有與貧窮定義——讓那些緊抓著二十世紀現狀的人眼花撩亂。這是屬於我們時代的重大轉型，是我們都在探索的複雜旅程。

我承認本書提出的解決方案也像它們的人類主人一樣，並非盡善盡美。愛沙尼亞和新加坡的大數據創新一定會讓那些傳統十九世紀作風的自由派——堅信人類與生俱有隱私權——大感緊張，這是可以理解的。就連瑪格麗特．維斯塔格這樣負責任的監管者偶爾都不免管太多。像是封鎖網路廣告這樣的創新方式又會導致新一波的問題。要叫像泰勒絲這樣身價百萬的藝術工作者群集罷工顯然很荒謬。教育「無用」的人們面對未來沒有工作的世界似乎徒勞無功。光靠傑夫．貝佐斯或馬克．祖克柏這些鍍金時代的超級公民來拯救世界，好像很不保險。而在智慧機器時代付錢讓人無所事事——誠如羅格．布雷格曼，和聯合廣場創投的合夥人艾伯特．溫格等理想主義者所希冀的——並不會自動創造出屬於農夫、漁夫、獵人和評論家的馬克思式田園社會。

我們的地圖涵蓋全球，和霍爾班畫的小小烏托邦島很不一樣。十九世紀時，經濟歷史學家艾瑞克．霍布斯邦提醒人們，英國才是唯一真正的工業化國家。五十年後，德國和美國已超越英國，到了今天，幾乎全世界每個國家都經歷了屬於自己的工業革命。現在，數位革命也是一樣，沒錯，它是從北加州舊金山和聖荷西之間的狹窄半島矽谷展開，孕育了惠普、蘋果、Google、臉書、Uber和Airbnb。沒錯，數位歷史的前五十年只發生在矽谷，當時情況就像卡爾．波蘭尼批評工業革命時、所指稱的烏托邦式的自我規範市場。可是，這種自由主義模式並不持久。我們已看到，如今從新商業模式、立法規範到道德等，每件事情的數位創新都發生在矽谷私有強權以外的地方——新加坡、愛沙尼亞、德國、印度、中國、甚至奧克蘭市。

我們的地圖是多次元的，建立未來地圖的五大工具——立法監管、競爭性創新、社會責任、勞工與消費者選擇，和教育——都是建構未來的重要元件，可是它們不能自外於彼此而獨存。我們已經知道，沒有規範就沒有創新，幾位有社會責任感的創投資本家，包括約翰．博斯威克、芙瑞達．卡波爾．克蘭和史蒂夫．凱斯等人，從我和他們的對話中可看出，成功的創新者和富有的投資者都可以——也應該——是良善公民。組合式架構是修復未來的關鍵。政府規範和自由市場創新本身都不足以解決問題。它們的價值在於和我們其他的工具一起組合運用。

我們地圖上的新地理其實和舊地理並無不同。面臨重大破壞時，人類需要堅決主動地修復未來，這原則並未真正改變。今日的數位革命其實以前都曾發生過。就連摩爾定律和莫爾定律對於人類是否有主動權的爭議，也不過是歷史重演。它是十九世紀批判資本主義的主調，堅信歷史的必然性，打臉決定論的馬克思－列寧主義者，並反駁像羅莎．盧森堡（Rosa Luxemburg）的社會人本主義者。它也曾是十六世紀最具爭議性的神學議題，一派是伊拉斯謨和湯瑪斯．莫爾等文藝復興人本主義者，另一派則是馬丁．路德等宗教改革講道者。

我希望本書能闡明，要設計一份扎實的未來地圖就需要對過去有扎實的知識。正因如此，如今我們再度探尋生而為人的意義，通曉人類歷史更形重要。正因如此，十九世紀工業革命的啟示能幫助我們了解早期的數位二十一世紀。正因如此，熟稔每件事的近代史，從強盜式資本主義，到近代汽車和食品業，能幫助我們決定如何改革數位革命最棘手的層面。

可是，關於本書繪製的地圖，還有最後一個問題需要回答。湯瑪斯．莫爾和他的人本主義友人創作出的地圖，從某個角度來看，居然意外地貌似人類頭顱，我們的地圖也一樣，我們需要重新構想箇中意涵。

所以，如果你退後一步，用全新的眼光看待這本人類之書，你會看到什麼？或看到誰？

你看到的不是個頭顱，而應該是個年輕人的形象。我將這本修復未來的書定位成「為了我們的下一代」。不過這可能有點傲慢，「為了我們的下一代」是以為他們自己沒有能動性，而且「未來」是個成品——是個我們這些大人已經修復好、送給他們的成品。

然而，好消息是，我們的下一代——身為活動分子、創業家和消費者——正在積極打造這個未來。例如我們在奧克蘭市卡波爾中心看到的駭客松比賽，許許多多的年輕人——像來自芝加哥的蒂芬妮．史密斯為更生人設計App——都在利用科技從事公益。這種駭客松越來越受年輕的科技專家和社會創業家的歡迎。事實上，位於舊金山的非營利科技團體「編碼美國」（Code for America）甚至訂出一年一次的「全面編碼」公益駭客松日；在全球各國同步進行，包括巴西、南韓、巴基斯坦和克羅埃西亞等等。克雷多中學校長奇普．羅默認為優良公民必備的「肌肉」，正由這些用科技做公益的年輕人鍛鍊、壯大。你應該還記得羅默說的話，「肌肉越用越結實。」

年輕人是「數位原生世代」，也是網路革命的先鋒。②不過，這些感性的評論多半出自年長一代，也不是巧合，我們對於下一代的科技知識具有浪漫的、盧梭式的信心。然而，事實是，我們的孩子才是老練的數位現實主義者，尤其是身為消費者的時候。例如，這些孩子率先提出「老派科技的逆襲」：③呼籲回到一個手寫筆記本、紙本書和黑膠唱片的未來，其中，黑膠唱片已經成為「新」億萬音樂商機，利潤甚至打敗整個串流業。④這並不是盧德派興起。年輕人並不想砸爛他們的數位設備。反之，他們身為消費者，發現了一些更有意義的事物——像是聆聽高音質音樂錄音，和閱讀或撰寫複雜的想法等等——要以實體、而非虛擬的方式才能真正享受其樂趣。事實上，他們甚至再度開始付費獲得網路內容，路透社（Reuters Institute）報導指出，美國十八到二十四歲的年輕人付費看網路新聞的比例，從二〇一六年的百分之四增為二〇一七年的百分之十八。⑤

最後，要解決網路時代嚴重的文化問題——數位消費過度、分心以及最傷腦筋的成癮——還是得靠我們的下一代。就像尼古拉斯・卡爾告訴我的，歷史上從來沒有一個反文化運動不是由年輕人發起。數位文化——尤其是社交媒體濫用——已經變成荒謬的陳腔濫調，最後一定會被自由思考的未來世代所唾棄。就像六〇年代的孩子反抗二十世紀末資本主義社會甜得發膩的消費主義一樣，我猜想如今年輕人就快要揭竿起義，推翻無止境的推文、更新臉書動態和Snapchat的數位生活方式。

然而，年輕人所面臨的最重要挑戰並非拒絕數位文化，而是要設法讓新二十一世紀操作系統有效運作。我們身處的這個新網路世界和以往的工業世界非常不同。這是一份很陌生的地圖。例如，國家主義者和全球主義者的新二分法已經取代二十世紀的保守派與自由派政治辯論，因此，「左派」與「右派」的時代已經告終。⑥年輕人在政治爭論上屬於革新派——多數人不支持川普當政和英國脫歐。在英國，十八到二十四歲的族群中，有百分之七十五投票支持留在歐盟。⑦而在美國，希拉蕊・柯林頓贏得千禧世代選民百分之五十五的支持。⑧

全球數位轉型是國家主義者和全球主義者的新二十一世紀辯論話題。《金融時報》的約翰．索恩希爾預測，「更側重國際主義精神的科技產業可以制衡英國和美國越來越多的排外主義。」⑨可是，我們在本書提到，這種新的以技術為中心的國際主義，除了從矽谷發展之外，同時還要向德國、愛沙尼亞、印度和新加坡看齊。

這些改變仍處於早期階段，彷彿又回到一八五〇年，是個很熟悉的陌生時刻。「太平無事，太平無事，太平無事」：這是布拉德．伯恩漢對這種劃時代改變的形容，整個世代將再造這個世界，人類歷史隨即進入下一章。「然後，驚天動地。」

致謝

未來要靠綜合策略才能修復，同樣的，本書也是多人合作的成果，它是由Grove Atlantic出版社的Morgan Entrekin和我的經紀人Toby Mundy構思出整個架構、歷史主題和書名。由Grove Atlantic以耐心出名的Peter Blackstock提供專業編輯，如鷹眼般犀利的Julia Berner-Tobin和Maxine Bartow負責校對。舊金山機械學院圖書館的Lyn Davidson進行謹慎研究。而書中的觀點是我在全世界訪談的許多人所慷慨貢獻。我所做的，只是把他們的智慧連點成線。誠如我在前言所說的，這是我的未來地圖，也是他們的未來地圖。

注釋

卷首語

① Thomas More, *Utopia*, eds. George M. Logan and Robert M. Adams (Cambridge University Press, 1975), 48.

前言

① "Digital Transformation of Industries: Demystifying Digital and Securing $100 Trillion for Society and Industry by 2025," World Economic Forum, January 2016.

② "System Crash," *Economist*, November 12, 2017.

③ Kevin Kelly, *The Inevitable: Understanding the 12 Technological Forces That Will Shape Our Future* (Viking, 2016).

第一章

① 有關維納、布希、李克立德在網路創新中扮演的角色，參見：Andrew Keen, *The Internet Is Not the Answer* (Grove Atlantic, 2015), 14–18.

② 有關十九世紀私有權的卓越綜述，請參見：Jill Lepore, "The Prism: Privacy in an Age of Publicity," *New Yorker*, June 24, 2013.

③ Samuel Warren and Louis Brandeis, "The Right to Privacy," *Harvard Law Review*, vol. 4, no. 5, December

15, 1890.

④*Electronics Magazine*, vol. 38, no. 8, April 19, 1965.

⑤高登・摩爾於一九六五年撰寫這篇文章時，並未自稱「摩爾定律」，是他的友人卡佛・米德（Carver Mead）於一九七五年發明這個字詞。

⑥Thomas L. Friedman, *Thanks You for Being Late: An Optimist's Guide to Thriving in the Age of Acceleration* (Farrar, Straus and Giroux, 2016), 27.

⑦Ibid., 28.

⑧Joi Ito and Jeff Howe, *Whiplash: How to Survive Our Faster Future* (Grand Central Publishing, 2016).

⑨Friedman, *Thank You for Being Late*, 4.

⑩Dov Seidman, "From the Knowledge Economy to the Human Economy," *Harvard Review*, November 12, 2014.

⑪"2017 Edelman TRUST BAROMETER Reveals Global Implosion of Trust," Edelman.com, January 15, 2017.

⑫Akash Kapur, "Utopia Makes a Comeback," *New Yorker*, October 3, 2016.

⑬Oscar Wilde, "The Soul of Man Under Socialism" (1891), in Wilde, *The Soul of Man Under Socialism and Selected Critical Prose*, ed., Linda C. Dowling (London, 2001), 41.

⑭More, *Utopia*, xxx.

⑮關於霍爾班作品，尤其是《使節》，所蘊含的人文主義和文藝復興風格的優秀介紹，請參見：John Carroll, *Humanism: The Wreck of Western Culture* (Fontana, 1993), 27–35.

⑯一名牙醫於二〇〇五年發現莫爾的地圖有這樣的弦外之音。更多非凡的發現，請參見：Ashley Baynton-Williams, *The Curious Map Book* (University of Chicago Press, 2015), 14–15.

⑰Friedman, *Thank You for Being Late*, 36–84.
⑱Gerd Leonard, *Technology Versus Humanity: The Coming Clash Between Man and Machine* (Fast Future, 2016).
⑲Richard Watson, *Digital Versus Human: How We'll Live, Love and Think in the Future* (Scribe, 2016).
⑳Yuval Noah Harari, "Yuval Noah Harari on Big Data, Google and the End of Free Will," *Financial Times*, August 26, 2016.
㉑Richard Metzger, "Capitalism's Operating System Has Gone Off the Rails: An Interview with Douglas Rushkoff," *Dangerousminds*, March 8, 2016 (http://dangerousminds.net/comments/capitalisms_ operating_ system_has_gone_off_the_rails_an_interview_with_dougl).
㉒Klaus Schwab, "How Can We Embrace the Opportunities of the Fourth Industrial Revolution," WEForum. org, January 15, 2015.
㉓Ibid.
㉔Stephen Wolfram, *Idea Makers: Personal Perspectives on the Lies & Ideas of Some Notable People* (Wolfram Publishing, 2016), 78.

第1章

①"Knight Foundation, Omidyar Network and LinkedIn Founder Reid Hoffman Create $27 Million Fund to Research Artificial Intelligence for the Public Interest," Knightfoundation.org, January 10, 2017.
②Amy Harmon, "AOL Official and Lawyer for Microsoft Spar in Court," *New York Times*, April 5, 2002.
③John Borthwick and Jeff Jarvis, "A Call for Cooperation Against Fake News," *Medium*, November 18, 2016.
④Eric Hobsbawm, *The Age of Revolution 1789–1848* (Vintage, 1996), 10.

⑤Eric Hobsbawm, *The Age of Capital, 1848–1875* (Vintage, 1996), 39.

⑥Ibid., 40.

⑦Karl Marx and Friedrich Engels, *The Communist Manifesto* (Penguin, 2006), 7.

⑧Ibid.

⑨Karl Polanyi, *The Great Transformation: The Political and Economic Origins of Our Time* (Beacon Press, 2001), 41.

⑩Ibid., 106.

⑪More, *Utopia*, 18.

⑫Polanyi, *The Great Transformation*, 35.

⑬Ibid., 3.

⑭Hobsbawm, *The Age of Revolution*, 202.

⑮Ibid., 204.

⑯Hobsbawm, *The Age of Capital*, 221.

⑰Christine Meisner Rosen, "The Role of Pollution and Litigation in the Development of the U.S. Meatpacking Industry, 1865–1880," *Enterprise & Society*, June 2007.

⑱Ibid., 212.

⑲Marx and Engels, *The Communist Manifesto*, 32–33.

⑳Carl Benedikt Frey and Michael A. Osborne, "The Future of Employment: How Susceptible Are Jobs to Computerization," Oxford Martin School, September 2013.

㉑Steve Lohr, "Robots Will Take Jobs, but Not as Fast as Some Fear, New Report Says," *New York Times*, January 12, 2017.

㉒ Friedrich Engels, *The Condition of the Working-Class in England in 1844* (Swan Sonnenschein, 1892), 70.

第三章

① "How Did Estonia Become a Leader in Technology?" *Economist*, July 30, 2013. See also Romain Gueugneau, "Estonia, How a Former Soviet State Became the Next Silicon Valley," *Worldcrunch.com*, February 25, 2013.

② Chris Williams, "AI Guru Ng: Fearing a Rise of Killer Robots Is Like Worrying About Overpopulation on Mars," *Register*, March 19, 2015.

③ *Times*, December 23, 2016.

④ " 'Irresistible' by Design: It's No Accident You Can't Stop Looking at the Screen," *All Tech Considered*, NPR, March 13, 2017.

⑤ See David Streitfield, " 'The Internet Is Broken': @ev Is Trying to Salvage It," *New York Times*, May 20, 2017. Also Anthony Cuthbertson, "Wikipedia Founder Jimmy Wales Believes He Can Fix Fake News with Wikitribune Product," *Newsweek*, April 25, 2017.

⑥ Astra Taylor, *The People's Platform: Taking Back Power and Culture in the Digital Age* (Metropolitan Books, 2014).

⑦ Jaron Lanier, Who *Owns the Future?* (Simon & Schuster, 2013), 336.

⑧ Keen, *The Internet Is Not the Answer*, 27–28.

⑨ Ibid., 182.

⑩ Geoff Descreumaux, "One Minute on the Internet in 2016," *wersm .com*, April 22, 2016.

⑪「數據是新石油」，有很多人都表達過這樣的想法，包括歐盟消費者委員梅蘭娜．庫妮娃（Meglena

Kuneva）、矽谷創投資本家安・文布拉德（Ann Winblad）和IBM執行長維吉尼雅・羅梅蒂（Virginia Rometty）等。

⑫John Gapper, "LinkedIn Swaps Business Cards with Microsoft," *Financial Times*, June 15, 2016.

⑬Quentin Hardy, "The Web's Creator Looks to Reinvent It," *New York Times*, June 7, 2016.

⑭Rana Foroohar, "Tech 'Superstars' Risk a Populist Backlash," *Financial Times*, April 23, 2017.

⑮Keen, *The Internet Is Not the Answer*.

⑯Ibid., 43.

⑰Ibid.

⑱Hannah Kuchler, "Google Set to Introduce Adverts on Map Service," *Financial Times*, May 24, 2016.

⑲根據高德納顧問公司（Gartner）的資料，二〇一六年第二季全球新購智慧手機有百分之八十六點二使用Android平台。請參見：Natasha Lomas, "Android's Smartphone Marketshare Hit 86.2% in Q2," *Techcrunch*, August 18, 2016.

⑳Jerry Brotton, *The History of the World in 12 Maps* (Viking Penguin, 2012), 431–32.

㉑Jonathan Taplin, *Move Fast and Break Things: How Facebook, Google and Amazon Cornered Culture and Undermined Democracy* (Little Brown, 2017), 4.

㉒John Gapper, "YouTube Is Big Enough to Take Responsibility for Piracy," *Financial Times*, May 19, 2016.

㉓Emily Bell, "Facebook Is Eating the World," *Columbia Journalism Review*, March 7, 2016.

㉔Ibid.

㉕Margot E. Kaminski and Kate Klonick, "Facebook, Free Expression and the Power of a Leak," *New York Times*, June 27, 2017.

㉖John Herrman, "Media Websites Battle Faltering Ad Revenue and Traffic," *New York Times*, April 17, 2016.

㉗ Eli Pariser, *The Filter Bubble: What the Internet Is Hiding from You* (Penguin, 2011).

㉘ "2017 Edelman TRUST BAROMETER," Edelman.com, January 15, 3017.

㉙ Allister Heath, "Fake News Is Killing People's Minds, Says Apple Boss Tim Cook," *Telegraph*, February 10, 2017.

㉚ Nir Eyal, *Hooked: How to Build Habit-Forming Products* (Portfolio, 2014).

㉛ Andrew Sullivan, "I Used to Be a Human Being," *New York Magazine*, September 18, 2016.

㉜ Adam Alter, *Irresistible: The Rise of Addictive Technology and the Business of Keeping Us Hooked* (Penguin, 2017), 4.

㉝ Izabella Kaminska, "Our Digital Addiction Is Making Us Miserable," by *Financial Times*, July 5, 2017.

㉞ Bianca Bosker, "The Binge Breaker," *Atlantic*, October 8, 2016.

㉟ Saleha Mohsin, "Silicon Valley Cozies Up to Washington, Out-spending Wall Street 2–1," *Bloomberg*, October 23, 2016.

㊱ 市值計算時間爲二〇一六年八月六日，蘋果公司爲五千七百九十億美元，Alphabet 爲五千四百三十億美元，微軟爲四千五百四十億美元，亞馬遜爲三千六百六十億美元，臉書爲三千六百四十億美元，以上公司總市值爲二點三零六兆美元。而全球第八大經濟體印度在二〇一五年的 GDP 是二點零九兆美元。

㊲ David Curran, "These 9 Bay Area Billionaires Have the Same Net Worth as 1.8 Billion People," *SFGate*, February 1, 2017.

㊳ Alastair Gee, "More Than One-Third of Schoolchildren Are Homeless in Shadow of Silicon Valley," *Guardian*, December 28, 2016.

㊴ Jeffrey D. Sachs, "Smart Machines and the Future of Jobs," *Boston Globe*, October 10, 2016.

㊵Paul Lewis, "California's Would-Be Governor Prepares for Battle Against Job-Killing Robots," *Guardian*, June 5, 2017.

㊶"Digital Technologies: Huge Development Potential Remains Out of Sight for the Four Billion Who Lack Internet Access," Worldbank.org, January 13, 2016.

㊷Ibid.

㊸Somini Sengupta, "Internet May Be Widening Inequality, Report Says," *New York Times*, January 14, 2016.

第四章

①Robert D. Kaplan, *The Revenge of Geography* (Random House, 2012).

②這是美國地理學家瓦爾多．托布勒（Waldo Tobler）於一九七〇年所做的評論。請參見：Brotton, *The History of the World in 12 Maps*, 428.

③Mark Scott, "Estonians Embrace Life in a Digital World," *New York Times*, October 8, 2014.

④Tim Mansel, "How Estonia Became E-stonia," *BBC News*, May 16, 2014.

⑤Sten Tamkivi, "Lessons from the World's Most Tech-Savvy Government," *Atlantic*, January 24, 2014.

⑥Alec Ross, *The Industries of the Future* (Simon & Schuster, 2016), 5.

⑦Ibid., 208.

⑧https://e-estonia.com/facts.

⑨Press release.

⑩"Estonians' Trust in Parliament, Government Much Higher Than EU Average," *Baltic Times*, December 29, 2014.

⑪"Linnar Viik—Estonia's Mr. Internet," *EUbusiness.com*, April 20, 2004.

⑫Don Tapscott and Alex Tapscott, *Blockchain Revolution: How the Technology Behind Bitcoin Is Changing Money, Business, and the World* (Portfolio, 2016), 6.

⑬Ibid.

⑭More, *Utopia*, 46.

⑮Ibid., 79.

⑯Jeremy Rifkin, *The End of Work: The Decline of the Global Labor Force and the Down of the Post-Market Era* (Tarcher, 1996).

⑰Andreas Weigend, *Data for the People: How to Make Our Post-Privacy Economy Work for You* (Basic, 2017).

⑱Patrick Howell O'Neill, "The Cyberattack That Changed the World," *Daily Dot*, February 24, 2017.

⑲Peter Pomerantsev, "The Hidden Author of Putinism," *Atlantic*, November 7, 2014.

⑳Peter Pomerantsev, "Russia and the Menace of Unreality," *Atlantic*, September 9, 2014.

㉑Shaun Walker, "Salutin' Putin: Inside a Russian Troll House," *Guardian*, April 2, 2015.

㉒Andrew E. Kramer, "How Russia Recruited Elite Hackers for Its Cyberwar," *New York Times*, December 29, 2016.

㉓Sam Jones, "Russia's Cyber Warriors," *Financial Times*, February 24, 2017.

㉔Mark Scott and Melissa Eddy, "Europe Combats a New Foe of Political Stability: Fake News," *New York Times*, February 20, 2017.

㉕關於阿達爾卡計畫的可信描述，請參見：Nandan Nilekani and Viral Shah, *Rebooting India: Realizing a Billion Aspirations* (Penguin, 2015).

第五章

①James Manyika, Susan Lund, Jacques Bughin, Jonathan Woetzel, Kalin Stamenov, and Dhruv Dhingra, "Digital Globalization: The New Era of Global Flows," Mckinsey.com, February 2016.

②Rodolphe De Koninck, Julie Drolet, and Marc Girard, *Singapore: An Atlas of Perpetual Territorial Transformation* (National University of Singapore Press, 2008), 14.

③Jake Maxwell Watts and Newley Purnell, "Singapore Is Taking the 'Smart City' to a Whole New Level," *Wall Street Journal*, April 24, 2016.

④More, *Utopia*, 59.

⑤Watts and Purnell, "Singapore Is Taking the 'Smart City' to a Whole New Level."

⑥"The Government of Singapore Says It Welcomes Criticism, but Its Critics Still Suffer," *Economist*, March 9, 2017.

⑦Ibid.

⑧Amnesty International, "Singapore: Government Critics, Bloggers and Human Rights Defenders Penalized for Speaking Out," *Online Citizen*, June 19, 2016.

⑨Ishaan Tharoor, "What Lee Kuan Yew Got Wrong About Asia," *Washington Post*, March 23, 2015.

⑩More, *Utopia*, 42.

⑪Daniel Tencer, "Richest Countries in the World 2050: Singapore Wins, U.S. and Canada Hang in There," *Huffington Post*, November 6, 2012.

⑫Sean Gallagher, "Prime Minister of Singapore Shares His C++ Code for Sudoku Solver," *ArsTechnica UK*, May 4, 2015.

⑬"Trust Between Citizens, Government Key for Smart Nation: PM Lee Hsien Loong," *Straits Times*, July 12,

2016.
⑭ Watts and Purnell, "Singapore Is Taking the 'Smart City' to a Whole New Level."
⑮ "China's Tech Trailblazers," *Economist*, August 6, 2016.
⑯ "WeChat's World," *Economist*, August 6, 2016.
⑰ John Naughton, "The Secret Army of Cheerleaders Policing China's Internet," *Guardian*, May 29, 2016.
⑱ Marlow Stern, " 'Web Junkie' Is a Harrowing Documentary on China's Internet Addiction Rehab Clinics," *Daily Beast*, January 20, 2014.
⑲ "Creating a Digital Totalitarian State," *Economist*, December 17, 2016.
⑳ Simon Denyer, "China's Plan to Organize Its Society Relies on 'Big Data' to Rate Everyone," *Washington Post*, October 22, 2016.
㉑ Josh Chin and Liza Lin, "China's All-Seeing Surveillance State Is Reading Its Citizens' Faces," *Wall Street Journal*, June 26, 2017.
㉒ "Creating a Digital Totalitarian State."
㉓ Josh Chin and Gillian Wong, "China's New Tool for Social Control: A Credit Rating for Everything," *Wall Street Journal*, November 28, 2016.
㉔ Creating a Digital Totalitarian State."
㉕ Celia Hatton, "China 'Social Credit': Beijing Sets Up Huge System," *BBC News*, October 26, 2015.

第六章

① Philip Stephens, "How to Save Capitalism from Capitalists," *Financial Times*, September 14, 2016.
② Michael Tavel Clarke, *These Days of Large Things: The Culture of Size in America, 1865–1930* (University

of Michigan Press, 2007).

③在今日數位不平等時代，民主政治和寡頭政治的選擇再度成爲常見的難題，尤其是自由市場資本主義備受抨擊。請參見：Joel Kotkin,“Amazon Eats Up Whole Foods as the New Masters of the Universe Plunder America,” *Daily Beast*, June 19, 2017.

④Stephens, “How to Save Capitalism from Capitalists.”

⑤Farhad Manjoo, “Tech Giants Seem Invincible. That Worries Law-makers,” *New York Times*, January 4, 2017.

⑥Philip Stephens, “Europe Rewrites the Rules for Silicon Valley,” *Financial Times*, November 2, 2016.

⑦Scott Malcomson, *Splinternet: How Geopolitics and Commerce Are Fragmenting the World Wide Web* (OR Books, 2016).

⑧Farhad Manjoo, “Why the World Is Drawing Battle Lines Against American Tech Giants,” *New York Times*, June 1, 2016.

⑨Aoife White, “EU’s Vestager Considers Third Antitrust Case Against Google,” *Bloomberg*, May 13, 2016.

⑩Murad Ahmed, “Obama Attacks Europe over Technology Protectionism,” *Financial Times*, February 16, 2015.

⑪Murad Ahmed, “Here’s Exactly How Dominant Google Is in Europe in Search, Smartphones, and Browsers,” *Business Insider*, April 20, 2016.

⑫Mark Scott, “Phone Makers Key in Google Case,” *New York Times*, April 20, 2016.

⑬Samuel Gibbs, “Google Dismisses European Commission Shopping Charges as ‘Wrong,’ ” *Guardian*, November 3, 2016.

⑭Daniel Boffery, “Google Fined Record 2.4 Billion Euros by EU over Search Engine Results,” *Guardian*, June 27, 2017.

⑮John Naughton, "Challenges to Silicon Valley Won't Just Come from Europe," *Guardian*, July 2, 2017.

⑯Scott, "Phone Makers Key in Google Case."

⑰Conor Dougherty, "Courtroom Warrior Opens European Front in His Battle with Tech Giants," *New York Times*, September 29, 2015.

⑱Peter B. Doran, *Breaking Rockerfeller: The Incredible Story of the Ambitious Rivals Who Toppled an Oil Empire* (Viking, 2016).

⑲Gary L. Reback, *Free the Market! Why Only Government Can Keep the Marketplace Competitive* (Portfolio, 2009).

⑳opensecrets.org.

㉑Sally Hubbard, "Amazon and Google May Face Antitrust Scrutiny Under Trump," *Forbes*, February 8, 2017.

㉒"The World's Most Valuable Resource," *Economist*, May 6, 2017.

㉓"Amazon's empire," *Economist*, March 25, 2017.

㉔Catherine Boyle, "Clinton and Sanders: Why the Big Deal About Denmark?" *CNBC.com*, October 14, 2015.

㉕Rochelle Toplensky, "A Career That Inspired 'Borgen,' " *Financial Times*, December 8, 2016.

㉖Ibid.

㉗Lee Kuan Yew, "The Grand Master's Insights on China, the United States and the World" (Belfer Center Studies in International Security, 2013), 20.

㉘Steve Case, *The Third Wave: An Entrepreneur's Vision of the Future* (Simon & Schuster, 2016), 146.

㉙Julia Powles and Carissa Veliz, "How Europe Is Fighting to Change Tech Companies' 'Wrecking Ball' Ethics," *Guardian*, January 30, 2016.

㉚Adam Thomson, Richard Waters, and Vanessa Houlder, "Raid on Google's Paris Office Raises Stakes in Tax Battle with US Tech," *Financial Times*, May 24, 2016.

㉛Madhumita Murgia and Duncan Robinson, "Google Faces EU Curbs on How It Tracks Users to Drive Adverts," *Financial Times*, December 13, 2016.

㉜Duncan Robinson and David Bond, "Tech Groups Warned on 'Fake News,' " *Financial Times*, January 31, 2017.

㉝Ibid.

㉞"Terror and the Internet," *Economist*, June 10, 2017.

㉟Rachel Stern, "Germany's Plan to Fight Fake News," *Christian Science Monitor*, January 9, 2017.

㊱Nick Hopkins, "How Facebook Flouts Holocaust Denial Laws Except When It Fears Being Sued," *Guardian*, May 24, 2017.

㊲Melissa Eddy and Mark Scott, "Delete Hate Speech or Pay Up, Germany Tells Social Media Companies," *New York Times*, June 30, 2017.

㊳Ben Riley-Smith, "Parliament to Grill Facebook Chiefs over 'Fake News,'" *Telegraph*, January 14, 2017.

㊴Robert Tait, "Czech Republic to Fight 'Fake News' with Specialist Unit," *Guardian*, December 28, 2016.

㊵Madhumita Murgia and Hannah Kuchler, "Facing Down Fake News," *Financial Times*, May 2, 2017.

㊶Seth Fiegerman, "Facebook Adding 3,000 Reviewers to Combat Violent Videos," *CNN*, May 3, 2017.

㊷Kelly Couturier, "How Europe Is Going After Google, Amazon and Other U.S. Tech Giants," *New York Times*, April 20, 2016.

㊸Sam Schechner and Stu Woo, "EU to Get Tough on Chat Apps in Win for Telecoms," *Wall Street Journal*, September 11, 2011.

㊹Mark Scott, "Facebook Ordered to Stop Collecting Data on WhatsApp Users in Germany," *New York Times*, September 27, 2016.

㊺Olivia Solon, "How Much Data Did Facebook Have on One Man? 1,200 Pages of Data in 57 Categories," *Wired*, December 28, 2012.

㊻Murad Ahmed, Richard Waters, and Duncan Robinson, "Harbouring Doubts," *Financial Times*, October 11, 2015.

㊼Luigi Zingales and Guy Rolnik, "A Way to Own Your Social-Media Data," *New York Times*, June 30, 2017.

㊽Duncan Robinson, "Web Giants Sign Up to EU Hate Speech Rules," *Financial Times*, May 31, 2016.

㊾Glyn Moody, " 'Google Tax' on Snippets Under Serious Consideration by European Commission," *Ars Technica UK*, March 24, 2016.

㊿Ahmed, Waters, and Robinson, "Harbouring Doubts."

第七章

①Quentin Hardy, "The Web's Creator Looks to Reinvent It," *New York Times*, June 7, 2016.

②Ben Tarnoff, "New Technology May Soon Resurrect the Sharing Economy in a Very Radical Form," *Guardian*, October 17, 2016.

③"Does Deutschland Do Digital?" *Economist*, November 21, 2015.

④Guy Chazan, "Germany's Digital Angst," *Financial Times*, January 26, 2017.

⑤Matthew Karnitschnig, "Why Europe's Largest Economy Resists New Industrial Revolution," *Politico*, September 14, 2016.

⑥Jonathan Haynes and Alex Hern, "Google to Build Adblocker into Chrome Browser to Tackle Intrusive

Ads," *Guardian*, June 2, 2017.

⑦Ian Leslie, "Advertisers Trapped in an Age of Online Obfuscation," *Financial Times*, February 28, 2017.

⑧Robert Thomson, "Fake News and the Digital Duopoly," *Wall Street Journal*, April 5, 2017.

⑨Will Heilpern, "A 'Zombie Army' of Bots Is Going to Steal $7.2 Billion from the Advertising Industry This Year," *Business Insider*, January 20, 2016.

⑩John Gapper, "Regulators Are Failing to Block Fraudulent Ads," *Financial Times*, February 3, 2016.

⑪Steven Perlberg, "New York Times Readies Ad-Free Digital Subscription Model," *Wall Street Journal*, June 20, 2016.

⑫Ken Doctor, "Behind the Times Surge to 2.5 Million Subscribers," *Politico*, December 5, 2016.

⑬Gordon E. Moore, "Cramming More Components onto Integrated Circuits," *Electronics*, April 19, 1965.

⑭Ralph Nader, *Unsafe at Any Speed: The Designed-In Dangers of American Automobiles* (Simon & Schuster, 1965), vi.

⑮Christopher Jensen, "50 Years Ago, 'Unsafe at Any Speed' Shook the Auto World," *New York Times*, November 26, 2015.

⑯Ibid.

⑰Lee Rainie, "The State of Privacy in Post-Snowden America," Pew Research Center, September 21, 2016.

第八章

①Huw Price, *Time's Arrow and Archimedes' Point* (Oxford University Press, 1996), 6.

②對於休・普萊斯關於時間的塊體宇宙論概念的清楚介紹，可以聆聽他在播客（podcast）上的節目專訪：*Philosophy Bites*: "Huw Price on Backward Causation," *PhilosophyBites.com*, July 15, 2012.

③ Price, *Time's Arrow and Archimedes' Point*, 4.

④ Roger Parloff, "AI Partnership Launched by Amazon, Facebook, Google, IBM, and Microsoft," *Fortune*, September 28, 2016.

⑤ Rana Foroohar, "Echoes of Wall Street in Silicon Valley's Grip on Money and Power," *Financial Times*, July 3, 2017.

⑥ Tad Friend, "Sam Altman's Manifest Destiny," *New Yorker*, October 10, 2016.

⑦ Friend, "Sam Altman's Manifest Destiny."

⑧ Jim Yardley, "An American in a Strange Land," *New York Times Magazine*, November 6, 2016.

⑨ Ibid., 48–51.

⑩ Robert Frank, "At Last, Jeff Bezos Offers a Hint of His Philanthropic Plans," *New York Times*, June 15, 2017.

⑪ John Thornhill, "Zuckerberg and the Politics of Soft Power," *Financial Times*, April 3, 2017.

⑫ Anjana Ahuja, "Silicon Valley's Largesse Has Unintended Consequences," *Financial Times*, April 26, 2017.

⑬ David Callahan, *The Givers: Wealth, Power and Philanthropy in a New Gilded Age* (Knopf, 2017), 112–35.

⑭ Edward Luce, "What Zuckerberg Could Learn from Buffet," *Financial Times*, December 5/6, 2015.

⑮ Deepa Seetharaman, "Zuckerberg Lays Out Broad Vision for Facebook in 6,000-Word Mission Statement," *Wall Street Journal*, February 16, 2017.

⑯ Steven Waldman, "What Facebook Owes to Journalism," *New York Times*, February 21, 2017.

⑰ Olivia Solon, "Priscilla Chan and Mark Zuckerberg Aim to 'Cure, Prevent and Manage' All Disease," *Guardian*, September 22, 2016.

⑱ Christian Davenport, "An Exclusive Look at Jeff Bezos' Plan to Set Up Amazon-Like Delivery for 'Future

Human Settlement' of the Moon," *Washington Post*, March 2, 2017.
⑲Mark Harris, "Revealed: Sergey Brin's Secret Plans to Build the World's Biggest Aircraft," *Guardian*, May 26, 2017.
⑳Tony Romm, "Mark Pincus and Reid Hoffman Are Launching a New Group to Rethink the Democratic Party," *Recode*, July 3, 2017.
㉑Benjamin Mullin, "Craig Newmark Foundation Gives Poynter $1 Million to Fund Chair in Journalism Ethics," *Poynter*, December 12, 2016.
㉒Ken Yeung, "Facebook, Mozilla, Craig Newmark, Others Launch $14 Million Fund to Support News Integrity," *Venture Beat*, April 2, 2017.
㉓Lisa Veale, "Kapor Center Establishes Oakland as the Epicenter of Tech for Social Justice," *Oaklandlocal.com*, November 6, 2014.
㉔Mitch and Freada Kapor, "An Open Letter to the Uber Board and Investors," *Medium*, February 23, 2017.
㉕Sarah Lacey, "After McClure Revelations, 500 Startups Lp Mitch Kapor Says He'll Ask for His Money Back," *Pando*, June 30, 2017.
㉖Josh Constine, "Uber Investors Who Called It 'Toxic' Are Satis ed by Plans for Change," *Techcrunch*, June 15, 2017.
㉗Annie Sciacci, "At New Oakland Hub, Tech Diversity Is Key," *Mercury News*, July 19, 2016.

第九章

①Michael S. Malone, "Silicon and the Silver Screen," *Wall Street Journal*, April 16, 2017.
②Jordan Crucchiola, "Taylor Swift Is the Queen of the Internet," *Wired*, June 22, 2015.

③Matthew Garrahan, "Pop Stars Complain to Brussels over YouTube," *Guardian*, June 29, 2016.

④Christopher Zara, "The Most Important Law in Tech Has a Problem," *Backchannel*, January 3, 2017.

⑤John Naughton, "How Two Congressmen Created the Internet's Biggest Names," *Guardian*, January 17, 2017.

⑥Rob Levine, "Taylor Swift, Paul McCartney Among 180 Artists Signing Petition for Digital Copyright Reform," *Billboard*, June 20, 2016.

⑦Debbie Harry, "Music Matters. YouTube Should Pay Musicians Fairly," *Guardian*, April 26, 2016.

⑧Rob Davies, "Google Braces for Questions as More Big-Name Firms Pull Adverts," *Guardian*, March 19, 2017.

⑨Jessica Gwynn, "AT&T, Other U.S. Advertisers Quit Google, YouTube over Extremist Videos," *USA Today*, March 22, 2017.

⑩Joe Mayes and Jeremy Kahn, "Google to Revamp Ad Policies After U.K., Big Brands Boycott," *Bloomberg*, March 17, 2017.

⑪Madhumita Murgia, "Google Unveils Advertising Safeguards as Backlash over Extremist Videos Rises," *Financial Times*, March 22, 2017.

⑫Jack Marshall and Jack Nicas, "Google to Allow 'Brand Safety' Monitoring by Outside Firms," *Wall Street Journal*, April 3, 2017.

⑬Travis M. Andrews, "YouTube Announces Plan 'to Fight Online Terror,' Including Making Incendiary Videos Difficult to Find," *Washington Post*, June 19, 2017.

⑭Matthew Garrahan, "Advertisers Skeptical on Google Ad Policy Changes," *Financial Times*, March 22, 2017.

⑮Maya Kosoff, "Zuckerberg Hits Back; Don't Blame Facebook for Donald Trump," *Vanity Fair*, November 11, 2016.

⑯Elle Hunt, " 'Disputed by Multiple Fact-Checkers': Facebook Rolls Out New Alert to Combat Fake News," *Guardian*, March 21, 2017.

⑰Samule Gibbs, "Google to Display Fact-Checking Labels to Show If News Is True or False," *Guardian*, April 17, 2017.

⑱Stefan Nicola, "Facebook Buys Full-Page Ads in Germany in Battle with Fake News," *Bloomberg*, April 17, 2017.

⑲Ben Sisario, "Defining and Demanding a Musician's Fair Shake in the Internet Age," *New York Times*, September 30, 2013.

⑳Nate Rau, "U.S. Music Streaming Sales Reach Historic High," *USA Today*, March 30, 2017.

㉑Ben Sisario and Karl Russell, "In Shift to Streaming, Music Business Has Lost Billions," *New York Times*, March 24, 2016.

㉒David Lowery, "My Song Got Played on Pandora 1 Million Times and All I Got Was $16.89, Less Than What I Make from a Single T-Shirt Sale!" *Trichordist*, June 24, 2013.

㉓Robert Levine, "David Lowery, Cracker Frontman and Artist Advocate, Explains His $150 Million Lawsuit Against Spotify: Q&A," *Billboard*, April 7, 2016.

㉔Mark Yarm, "One Cranky Rocker Takes on the Entire Streaming Music Business," *Bloomberg*, August 10, 2016.

㉕Levine, "David Lowery, Cracker Frontman and Artist Advocate."

㉖Farhad Manjoo, "How the Internet Is Saving Culture, Not Killing It," *New York Times*, March 15, 2017.

㉗Ibid.
㉘Diana Kapp, “Uber’s Worst Nightmare,” *San Francisco Magazine*, May 18, 2015.
㉙“The Gig Economy’s False Promise,” *New York Times*, April 17, 2017.
㉚Rob Davies and Sarah Butler, “UK Workers Earning £2.50 an Hour Prompts Calls for Government Action,” *Guardian*, July 6, 2017.
㉛“The Gig Economy’s False Promise.”
㉜Jia Tolentino, “The Gig Economy Celebrates Working Yourself to Death,” *Guardian*, March 22, 2017.
㉝Chantel McGee, “Only 4 Percent of Uber Drivers Remain on the Platform a Year Later, Says Report,” *CNBC*, April 20, 2017.
㉞More, *Utopia*, 82.
㉟Hannah Levintova, “Meet ‘Sledgehammer Shannon,’ the Lawyer Who Is Uber’s Worst Nightmare,” *Mother Jones*, December 30, 2015.
㊱Kapp, “Uber’s Worst Nightmare.”
㊲Barney Jopeson and Leslie Hook, “Warren Lashes Out Against Uber and Lyft,” *Financial Times*, May 19, 2016.
㊳Ellen Huet, “What Really Killed Homejoy? It Couldn’t Hold On to Its Customers,” *Forbes*, July 23, 2015.
㊴Carmel Deamicis, “Homejoy Shuts Down After Battling Worker Classification Lawsuits,” *Recode*, July 17, 2015.
㊵Anna Louie Sussman and Josh Zumbrun, “Gig Economy Spreads Broadly,” *Wall Street Journal*, March 26–27, 2016.
㊶Nick Wingfield, “Start-Up Shies Away from the Gig Economy,” *New York Times*, July 12, 2016.

㊷Seth D. Harris and Alan B. Krueger, "A Proposal for Modernizing Labor Laws for Twenty-First-Century Work: The 'Independent Worker,'" Hamilton Project, December 2015.

㊸Tim Harford, "An Economist's Dreams of a Fairer Gig Economy," *Financial Times*, December 20, 2015.

㊹Nick Wingfield and Mike Isaac, "Seattle Will Allow Uber and Lyft Drivers to Form Unions," *New York Times*, December 14, 2015.

㊺Chris Johnston, "Uber Drivers Win Key Employment Case," *BBC News*, October 28, 2016.

㊻Jessica Floum, "Uber Settles Lawsuit with SF, LA over Driver Background Checks," *San Francisco Chronicle*, April 7, 2016.

㊼Rich Jervis, "Austin Voters Reject Uber, Lyft Plan for Self-Regulation," *USA Today*, May 8, 2016.

㊽Sam Levin, "Elizabeth Warren Takes on Airbnb, Urging Scrutiny of Large-Scale Renters," *Guardian*, July 13, 2016.

㊾Matt Payton, "Berlin Bans Airbnb from Renting Apartments to Tourists in Move to Protect Affordable Housing," *Independent*, May 1, 2016. Also Natasha Lomas, "Airbnb Faces Fresh Crackdown in Barcelona as City Council Asks Residents to Report Illegal Rentals," *Techcrunch*, September 19, 2016.

㊿Caroline Davies, "Iceland Plans Airbnb Restrictions amid Tourism Explosion," *Guardian*, May 30, 2016.

(51)Rob Davies, "Uber EATS Drivers Vow to Take Pay Protest to London Restaurants," *Guardian*, August 26, 2016.

(52)Seth Fiegerman, "Uber Drivers to Join Protest for $15 Minimum Wage," *CNN Money*, November 28, 2016.

(53)Noam Scheiber and Mike Isaac, "Uber Recognizes New York Drivers' Group, Short of a Union," *New York Times*, May 10, 2016.

(54)Emma G. Fitzsimmons, "New York Moves to Require Uber to Provide Tipping Option on Its App," *CNBC*,

April 17, 2017.
55 Farhad Manjoo, "One Way to Fix Uber: Think Twice Before Using It," *New York Times*, June 14, 2017.
56 Mike Isaac, "Uber CEO to Leave Trump Advisory Council After Criticism," *New York Times*, February 2, 2017.
57 Josh Lowensohn, "Uber Gutted Carnegie Mellon's Top Robotics Lab to Build Self-Driving Cars," *Verge*, May 19, 2015.
58 Johana Bhuiyan, "Inside Uber's Self-Driving Car Mess," *Recode*, March 24, 2017.
59 More, *Utopia*, 18.

第十章

1 More, *Utopia*, 51.
2 Ibid., 50.
3 Ibid., 53.
4 John Thornhill and Ralph Atkins, "Money for Nothing," *Financial Times*, May 27, 2016.
5 "Sighing for Paradise to Come," *Economist*, June 4, 2016.
6 Yuval Noah Harari, "The Meaning of Life in a World Without Work," *Guardian*, May 8, 2017.
7 Andy Stern, *Raising the Floor: How a Universal Basic Income Can Renew Our Economy and Rebuild the American Dream* (PublicAffairs, 2016).
8 John Thornhill, "A Universal Basic Income Is an Old Idea with Modern Appeal," *Financial Times*, March 14, 2016.
9 More, *Utopia*, 51.

⑩Rutger Bregman, *Utopia for Realists: How We Can Build the Ideal World* (Little Brown, 2017).

⑪Martin Ford, *Rise of the Robots: Technology and the Threat of a Jobless Future* (Basic Books, 2016).

⑫Albert Wenger, *World After Capital* (worldaftercapital.org 2016).

⑬Erik Brynjolfsson and Andrew McAfee, *The Second Machine Age: Work, Progress and Prosperity in a Time of Brilliant Technologies* (Norton, 2014), 213.

⑭Lee Rainie, "The Future of Jobs and Jobs Training," Pew Research Center, May 3, 2017.

⑮Danielle Pacquette, "Bosses Believe Your Work Skills Will Soon Be Useless," *Washington Post*, May 3, 2017.

⑯Ibid.

⑰Rainie, "The Future of Jobs and Jobs Training."

⑱Matthew Crawford, *Shop Class as Soulcraft: An Inquiry into the Value of Work* (Penguin, 2010).

⑲Esther Wojcicki and Lance Izumi, *Moonshots in Education: Launching Blended Learning in the Classroom* (Pacific Research Institute, 2014).

⑳Gillian Tett, *The Silo Effect: The Peril of Expertise and the Promise of Breaking Down Barriers* (Simon & Schuster, 2015).

㉑Danielle Muoio, "Google and Alphabet's 20 Most Ambitious Moon-shot Projects," *Business Insider*, February 13, 2016.

㉒Sean Coughlan, "Pisa Tests: Singapore Top in Global Education Rankings," *BBC News*, December 6, 2016.

㉓Abby Jackson and Andy Kiercz, "The Latest Ranking of Top Countries in Math, Reading, and Science Is Out—and the US Didn't Crack the Top 10," *Business Insider*, December 6, 2016.

㉔Natasha Singer, "How Silicon Valley Pushed Coding into American Classrooms," *New York Times*, June 27,

2017.

㉕ Natasha Singer, "The Silicon Valley Billionaires Remaking America's Schools," *New York Times*, June 6, 2017.

㉖ Ibid.

㉗ Alter, *Irresistible*, 2.

㉘ Matt Richtel, "A Silicon Valley School That Doesn't Compute," *New York Times*, October 22, 2011.

結論

① Polanyi, *The Great Transformation*, 3.

② 請參見：Don Tapscott, *Growing Up Digital: The Rise of the Net Generation* (McGraw-Hill, 1999).

③ David Sax, *The Revenge of Analog: Real Things and Why They Matter* (Public Affairs, 2017).

④ Jordan Passman, "Vinyl Sales Aren't Dead: The 'New' Billion Dollar Music Business," *Forbes*, January 12, 2017.

⑤ Laura Hazard Owen, "News Apps Are Making a Comeback. More Young Americans Are Paying for News. 2017 Is Weird," NiemanLab, June 21, 2017.

⑥ Thomas B. Edsall, "The End of the Left and the Right as We Know Them," *New York Times*, June 22, 2017.

⑦ Elena Cresci, "Meet the 75%: The Young People Who Voted to Remain in the EU," *Guardian*, June 24, 2016.

⑧ William A. Galston and Glara Hendrickson, "How Millenials Voted This Election," *Brookings.edu*, November 21, 2016.

⑨ Thornhill, "Zuckerberg and the Politics of Soft Power."

國家圖書館出版品預行編目 (CIP) 資料

修復未來 : 反制大數據壟斷、演算法統治、科技性失業、民粹主義、贏者全拿，保存人類價值的 5 大行動指引／安德魯．基恩（Andrew Keen）著；劉復苓譯 .
-- 初版 . -- 臺北市 : 大塊文化 , 2018.08
336 面；14.8×21 公分 . -- (from ; 125)
譯自 : How to fix the future
ISBN 978-986-213-907-3(平裝)

1. 資訊社會 2. 資訊社會學 3. 資訊經濟學

541.415 107010367

LOCUS

LOCUS

LOCUS

LOCUS